L'ÉDUCATION SENTIMENTALE

I

MICHEL LÉVY FRÈRES, ÉDITEURS

DU MÊME AUTEUR

MADAME BOVARY

NOUVELLE ÉDITION

Un beau volume grand in-18

SALAMMBÔ

NOUVELLE ÉDITION

Un beau volume grand in-18

PARIS — J. CLAYE, IMPRIMEUR, 7, RUE SAINT-BENOIT — [1[illegible]79]

L'ÉDUCATION SENTIMENTALE

— HISTOIRE D'UN JEUNE HOMME —

PAR

GUSTAVE FLAUBERT

TOME PREMIER

PARIS
MICHEL LÉVY FRÈRES, ÉDITEURS
RUE VIVIENNE, 2 BIS, ET BOULEVARD DES ITALIENS, 15
A LA LIBRAIRIE NOUVELLE

1870

L'ÉDUCATION SENTIMENTALE

PREMIÈRE PARTIE

I

Le 15 septembre 1840, vers six heures du matin, *la Ville-de-Montereau*, près de partir, fumait à gros tourbillons devant le quai Saint-Bernard.

Des gens arrivaient hors d'haleine; des barriques, des câbles, des corbeilles de linge gênaient la circulation; les matelots ne répondaient à personne; on se heurtait; les colis montaient entre les deux tambours, et le tapage s'absorbait dans le bruissement de la vapeur qui, s'échappant par des plaques de tôle, enveloppait tout d'une nuée blanchâtre, tandis que la cloche, à l'avant, tintait sans discontinuer.

Enfin le navire partit; et les deux berges, peuplées de magasins, de chantiers et d'usines, filèrent comme deux larges rubans que l'on déroule.

Un jeune homme de dix-huit ans, à longs cheveux et qui tenait un album sous son bras, restait auprès du gouvernail, immobile. A travers le brouillard, il contemplait des clochers, des édifices dont il ne savait pas les noms; puis il embrassa, dans un dernier coup d'œil, l'île Saint-Louis, la Cité, Notre-Dame, et bientôt, Paris disparaissant, il poussa un grand soupir.

En effet, M. Frédéric Moreau, nouvellement reçu bachelier, s'en retournait à Nogent-sur-Seine, où il devait languir encore pendant deux mois, avant d'aller *faire son droit*. Sa mère, avec la somme indispensable, l'avait envoyé au Havre voir un oncle, dont elle espérait, pour lui, l'héritage; il en était revenu la veille seulement, et il se dédommageait de ne pouvoir séjourner dans la capitale en regagnant sa province par la route la plus longue.

Le tumulte s'apaisait; tous avaient pris leur place; quelques-uns, debout, se chauffaient autour de la machine, et la cheminée crachait avec un râle lent et rhythmique son panache de fumée noire; des gouttelettes de rosée coulaient sur les cuivres; le pont tremblait sous une petite vibration intérieure, et les deux roues, tournant rapidement, battaient l'eau.

La rivière était bordée par des grèves de sable.

On rencontrait des trains de bois qui se mettaient à onduler sous le remous des vagues, ou bien, dans un bateau sans voiles, un homme assis pêchait; puis les brumes errantes se fondirent, le soleil parut, la colline qui suivait à droite le cours de la Seine peu à peu s'abaissa, et il en surgit une autre, plus proche, sur la rive opposée.

Des arbres la couronnaient parmi des maisons basses couvertes de toits à l'italienne. Elles avaient des jardins en pente que divisaient des murs neufs, des grilles de fer, des gazons, des serres chaudes et des vases de géraniums, espacés régulièrement sur des terrasses où l'on pouvait s'accouder. Plus d'un, en apercevant ces coquettes résidences, si tranquilles, enviait d'en être le propriétaire, pour vivre là jusqu'à la fin de ses jours, avec un bon billard, une chaloupe, une femme ou quelque autre rêve. Le plaisir tout nouveau d'une excursion maritime facilitait les épanchements. Déjà les farceurs commençaient leurs plaisanteries. Beaucoup chantaient. On était gai. Il se versait des petits verres.

Frédéric pensait à la chambre qu'il occuperait là-bas, au plan d'un drame, à des sujets de tableaux, à des passions futures. Cependant, il trouvait que le bonheur mérité par l'excellence de son âme tardait à venir. Il se déclama des vers mélancoliques; il marchait sur le pont à pas rapides; il s'avança jusqu'au bout, du côté de la cloche; — et, dans un cercle de passagers et de matelots, il vit un monsieur qui contait des galanteries à une paysanne, tout en lui maniant la croix d'or qu'elle portait sur la poitrine. C'était un gaillard d'une quarantaine d'années, à cheveux crépus. Sa taille robuste emplissait une jaquette de velours noir, deux émeraudes brillaient à sa chemise de batiste, et son large pantalon blanc tombait sur d'étranges bottes rouges, en cuir de Russie, rehaussées de dessins bleus.

La présence de Frédéric ne le dérangea pas. Il se tourna vers lui plusieurs fois, en l'interpellant par des clins d'œil; ensuite il offrit des cigares à tous ceux qui l'entouraient. Mais, ennuyé de cette compagnie, sans doute, il alla se mettre plus loin. Frédéric le suivit.

La conversation roula d'abord sur les différentes espèces de tabacs, puis, tout naturellement, sur les femmes. Le monsieur en bottes rouges donna des conseils au jeune homme; il exposait des théories, narrait des anecdotes, se citait lui-même en exemple, débitant tout cela d'un ton paterne, avec une ingénuité de corruption divertissante.

Il était républicain ; il avait voyagé ; il connaissait l'intérieur des théâtres, des restaurants, des journaux, et tous les artistes célèbres, qu'il appelait familièrement par leurs prénoms ; Frédéric lui confia bientôt ses projets; il les encouragea.

Mais il s'interrompit pour observer le tuyau de la cheminée, puis il marmotta vite un long calcul, afin de savoir « combien chaque coup de piston, à tant de fois par minute, devait, etc. » — Et, la somme trouvée, il admira beaucoup le paysage. Il se disait heureux d'être échappé aux affaires.

Frédéric éprouvait un certain respect pour lui. Il ne résista pas à l'envie de savoir son nom, et l'inconnu répondit tout d'une haleine :

— « Jacques Arnoux, propriétaire de *l'Art industriel,* boulevard Montmartre. »

Un domestique ayant un galon d'or à la casquette vint lui dire :

— « Si Monsieur voulait descendre? Mademoiselle pleure. »

Alors, il disparut.

L'Art industriel était un établissement hybride, comprenant un journal de peinture et un magasin de tableaux. Frédéric avait vu ce titre-là, plusieurs fois, à l'étalage du libraire dans son pays natal, sur d'immenses prospectus où le nom de Jacques Arnoux se développait magistralement.

Le soleil dardait d'aplomb, en faisant reluire les gabillots de fer autour des mâts, les plaques du bastingage et la surface de l'eau, immobile; elle se coupait à la proue en deux sillons, qui se déroulaient jusqu'au bord des prairies. A chaque détour de la rivière, on retrouvait le même rideau de peupliers pâles. La campagne était toute vide. Il y avait dans le ciel de petits nuages blancs arrêtés, et l'ennui, vaguement épandu, semblait alanguir la marche du bateau et rendre l'aspect des voyageurs plus insignifiant encore.

A part quelques bourgeois, aux Premières, c'étaient des ouvriers, des gens de boutique avec leurs femmes et leurs enfants. Comme on avait coutume alors de se vêtir sordidement en voyage, presque tous portaient de vieilles calottes grecques ou des chapeaux déteints, de maigres habits noirs, râpés par le frottement du bureau, ou des redingotes ouvrant la capsule de leurs boutons pour avoir trop servi au magasin ; çà et là, quelque gilet à châle laissait voir une chemise de calicot, maculée de café ; des épingles de chrysocale piquaient des cravates en lambeaux ; des sous-pieds cousus retenaient des chaussons de lisière ; deux ou trois gredins qui tenaient des bambous à gance de cuir lançaient des regards obliques, et des pères de famille ouvraient de gros yeux, en faisant des questions. Ils causaient debout, ou bien accroupis sur leurs bagages ; d'autres dormaient dans des coins, plusieurs mangeaient. Le pont était sali par des écales de noix, des bouts de cigares, des pelures de poires, des détritus de charcuterie apportée dans du papier ; trois ébénistes, en blouse, stationnaient devant la cantine; un joueur de harpe en haillons se reposait, accoudé sur son instrument; on entendait par intervalles le bruit du charbon de terre dans le fourneau, un éclat de voix, un rire ; et le capitaine, sur la passerelle, marchait d'un tambour à l'autre, sans s'arrêter. Frédéric, pour rejoindre sa place, poussa la grille des Premières, dérangea deux chasseurs avec leurs chiens.

Ce fut comme une apparition :

Elle était assise, au milieu du banc, toute seule ; ou du moins il ne distingua personne dans l'éblouissement que lui envoyèrent ses yeux. En même temps qu'il passait, elle leva la tête ; il fléchit involontairement les épaules; et, quand il se fut mis plus loin, du même côté, il la regarda.

Elle avait un large chapeau de paille, avec des rubans roses qui palpitaient au vent, derrière elle. Ses bandeaux noirs, contournant la pointe de ses grands sourcils, descendaient très-bas et semblaient presser amoureusement l'ovale de sa figure. Sa robe de mousseline claire, tachetée de petits points, se répandait à plis nombreux. Elle était en train de broder quelque chose; et son nez droit, son menton, toute sa personne se découpait sur le fond de l'air bleu.

Comme elle gardait la même attitude, il fit plusieurs tours de droite et de gauche pour dissimuler sa manœuvre ; puis il se planta tout près de son ombrelle, posée contre le banc, et il affectait d'observer une chaloupe sur la rivière.

Jamais il n'avait vu cette splendeur de sa peau brune, la séduction de sa taille, ni cette finesse des doigts que la lumière traversait. Il considérait son panier à ouvrage avec ébahissement, comme une chose extraordinaire. Quels étaient son nom, sa demeure, sa vie, son passé? Il souhaitait connaître les meubles de sa chambre, toutes les robes qu'elle avait portées, les gens qu'elle fréquentait ; et le désir de la possession physique même disparaissait sous une envie plus profonde, dans une curiosité douloureuse qui n'avait pas de limites.

Une négresse, coiffée d'un foulard, se présenta en tenant par la main une petite fille, déjà grande. L'enfant, dont les yeux roulaient encore des larmes, venait de s'éveiller ; elle la prit sur ses genoux. « Mademoiselle n'était pas sage, quoiqu'elle eût sept ans bientôt ; sa mère ne l'aimerait plus ; on lui pardonnait trop de caprices. » Et Frédéric se réjouissait d'entendre ces choses, comme s'il eût fait une découverte, une acquisition.

Il la supposait d'origine andalouse, créole peut-être ; elle avait ramené des Iles cette négresse avec elle ?

Cependant, un long châle à bandes violettes était

placé derrière son dos, sur le bordage de cuivre. Elle avait dû, bien des fois, au milieu de la mer, durant les soirs humides, en envelopper sa taille, s'en couvrir les pieds, dormir dedans! Mais, entraîné par les franges, il glissait peu à peu, il allait tomber dans l'eau. Frédéric fit un bond et le rattrapa. Elle lui dit :

— « Je vous remercie, Monsieur. »

Leurs yeux se rencontrèrent.

— « Ma femme, es-tu prête? » cria le sieur Arnoux, apparaissant dans le capot de l'escalier.

Mlle Marthe courut vers lui, et, cramponnée à son cou, elle tirait ses moustaches. Les sons d'une harpe retentirent, elle voulut voir la musique; et bientôt le joueur d'instrument, amené par la négresse, entra dans les Premières. Arnoux le reconnut pour un ancien modèle; il le tutoya, ce qui surprit les assistants. Enfin le harpiste rejeta ses longs cheveux derrière ses épaules, étendit les bras et se mit à jouer.

C'était une romance orientale, où il était question de poignards, de fleurs et d'étoiles. L'homme en haillons chantait cela d'une voix mordante; les battements de la machine coupaient la mélodie à fausse mesure; il pinçait plus fort, les cordes vibraient, et leurs sons métalliques semblaient exhaler des sanglots, et comme la plainte d'un amour orgueilleux et vaincu. Des deux côtés de la rivière, des bois s'inclinaient jusqu'au bord de l'eau, un courant d'air frais passait; Mme Arnoux regardait au loin d'une manière vague. Quand la musique s'arrêta, elle remua les paupières plusieurs fois, comme si elle sortait d'un songe.

Le harpiste s'approcha d'eux, humblement. Pendant qu'Arnoux cherchait de la monnaie, Frédéric allongea vers la casquette sa main fermée, et, l'ouvrant avec pudeur, il y déposa un louis d'or. Ce n'était pas la vanité qui le poussait à faire cette aumône devant elle, mais une pensée de bénédiction où il l'associait, un mouvement de cœur presque religieux.

Arnoux, en lui montrant le chemin, l'engagea cordialement à descendre. Frédéric affirma qu'il venait de déjeuner; il se mourait de faim, au contraire; et il ne possédait plus un centime au fond de sa bourse.

Ensuite il songea qu'il avait bien le droit, comme un autre, de se tenir dans la chambre.

Autour des tables rondes, des bourgeois mangeaient, un garçon de café circulait; M. et Mme Arnoux étaient dans le fond, à droite; il s'assit sur la longue banquette de velours, ayant ramassé un journal qui se trouvait là.

Ils devaient à Montereau prendre la diligence de

Châlon. Leur voyage en Suisse durerait un mois. Mme Arnoux blâma son mari de sa faiblesse pour son enfant. Il chuchota dans son oreille, une gracieuseté, sans doute, car elle sourit. Puis il se dérangea pour fermer derrière son cou le rideau de la fenêtre.

Le plafond, bas et tout blanc, rabattait une lumière crue. Frédéric, en face, distinguait l'ombre de ses cils. Elle trempait ses lèvres dans son verre, cassait un peu de croûte entre ses doigts; le médaillon de lapis-lazuli, attaché par une chaînette d'or à son poignet, de temps à autre sonnait contre son assiette. Ceux qui étaient là, pourtant, n'avaient pas l'air de la remarquer.

Quelquefois, par les hublots, on voyait glisser le flanc d'une barque qui accostait le navire pour prendre ou déposer des voyageurs. Les gens attablés se penchaient aux ouvertures et nommaient les pays riverains.

Arnoux se plaignait de la cuisine; il se récria considérablement devant l'addition, et il la fit réduire. Puis il emmena le jeune homme à l'avant du bateau pour boire des grogs. Mais Frédéric s'en retourna bientôt sous la tente, où Mme Arnoux était revenue.

Elle lisait un mince volume à couverture grise. Les deux coins de sa bouche se relevaient par moments, et un éclair de plaisir illuminait son front.

Alors, il jalousa celui qui avait inventé ces choses dont elle paraissait occupée. Plus il la contemplait, plus il sentait entre elle et lui se creuser des abîmes. Il songeait qu'il faudrait la quitter tout à l'heure, irrévocablement, sans en avoir arraché une parole, sans lui laisser même un souvenir!

Une plaine s'étendait à droite; à gauche un herbage allait doucement rejoindre une colline, où l'on apercevait des vignobles, des noyers, un moulin dans la verdure, et des petits chemins au delà, formant des zigzags sur la roche blanche qui touchait au bord du ciel. Quel bonheur de monter côte à côte, le bras autour de sa taille, pendant que sa robe balayerait les feuilles jaunies, en écoutant sa voix, sous le rayonnement de ses yeux! Le bateau pouvait s'arrêter, ils n'avaient qu'à descendre; et cette chose bien simple n'était pas plus facile, cependant, que de remuer le soleil!

Un peu plus loin, on découvrit un château, à toit pointu, avec des tourelles carrées. Un parterre de fleurs s'étalait devant sa façade; et des avenues s'enfonçaient, comme des voûtes noires, sous les hauts tilleuls. Il se la figura passant au bord des charmilles. A ce moment, une jeune dame et un jeune homme se montrèrent sur le perron, entre les caisses d'orangers. Puis tout disparut.

La petite fille jouait autour de lui. Frédéric voulut

la baiser. Elle se cacha derrière sa bonne; sa mère la gronda de n'être pas aimable pour le monsieur qui avait sauvé son châle. Était-ce une ouverture indirecte?

— « Va-t-elle enfin me parler? » se demandait-il.

Le temps pressait. Comment obtenir une invitation chez Arnoux? Et il n'imagina rien de mieux que de lui faire remarquer la couleur de l'automne, en ajoutant :

— « Voilà bientôt l'hiver, la saison des bals et des dîners! »

Mais Arnoux était tout occupé de ses bagages. La côte de Surville apparut, les deux ponts se rapprochaient, on longea une corderie, ensuite une rangée de maisons basses; il y avait, en dessous, des marmites de goudron, des éclats de bois; et des gamins couraient sur le sable, en faisant la roue. Frédéric reconnut un homme avec un gilet à manches, il lui cria :

— « Dépêche-toi. »

On arrivait.

Il chercha péniblement Arnoux dans la foule des passagers, et l'autre répondit en lui serrant la main :

— « Au plaisir, cher Monsieur! »

Quand il fut sur le quai, Frédéric se retourna. Elle était près du gouvernail, debout. Alors, il lui envoya un regard où il avait tâché de mettre toute son âme. Mais, comme s'il n'eût rien fait, elle demeura immobile.

Puis, sans égard aux salutations de son domestique :

— « Pourquoi n'as-tu pas amené la voiture jusqu'ici? »

Le bonhomme s'excusait.

— « Quel maladroit! Donne-moi de l'argent! »

Et il alla manger dans une auberge.

Un quart d'heure après, il eut envie d'entrer comme par hasard dans la cour des diligences. Il la verrait encore, peut-être?

— « A quoi bon? » se dit-il.

Et l'américaine l'emporta.

Les deux chevaux n'appartenaient pas à sa mère. Elle avait emprunté celui de M. Chambrion, le receveur, pour l'atteler auprès du sien. Isidore, parti la veille, s'était reposé à Bray jusqu'au soir et avait couché à Montereau, si bien que les bêtes rafraîchies trottaient lestement.

Des champs moissonnés se prolongeaient à n'en plus finir. Deux lignes d'arbres bordaient la route, les tas de cailloux se succédaient; et peu à peu, Villeneuve-Saint-Georges, Ablon, Chatillon, Corbeil et les autres pays, tout son voyage lui revint à la mémoire, d'une façon si nette qu'il distinguait maintenant des détails nouveaux, des particularités plus intimes; sous le dernier volant de sa robe, son pied passait dans une mince bottine en soie, de couleur marron; la tente de coutil formait un large dais sur sa tête, et les petits glands rouges de la bordure tremblaient à la brise, perpétuellement.

Elle ressemblait aux femmes des livres romantiques. Il n'aurait voulu rien ajouter, rien retrancher à sa personne. L'univers venait tout à coup de s'élargir. Elle était le point lumineux où l'ensemble des choses convergeait; et, bercé par le mouvement de la voiture, les paupières à demi closes, le regard dans les nuages, il s'abandonnait à une joie rêveuse et infinie.

A Bray, il n'attendit pas qu'on eût donné l'avoine, il alla devant, sur la route, tout seul. Arnoux l'avait appelée « Marie! » Il cria très-haut « Marie! » sa voix se perdit dans l'air.

Une large couleur de pourpre enflammait le ciel à l'occident. De grosses meules de blé, qui se levaient au milieu des chaumes, projetaient des ombres géantes. Un chien se mit à aboyer dans une ferme, au loin. Il frissonna, pris d'une inquiétude sans cause.

Quand Isidore l'eut rejoint, il se plaça sur le siége pour conduire. Sa défaillance était passée. Il était bien résolu à s'introduire, n'importe comment, chez les Arnoux, et à se lier avec eux. Leur maison devait être amusante, Arnoux lui plaisait d'ailleurs; puis, qui sait? Alors, un flot de sang lui monta au visage: ses tempes bourdonnaient, il fit claquer son fouet, secoua les rênes, et il menait les chevaux d'un tel train, que le vieux cocher répétait :

— « Doucement! mais doucement! vous les rendrez poussifs. »

Peu à peu Frédéric se calma, et il écouta parler son domestique.

On attendait Monsieur avec grande impatience. Mlle Louise avait pleuré pour partir dans la voiture.

— « Qu'est-ce donc, Mlle Louise? »

— « La petite à M. Roque, vous savez? »

— « Ah! j'oubliais! » répliqua Frédéric négligemment.

Cependant, les deux chevaux n'en pouvaient plus. Ils boitaient l'un et l'autre; et neuf heures sonnaient à Saint-Laurent lorsqu'il arriva sur la place d'Armes, devant la maison de sa mère.

Cette maison, spacieuse, avec un jardin donnant sur la campagne, ajoutait à la considération de Mme Moreau, qui était la personne du pays la plus respectée.

Elle sortait d'une vieille famille de gentilshommes, éteinte maintenant. Son mari, un plébéien que ses parents lui avaient fait épouser, était mort d'un coup d'épée, pendant sa grossesse, en lui laissant une fortune compromise. Elle recevait trois fois la semaine et donnait de temps à autre un beau dîner. Mais le nombre des bougies était calculé d'avance et elle attendait impatiemment ses fermages. Cette gêne, dissimulée comme un vice, la rendait sérieuse. Cependant, sa vertu s'exerçait sans étalage de pruderie, sans aigreur. Ses moindres charités semblaient de grandes aumônes. On la consultait sur le choix des domestiques, l'éducation des jeunes filles, l'art des confitures, et Monseigneur descendait chez elle dans ses tournées épiscopales.

Mme Moreau nourrissait une haute ambition pour son fils. Elle n'aimait pas à entendre blâmer le Gouvernement, par une sorte de prudence anticipée. Il aurait besoin de protections d'abord ; puis, grâce à ses moyens, il deviendrait conseiller d'État, ambassadeur, ministre. Ses triomphes au collége de Sens légitimaient cet orgueil ; il avait remporté le prix d'honneur.

Quand il entra dans le salon, tous se levèrent à grand bruit, on l'embrassa; et avec les fauteuils et les chaises on fit un large demi-cercle autour de la cheminée.

M. Gamblin lui demanda immédiatement son opinion sur Mme Lafarge. Ce procès, la fureur de l'époque, ne manqua pas d'amener une discussion violente; Mme Moreau l'arrêta, au regret toutefois de M. Gamblin; il la jugeait utile pour le jeune homme, en sa qualité de futur jurisconsulte, et il sortit du salon, piqué.

Rien ne devait surprendre dans un ami du père Roque! A propos du père Roque, on parla de M. Dambreuse, qui venait d'acquérir le domaine de la Fortelle. Mais le percepteur avait entraîné Frédéric à l'écart, pour savoir ce qu'il pensait du dernier ouvrage de M. Guizot. Tous désiraient connaître ses affaires: et Mme Benoît s'y prit adroitement en s'informant de son oncle. Comment allait ce bon parent? Il ne donnait plus de ses nouvelles. N'avait-il pas un arrière-cousin en Amérique?

La cuisinière annonça que le potage de Monsieur était servi. On se retira, par discrétion. Puis, dès qu'ils furent seuls, dans la salle, sa mère lui dit, à voix basse :

— « Eh bien? »

Le vieillard l'avait reçu très-cordialement, mais sans montrer ses intentions.

Mme Moreau soupira.

— « Où est-elle, à présent? » songeait-il.

La diligence roulait, et, enveloppée dans le châle, sans doute, elle appuyait contre le drap du coupé sa belle tête endormie.

Ils montaient dans leur chambre quand un garçon du *Cygne de la Croix* apporta un billet.

— « Qu'est-ce donc ? »

— « C'est Deslauriers qui a besoin de moi, » dit-il.

— « Ah ! ton camarade ! » fit Mme Moreau avec un ricanement de mépris. « L'heure est bien choisie, vraiment ! »

Frédéric hésitait. Mais l'amitié fut plus forte. Il prit son chapeau.

— « Au moins, ne sois pas longtemps ! » lui dit sa mère.

II

Le père de Charles Deslauriers, ancien capitaine de ligne, démissionnaire en 1818, était revenu se marier à Nogent, et, avec l'argent de la dot, avait acheté une charge d'huissier, suffisant à peine pour le faire vivre. Aigri par de longues injustices, souffrant de ses vieilles blessures, et toujours regrettant l'empereur, il dégorgeait sur son entourage les colères qui l'étouffaient. Peu d'enfants furent plus battus que son fils. Le gamin ne cédait pas, malgré les coups. Sa mère, quand elle tâchait de s'interposer, était rudoyée comme lui. Enfin le capitaine le plaça dans son étude, et, tout le long du jour, il le tenait courbé sur un pupitre à copier des actes, ce qui lui rendit l'épaule droite visiblement plus forte que l'autre.

En 1833, d'après l'invitation de M. le président,

le capitaine vendit son étude. Sa femme mourut bientôt d'un cancer. Il alla vivre à Dijon, ensuite il s'établit marchand d'hommes à Troyes ; et, ayant obtenu pour Charles une demi-bourse, il le mit au collége de Sens, où Frédéric le reconnut. Mais l'un avait douze ans, l'autre quinze; d'ailleurs, mille différences de caractère et d'origine les séparaient.

Frédéric possédait dans sa commode toute sorte de provisions, des choses recherchées, un nécessaire de toilette, par exemple. Il aimait à dormir tard le matin, à regarder les hirondelles, à lire des pièces de théâtre, et, regrettant les douceurs de la maison, il trouvait la vie de collége un peu dure.

Elle semblait bonne au fils de l'huissier. Il travaillait si bien, qu'au bout de la seconde année, il passa dans la classe de troisième. Cependant, à cause de sa pauvreté, ou de son humeur querelleuse, une sourde malveillance l'entourait. Mais un domestique, une fois, l'ayant appelé enfant de gueux, en pleine cour des Moyens, il lui sauta à la gorge et l'aurait tué sans trois maîtres d'études qui intervinrent. Frédéric, emporté d'admiration, le serra dans ses bras. A partir de ce jour, l'intimité fut complète. L'affection d'un *grand*, sans doute, flatta la vanité du petit, et l'autre accepta comme un bonheur ce dévouement qui s'offrait.

Son père, pendant les vacances, le laissait au

collége. Une traduction de Platon ouverte par hasard l'enthousiasma. Alors, il s'éprit d'études métaphysiques; et ses progrès furent rapides, car il les abordait avec des forces jeunes et dans l'orgueil d'une intelligence qui s'affranchit; Jouffroy, Cousin, Laromiguière, Mallebranche, les Écossais, tout ce que la bibliothèque contenait, y passa. Il avait eu soin d'en voler la clef, pour se procurer des livres.

Les distractions de Frédéric étaient moins sérieuses. Il dessina dans la rue des Trois-Rois la généalogie du Christ, sculptée sur un poteau, puis le portail de la cathédrale. Après les drames moyen âge, il entama les mémoires: Froissart, Comines, Pierre de de l'Estoile, Brantôme. Les images que ces lectures amenaient à son esprit l'obsédaient si fort, qu'il éprouvait le besoin de les reproduire. Il ambitionnait d'être un jour le Walter Scott de la France. Deslauriers méditait un vaste système de philosophie, qui aurait les applications les plus lointaines.

Ils causaient de tout cela, pendant les récréations, dans la cour, en face de l'inscription morale peinte sous l'horloge; ils en chuchotaient dans la chapelle, à la barbe de saint Louis; ils en rêvaient dans le dortoir, d'où l'on domine un cimetière. Les jours de promenade, ils se rangeaient derrière les autres, et ils parlaient interminablement.

Ils parlaient de ce qu'ils feraient plus tard, quand

ils seraient sortis du collége. D'abord, ils entreprendraient un grand voyage avec l'argent que Frédéric prélèverait sur sa fortune, à sa majorité. Puis ils reviendraient à Paris, ils travailleraient ensemble, ils ne se quitteraient pas; — et, comme délassement à leurs travaux, ils auraient des amours de princesses dans des boudoirs de satin, ou de fulgurantes orgies avec des courtisanes illustres. Mais des doutes succédaient à leurs emportements d'espoir. Après des crises de gaieté verbeuse, ils tombaient dans des silences profonds.

Les soirs d'été, quand ils avaient marché longtemps par les chemins pierreux au bord des vignes, ou sur la grande route en pleine campagne, et que les blés ondulaient au soleil, tandis que des senteurs d'angélique passaient dans l'air, une sorte d'étouffement les prenait, et ils s'étendaient sur le dos, tout étourdis, enivrés. Les autres, en manches de chemise, jouaient aux barres ou faisaient partir des cerfs-volants. Le pion les rappelait. On s'en revenait en suivant des jardins que traversaient de petits ruisseaux, puis les boulevards ombragés par les vieux murs; les rues désertes sonnaient sous les pas; la grille s'ouvrait, on remontait l'escalier; et ils étaient tristes comme après de grandes débauches.

M. le censeur prétendait qu'ils s'exaltaient mutuellement. Cependant, si Frédéric travailla dans les hautes classes, ce fut par les exhortations de son ami; et, aux vacances de 1837, il l'emmena chez sa mère.

Mais le jeune homme déplut à Mme Moreau. Il mangeait extraordinairement, il refusa d'assister le dimanche aux offices, il tenait des discours républicains; enfin, elle crut savoir qu'il avait conduit son fils dans des lieux déshonnêtes. On surveilla leurs relations. Ils ne s'en aimèrent que davantage; et les adieux furent pénibles, quand Deslauriers, l'année suivante, partit du collége, pour étudier le droit à Paris.

Frédéric comptait bien l'y rejoindre. Ils ne s'étaient pas vus depuis deux ans; et, leurs embrassades étant finies, ils allèrent sur les ponts afin de causer plus à l'aise.

Le capitaine, qui tenait maintenant un billard à Villenauxe, s'était fâché rouge lorsque son fils avait réclamé ses comptes de tutelle, et même lui avait coupé les vivres, tout net. Mais, comme il voulait concourir plus tard pour une chaire de professeur à l'École et qu'il n'avait pas d'argent, Deslauriers acceptait à Troyes une place de maître clerc chez un avoué. A force de privations, il économiserait quatre mille francs; et, s'il ne devait rien toucher de la succession maternelle, il aurait toujours de quoi travailler librement, pendant trois années, en attendant une position. Il fallait donc abandonner leur vieux projet de vivre ensemble dans la capitale, pour le présent du moins.

Frédéric baissa la tête. C'était le premier de ses rêves qui s'écroulait.

— « Console-toi, » dit le fils du capitaine, « la vie est longue ; nous sommes jeunes. Je te rejoindrai ! n'y pense plus ! »

Il le secouait par les mains, et, pour le distraire, il lui fit des questions sur son voyage.

Frédéric n'eut pas grand'chose à narrer. Mais, au souvenir de Mme Arnoux, son chagrin s'évanouit. Il ne parla pas d'elle, retenu par une pudeur. Il s'étendit en revanche sur Arnoux, rapportant ses discours, ses manières, ses relations ; et Deslauriers l'engagea fortement à cultiver cette connaissance.

Frédéric, dans ces derniers temps, n'avait rien écrit ; ses opinions littéraires étaient changées : il estimait par-dessus tout la passion ; Werther, René, Franck, Lara, Lélia et d'autres plus médiocres l'enthousiasmaient presque également. Quelquefois, la musique lui semblait seule capable d'exprimer ses troubles intérieurs ; alors, il rêvait des symphonies ; ou bien la surface des choses l'appréhendait, et il voulait peindre. Il avait composé des vers, pourtant ; Deslauriers les trouva fort beaux, mais sans demander une autre pièce.

Quant à lui, il ne donnait plus dans la métaphysique. L'économie sociale et la Révolution française le préoccupaient. C'était, à présent, un grand diable de vingt-deux ans, maigre, avec une large bouche, l'air résolu. Il portait, ce soir-là, un mauvais paletot de lasting ; et ses souliers étaient blancs de poussière, car il avait fait la route de Villenauxe à pied, exprès pour voir Frédéric.

Isidore les aborda. Madame priait Monsieur de revenir, et, craignant qu'il n'eût froid, elle lui envoyait son manteau.

— « Reste donc ! » dit Deslauriers.

Et ils continuèrent à se promener d'un bout à l'autre des deux ponts qui s'appuient sur l'île étroite, formée par le canal et la rivière.

Quand ils allaient du côté de Nogent, ils avaient, en face, un pâté de maisons s'inclinant quelque peu ; à droite, l'église apparaissait derrière les moulins de bois, dont les vannes étaient fermées ; et, à gauche, des haies d'arbustes, le long de la rive, terminaient des jardins, que l'on distinguait à peine. Mais, du côté de Paris, la grande route descendait en ligne droite, et des prairies se perdaient au loin, dans les vapeurs de la nuit. Elle était silencieuse et d'une clarté blanchâtre. Des odeurs de feuillage humide montaient jusqu'à eux ; la chute de la prise d'eau, cent pas plus loin, murmurait, avec ce gros bruit doux que font les ondes dans les ténèbres.

Deslauriers s'arrêta et il dit :

— « Ces bonnes gens qui dorment tranquilles, c'est drôle ! Patience ! un nouveau 89 se prépare ! On est las de constitutions, de chartes, de subtilités, de mensonges ! Ah ! si j'avais un journal ou une tribune, comme je vous secouerais tout cela ! Mais, pour entreprendre n'importe quoi, il faut de l'argent ! Quelle malédiction que d'être le fils d'un cabaretier et de perdre sa jeunesse à la quête de son pain ! »

Il baissa la tête, se mordit les lèvres, et il grelottait sous son vêtement mince.

Frédéric lui jeta la moitié de son manteau sur les épaules. Ils s'en enveloppèrent tous deux ; et, se tenant par la taille, ils marchaient dessous, côte à côte.

— « Comment veux-tu que je vive là-bas, sans toi ? » disait Frédéric. L'amertume de son ami avait ramené sa tristesse. « J'aurais fait quelque chose avec une femme qui m'eût aimé... Pourquoi ris-tu ? L'amour est la pâture et comme l'atmosphère du génie. Les émotions extraordinaires produisent les œuvres sublimes. Quant à chercher celle qu'il me faudrait, j'y renonce ! D'ailleurs, si jamais je la trouve, elle me repoussera. Je suis de la race des déshérités et je m'éteindrai avec un trésor qui était de stras ou de diamant, je n'en sais rien. »

L'ombre de quelqu'un s'allongea sur les pavés, en même temps qu'ils entendirent ces mots :

— « Serviteur, Messieurs ! »

Celui qui les prononçait était un petit homme, habillé d'une ample redingote brune, et coiffé d'une casquette laissant paraître sous la visière un nez pointu.

— « M. Roque? » dit Frédéric.

— « Lui-même ! » reprit la voix.

Le Nogentais justifia sa présence en contant qu'il revenait d'inspecter ses piéges à loup, dans son jardin, au bord de l'eau.

— « Et vous voilà de retour dans nos pays ? Très-bien ! j'ai appris cela par ma fillette. La santé est toujours bonne, j'espère ? Vous ne partez pas encore ? »

Mais il s'en alla, rebuté, sans doute, par l'accueil de Frédéric.

Mme Moreau, en effet, ne le fréquentait pas ; le père Roque vivait en concubinage avec sa bonne, et on le considérait fort peu, bien qu'il fût le croupier d'élections, le régisseur de M. Dambreuse.

— « Le banquier qui demeure rue d'Anjou ? » reprit Deslauriers. « Sais-tu ce que tu devrais faire, mon brave ? »

Isidore les interrompit encore une fois. Il avait ordre de ramener Frédéric, définitivement. Madame s'inquiétait de son absence.

— « Bien, bien ! on y va » dit Deslauriers ; « il ne découchera pas. »

Et, le domestique étant parti :

« Tu devrais prier ce vieux de t'introduire chez les Dambreuse ; rien n'est utile comme de fréquenter une maison riche ! Puisque tu as un habit noir et des gants blancs, profites-en ! Il faut que tu ailles dans ce monde-là ! tu m'y mèneras plus tard. Un homme à millions, pense donc ! Arrange-toi pour lui plaire, et à sa femme aussi. Deviens son amant ! »

Frédéric se récriait.

— « Mais je te dis là des choses classiques, il me semble ? Rappelle-toi Rastignac dans *la Comédie humaine !* Tu réussiras, j'en suis sûr ! »

Frédéric avait tant de confiance en Deslauriers, qu'il se sentit ébranlé, et, oubliant Mme Arnoux, ou la comprenant dans la prédiction faite sur l'autre, il ne put s'empêcher de sourire.

Le clerc ajouta :

— « Dernier conseil : passe tes examens ! un titre est toujours bon ; et lâche-moi franchement tes poëtes catholiques et sataniques, aussi avancés en philosophie qu'on l'était au XIIe siècle. Ton désespoir est bête. De très-grands particuliers ont eu des commencements plus difficiles, à commencer par Mirabeau. D'ailleurs, notre séparation ne sera pas si longue. Je ferai rendre gorge à mon filou de père. Il est temps que je m'en retourne, adieu! As-tu cent sous pour que je paye mon dîner? »

Frédéric lui donna dix francs, le reste de la somme prise le matin à Isidore.

Cependant, à vingt toises des ponts, sur la rive gauche, une lumière brillait dans la lucarne d'une maison basse.

Deslauriers l'aperçut. Alors, il dit emphatiquement, tout en retirant son chapeau :

— « Vénus, reine des cieux, serviteur! mais la Pénurie est la mère de la Sagesse. Nous a-t-on assez calomniés pour ça, miséricorde! »

Cette allusion à une aventure commune les mit en joie. Ils riaient très-haut, dans les rues.

Puis, ayant soldé sa dépense à l'auberge, Deslauriers reconduisit Frédéric jusqu'au carrefour de l'Hôtel-Dieu; — et, après une longue étreinte, les deux amis se séparèrent.

III.

Deux mois plus tard, Frédéric, débarqué un matin rue Coq-Héron, songea immédiatement à faire sa grande visite.

Le hasard l'avait servi. Le père Roque était venu lui apporter un rouleau de papiers, en le priant de les remettre lui-même chez M. Dambreuse ; et il accompagnait l'envoi d'un billet décacheté, où il présentait son jeune compatriote.

Mme Moreau parut surprise de cette démarche. Frédéric dissimula le plaisir qu'elle lui causait.

M. Dambreuse s'appelait de son vrai nom le comte d'Ambreuse; mais, dès 1825, abandonnant peu à peu sa noblesse et son parti, il s'était tourné vers l'industrie; et, l'oreille dans tous les bureaux, la main dans toutes les entreprises, à l'affût des bonnes occasions, subtil comme un Grec et laborieux comme un Auvergnat, il avait amassé une fortune que l'on disait considérable; de plus, il était officier de la Légion d'honneur, membre du conseil général de l'Aube, député, pair de France un de ces jours; complaisant du reste, il fatiguait le ministre par ses demandes continuelles de secours, de croix, de bureaux de tabac, et, dans ses bouderies contre le pouvoir, il inclinait au centre gauche. Sa femme, la jolie Mme Dambreuse, que citaient les journaux de modes, présidait les assemblées de charité. En cajolant les duchesses, elle apaisait les rancunes du noble faubourg et laissait croire que M. Dambreuse pouvait encore se repentir et rendre des services.

Le jeune homme était troublé en allant chez eux.

— « J'aurais mieux fait de prendre mon habit. On m'invitera sans doute au bal pour la semaine prochaine? Que va-t-on me dire? »

L'aplomb lui revint en songeant que M. Dambreuse n'était qu'un bourgeois, et il sauta gaillardement de son cabriolet sur le trottoir de la rue d'Anjou.

Quand il eut poussé une des deux portes cochères, il traversa la cour, gravit le perron et entra dans un vestibule pavé en marbre de couleur.

Un double escalier droit, avec un tapis rouge à baguettes de cuivre, s'appuyait contre les hautes murailles en stuc luisant. Il y avait, au bas des marches, un bananier dont les feuilles larges retombaient sur le velours de la rampe. Deux candélabres de bronze tenaient des globes de porcelaine suspendus à des chaînettes; les soupiraux des calorifères béants exhalaient un air lourd; et l'on n'entendait que le tic tac d'une grande horloge, dressée à l'autre bout du vestibule, sous une panoplie.

Un timbre sonna; un valet parut, et introduisit Frédéric dans une petite pièce, où l'on distinguait deux coffres-forts, avec des casiers remplis de cartons. M. Dambreuse écrivait au milieu, sur un bureau à cylindre.

Il parcourut la lettre du père Roque, ouvrit avec son canif la toile qui enfermait les papiers, et les examina.

De loin, à cause de sa taille mince, il pouvait sembler jeune encore. Mais ses rares cheveux blancs, ses membres débiles et surtout la pâleur extraordinaire de son visage, accusaient un tempérament délabré; une énergie impitoyable reposait dans ses yeux glauques, plus froids que des yeux de verre. Il avait les pommettes saillantes, et des mains à articulations noueuses.

Enfin, s'étant levé, il adressa au jeune homme quelques questions sur des personnes de leur connaissance, sur Nogent, sur ses études; puis il le congédia en s'inclinant. Frédéric sortit par un autre corridor, et se trouva dans le bas de la cour, auprès des remises.

Un coupé bleu, attelé d'un cheval noir, stationnait devant le perron. La portière s'ouvrit, une dame y monta, et la voiture, avec un bruit sourd, se mit à rouler sur le sable.

Frédéric, en même temps qu'elle, arriva de l'autre côté, sous la porte cochère. L'espace n'étant pas assez large, il fut contraint d'attendre. La jeune femme, penchée en dehors du vasistas, parlait tout bas au concierge. Il n'apercevait que son dos, couvert d'une mante violette. Cependant, il plongeait dans l'intérieur de la voiture, tendue de reps bleu, avec des passementeries et des effilés de soie. Les vêtements de la dame l'emplissaient; il s'échappait de cette petite boîte capitonnée un parfum d'iris, et comme une vague senteur d'élégances féminines. Le cocher lâcha les rênes, le cheval frôla la borne brusquement, et tout disparut.

Frédéric s'en revint à pied, en suivant les boulevards.

Il regrettait de n'avoir pu distinguer Mme Dambreuse.

Un peu plus haut que la rue Montmartre, un embarras de voitures lui fit tourner la tête; et, de l'autre côté, en face, il lut sur une plaque de marbre :

JACQUES ARNOUX.

Comment n'avait-il pas songé à elle plus tôt? La

faute venait de Deslauriers, et il s'avança vers la boutique. Il n'entra pas, cependant ; il attendit qu'elle parût.

Les hautes glaces transparentes offraient aux regards, dans une disposition habile, des statuettes, des dessins, des gravures, des catalogues, des numéros de *l'Art industriel*; et les prix de l'abonnement étaient répétés sur la porte, que décoraient à son milieu, les initiales de l'éditeur. On apercevait, contre les murs, de grands tableaux dont le vernis brillait, puis, dans le fond, deux bahuts, chargés de porcelaines, de bronzes, de curiosités alléchantes; un petit escalier les séparait, fermé dans le haut par une portière de moquette ; et un lustre en vieux saxe, un tapis vert sur le plancher, avec une table en marqueterie, donnaient à cet intérieur plutôt l'apparence d'un salon que d'une boutique.

Frédéric faisait semblant d'examiner les dessins. Après des hésitations infinies, il entra.

Un employé souleva la portière, et répondit que Monsieur ne serait pas « au magasin » avant cinq heures. Mais si la commission pouvait se transmettre...

— « Non! je reviendrai, » répliqua doucement Frédéric.

Les jours suivants furent employés à se chercher un logement, et il se décida pour une chambre au second étage, dans un hôtel garni, rue Saint-Hyacinthe.

En portant sous son bras un buvard tout neuf, il se rendit à l'ouverture des cours. Trois cents jeunes gens, nu-tête, emplissaient un amphithéâtre où un vieillard en robe rouge dissertait d'une voix monotone ; des plumes grinçaient sur le papier. Il retrouvait dans cette salle l'odeur poussiéreuse des classes, une chaire de forme pareille, le même ennui ! Pendant quinze jours, il y retourna. Mais on n'était pas encore à l'article 3, qu'il avait lâché le Code civil, et il abandonna les Institutes à la *Summa divisio personarum*.

Les joies qu'il s'était promises n'arrivaient pas; et, quand il eut épuisé un cabinet de lecture, parcouru les collections du Louvre, et plusieurs fois de suite été au spectacle, il tomba dans un désœuvrement sans fond.

Mille choses nouvelles ajoutaient à sa tristesse. Il lui fallait compter son linge et subir le concierge, rustre à tournure d'infirmier, qui venait le matin retaper son lit, en sentant l'alcool et en grommelant. Son appartement, orné d'une pendule d'albâtre, lui déplaisait. Les cloisons étaient minces ; il entendait les étudiants faire du punch, rire, chanter.

Las de cette solitude, il rechercha un de ses anciens camarades nommé Baptiste Martinon ; et il le découvrit dans une pension bourgeoise de la rue Saint-Jacques, bûchant sa procédure, devant un feu de charbon de terre.

En face de lui, une femme en robe d'indienne reprisait des chaussettes.

Martinon était ce qu'on appelle un fort bel homme : grand, joufflu, la physionomie régulière et des yeux bleuâtres à fleur de tête ; son père, un gros cultivateur, le destinait à la magistrature, — et, voulant déjà paraître sérieux, il portait sa barbe taillée en collier.

Comme les ennuis de Frédéric n'avaient point de cause raisonnable et qu'il ne pouvait arguer d'aucun malheur, Martinon ne comprit rien à ses lamentations sur l'existence. Lui, il allait tous les matins à l'École, se promenait ensuite dans le Luxembourg, prenait le soir sa demi-tasse au café, et, avec quinze cents francs par an et l'amour de cette ouvrière, il se trouvait parfaitement heureux.

— « Quel bonheur ! » exclama intérieurement Frédéric.

Il avait fait à l'École une autre connaissance, celle de M. de Cisy, enfant de grande famille et qui semblait une demoiselle à la gentillesse de ses manières.

M. de Cisy s'occupait de dessin, aimait le gothique. Plusieurs fois ils allèrent ensemble admirer la Sainte-Chapelle et Notre-Dame. Mais la distinction du jeune patricien recouvrait une intelligence des plus pauvres. Tout le surprenait; il riait beaucoup à la moindre plaisanterie, et montrait une ingénuité si complète, que Frédéric le prit d'abord pour un farceur, et finalement le considéra comme un nigaud.

Les épanchements n'étaient donc possibles avec personne; et il attendait toujours l'invitation des Dambreuse.

Au jour de l'an, il leur envoya des cartes de visite, mais il n'en reçut aucune.

Il était retourné à *l'Art industriel.*

Il y retourna une troisième fois, et il vit enfin Arnoux qui se disputait au milieu de cinq à six personnes et répondit à peine à son salut; Frédéric en fut blessé. Il n'en chercha pas moins comment parvenir jusqu'à elle.

Il eut d'abord l'idée de se présenter souvent, pour marchander des tableaux. Puis il songea à glisser dans la boîte du journal quelques articles « très-forts », ce qui amènerait des relations. Peut-être valait-il mieux courir droit au but, déclarer son amour? Alors, il composa une lettre de douze pages, pleine de mouvements lyriques et d'apostrophes; mais il la déchira, et ne fit rien, ne tenta rien, — immobilisé par la peur de l'insuccès.

Au-dessus de la boutique d'Arnoux, il y avait au premier étage trois fenêtres, éclairées chaque soir.

Des ombres circulaient par derrière, une surtout, c'était la sienne; — et il se dérangeait de très-loin pour regarder ces fenêtres et contempler cette ombre.

Une négresse, qu'il croisa un jour dans les Tuileries tenant une petite fille par la main, lui rappela la négresse de Mme Arnoux. Elle devait y venir comme les autres; toutes les fois qu'il traversait les Tuileries, son cœur battait, espérant la rencontrer. Les jours de soleil, il continuait sa promenade jusqu'au bout des Champs-Élysées.

Des femmes, nonchalamment assises dans des calèches, et dont les voiles flottaient au vent, défilaient près de lui, au pas ferme de leurs chevaux, avec un balancement insensible qui faisait craquer les cuirs vernis. Les voitures devenaient plus nombreuses, et, se ralentissant à partir du Rond-Point, elles occupaient toute la voie. Les crinières étaient près des crinières, les lanternes près des lanternes; les étriers d'acier, les gourmettes d'argent, les boucles de cuivre, jetaient çà et là des points lumineux entre les culottes courtes, les gants blancs, et les fourrures qui retombaient sur le blason des portières. Il se sentait comme perdu dans un monde lointain. Ses yeux erraient sur les têtes féminines; et de vagues ressemblances amenaient à sa mémoire Mme Arnoux. Il se la figurait, au milieu des autres, dans un de ces petits coupés, pareils au coupé de Mme Dambreuse. — Mais le soleil se couchait, et le vent froid soulevait des tourbillons de poussière. Les cochers baissaient le menton dans leurs cravates, les roues se mettaient à tourner plus vite, le macadam grinçait; et tous les équipages descendaient au grand trot la longue avenue, en se frôlant, se dépassant, s'écartant les uns des autres, puis, sur la place de la Concorde, se dispersaient. — Derrière les Tuileries, le ciel prenait la teinte des ardoises. Les arbres du jardin formaient deux masses énormes, violacées par le sommet. Les becs de gaz s'allumaient, et la Seine, verdâtre dans toute son étendue, se déchirait en moires d'argent contre les piles des ponts.

Il allait dîner, moyennant quarante trois sols le cachet, dans un restaurant, rue de la Harpe.

Il regardait avec dédain le vieux comptoir d'acajou, les serviettes tachées, l'argenterie crasseuse et les chapeaux suspendus contre la muraille. Ceux qui l'entouraient étaient des étudiants comme lui. Ils causaient de leurs professeurs, de leurs maîtresses. Il s'inquiétait bien des professeurs! Est-ce qu'il avait une maîtresse! Pour éviter leurs joies, il arrivait le plus tard possible. Des restes de nourriture couvraient toutes les tables. Les deux garçons fatigués dormaient dans des coins, et une odeur de cuisine, de quinquet et de tabac emplissait la salle déserte.

Puis il remontait lentement les rues. Les réverbères se balançaient, en faisant trembler sur la boue de longs reflets jaunâtres. Des ombres glissaient au bord des trottoirs, avec des parapluies. Le pavé était gras, la brume tombait, et il lui semblait que les ténèbres humides, l'enveloppant, descendaient indéfiniment dans son cœur.

Un remords le prit. Il retourna aux cours. Mais, comme il ne connaissait rien aux matières élucidées, des choses très-simples l'embarrassèrent.

Il se mit à écrire un roman intitulé : *Sylvio, le fils du pêcheur*. La chose se passait à Venise. Le héros, c'était lui-même ; l'héroïne, Mme Arnoux. Elle s'appelait Antonia, — et, pour l'avoir, il assassinait plusieurs gentilshommes, brûlait une partie de la ville et chantait sous son balcon, où palpitaient à la brise les rideaux en damas rouge du boulevard Montmartre. Les réminiscences trop nombreuses dont il s'aperçut le découragèrent ; il n'alla pas plus loin, et son désœuvrement redoubla.

Alors, il supplia Deslauriers de venir partager sa chambre. Ils s'arrangeraient pour vivre avec ses deux mille francs de pension ; tout valait mieux que cette existence intolérable. Deslauriers ne pouvait encore quitter Troyes. Il l'engageait à se distraire et à fréquenter Sénécal.

Sénécal était un répétiteur de mathématiques,

homme de forte tête et de convictions républicaines, un futur Saint-Just, disait le clerc. Frédéric avait monté trois fois ses cinq étages, sans en recevoir aucune visite. Il n'y retourna plus.

Il voulut s'amuser. Il se rendit aux bals de l'Opéra. Mais ces gaietés tumultueuses le glaçaient dès la porte. D'ailleurs, il était retenu par la crainte d'un affront pécuniaire, s'imaginant qu'un souper avec un domino entraînait à des frais considérables, était une grosse aventure.

Il lui semblait, cependant, qu'on devait l'aimer! Quelquefois, il se réveillait le cœur plein d'espérance, s'habillait soigneusement comme pour un rendez-vous, et il faisait dans Paris des courses interminables. A chaque femme qui marchait devant lui, ou qui s'avançait à sa rencontre, il se disait : « La voilà ! » mais c'était, chaque fois, une déception nouvelle. L'idée de Mme Arnoux fortifiait ces convoitises. Il la trouverait peut-être sur son chemin ; et il imaginait, pour l'aborder, des complications du hasard, des périls extraordinaires dont il la sauverait.

Ainsi les jours s'écoulaient dans la répétition des mêmes ennuis et des habitudes contractées. Il feuilletait des brochures sous les arcades de l'Odéon, allait lire la *Revue des Deux Mondes* au café, entrait dans une salle du Collége de France, et écoutait pendant une heure une leçon de chinois ou d'économie politique. Toutes les semaines, il écrivait longuement à Deslauriers, dînait de temps en temps avec Martinon voyait quelquefois M. de Cisy.

Il loua un piano, et composa des valses allemandes.

Un soir, au théâtre du Palais-Royal, il aperçut, dans une loge d'avant-scène, Arnoux près d'une femme. Était-ce elle? L'écran de taffetas vert, tiré au bord de la loge, masquait son visage. Enfin la toile se leva; l'écran s'abattit. C'était une longue personne, de trente ans environ, fanée, et dont les grosses lèvres découvraient, en riant, des dents splendides. Elle causait familièrement avec Arnoux et lui donnait des coups d'éventail sur les doigts. Puis une jeune fille blonde, les paupières un peu rouges comme si elle venait de pleurer, s'assit entre eux. Arnoux resta dès lors à demi penché sur son épaule, en lui tenant des discours qu'elle écoutait sans répondre. Frédéric s'ingéniait à découvrir la condition de ces femmes, modestement habillées de robes sombres, à cols plats rabattus.

A la fin du spectacle, il se précipita dans les couloirs. La foule les remplissait. Arnoux, devant lui, descendait l'escalier marche à marche, donnant le bras aux deux femmes.

Tout à coup, un bec de gaz l'éclaira. Il avait un crêpe à son chapeau. Elle était morte, peut-être?

Cette idée tourmenta Frédéric si fortement, qu'il

courut le lendemain à *l'Art industriel*, et, payant vite une des gravures étalées devant la montre, il demanda au garçon de boutique comment se portait M. Arnoux.

Le garçon répondit :

— « Mais très-bien ! »

Frédéric ajouta en pâlissant :

— « Et Madame? »

— « Madame, aussi ! »

Frédéric oublia d'emporter sa gravure.

L'hiver se termina. Il fut moins triste au printemps, se mit à préparer son examen, et, l'ayant subi d'une façon médiocre, il partit ensuite pour Nogent.

Il n'alla point à Troyes voir son ami, afin d'éviter les observations de sa mère. Puis, à la rentrée, il abandonna son logement et prit, sur le quai Napoléon, deux pièces, qu'il meubla.

L'espoir d'une invitation chez les Dambreuse l'avait quitté; sa grande passion pour Mme Arnoux commençait à s'éteindre.

IV

Un matin du mois de décembre, en se rendant au cours de procédure, il crut remarquer dans la rue Saint-Jacques plus d'animation qu'à l'ordinaire. Les étudiants sortaient précipitamment des cafés, ou, par les fenêtres ouvertes, ils s'appelaient d'une maison à l'autre; les boutiquiers, au milieu du trottoir, regardaient d'un air inquiet; les volets se fermaient; et, quand il arriva dans la rue Soufflot, il aperçut un grand rassemblement autour du Panthéon.

Des jeunes gens, par bandes inégales de cinq à douze, se promenaient en se donnant le bras et abordaient les groupes plus considérables qui stationnaient çà et là; au fond de la place, contre les grilles, des hommes en blouse péroraient, tandis que, le tricorne sur l'oreille et les mains derrière le dos, des sergents de ville erraient le long des murs, en faisant sonner les dalles sous leurs fortes bottes. Tous avaient un air mystérieux, ébahi; on attendait quelque chose évidemment; chacun retenait au bord des lèvres une interrogation.

Frédéric se trouvait auprès d'un jeune homme blond, à figure avenante, et portant moustache et barbiche comme un raffiné du temps de Louis XIII. Il lui demanda la cause du désordre.

— « Je n'en sais rien, » reprit l'autre, « ni eux non plus! C'est leur mode à présent! quelle bonne farce. »

Et il éclata de rire.

En effet, les pétitions pour la Réforme que l'on faisait signer dans la garde nationale, jointes au recensement Humann, d'autres événements encore, amenaient depuis six mois, dans Paris, d'inexplicables attroupements; et même ils se renouvelaient si souvent, que les journaux n'en parlaient plus.

— « Cela manque de galbe et de couleur, » continua le voisin de Frédéric. « Ie cuyde, messire, que nous avons dégénéré! A la bonne époque de Loys onzième, voire de Benjamin Constant, il y avait plus de mutinerie parmi les escholiers. Ie les treuve pacifiques comme moutons, bêtes comme cornichons, et idoines à estre épiciers, Pasque-Dieu! Et voilà ce qu'on appelle la jeunesse des écoles! »

Il écarta les bras, largement, comme Frédéric Lemaître dans *Robert Macaire*.

— « Jeunesse des écoles, je te bénis! »

Ensuite, apostrophant un chiffonnier, qui remuait des écailles d'huîtres contre la borne d'un marchand de vin :

— « En fais-tu partie, toi, de la jeunesse des écoles? »

Le vieillard releva une face hideuse où l'on distinguait, au milieu d'une barbe grise, un nez rouge, et deux yeux avinés stupides.

— « Non! tu me parais plutôt *un de ces hommes à figure patibulaire que l'on voit, dans divers groupes, semant l'or à pleines mains*... Oh! sème, mon patriarche, sème! Corromps-moi avec les trésors d'Albion! *Are you English?* Je ne repousse pas les présents d'Artaxercès! Causons un peu de l'union douanière. »

Frédéric sentit quelqu'un le toucher à l'épaule; il se retourna. C'était Martinon, prodigieusement pâle.

— « Eh bien! » fit-il en poussant un gros soupir, « encore une émeute! »

Il avait peur d'être compromis, se lamentait. Les hommes en blouse, surtout, l'inquiétaient, comme appartenant à des sociétés secrètes.

— « Est-ce qu'il y a des sociétés secrètes! » dit le jeune homme à moustaches. « C'est une vieille blague du Gouvernement, pour épouvanter les bourgeois! »

Martinon l'engagea à parler plus bas, dans la crainte de la police.

— « Vous croyez encore à la police, vous? Au fait, que savez-vous, monsieur, si je ne suis pas moi-même un mouchard? »

Et il le regarda d'une telle manière, que Martinon, fort ému, ne comprit point d'abord la plaisanterie. La foule les poussait, et ils avaient été forcés, tous les trois, de se mettre sur le petit escalier conduisant, par un couloir, dans le nouvel amphithéâtre.

Mais bientôt la multitude se fendit d'elle-même; plusieurs têtes se découvrirent; on saluait l'illustre professeur Samuel Rondelot, qui, enveloppé de sa grosse redingote, levant en l'air ses lunettes d'argent et soufflant de son asthme, s'avançait à pas tranquilles, pour faire son cours. Cet homme était une des gloires judiciaires du XIXe siècle, le rival des Zachariæ, des Ruhdorff. Sa dignité nouvelle de pair de France n'avait modifié en rien ses allures. On le savait pauvre, et un grand respect l'entourait.

Cependant, du fond de la place, quelques-uns crièrent :

— « A bas Guizot! »

— « A bas Pritchard! »

— « A bas les vendus! »

— « A bas Louis-Philippe! »

La foule oscilla, et, se pressant contre la porte de

la cour qui était fermée, elle empêchait le professeur d'aller plus loin. Il s'arrêta devant l'escalier. On l'aperçut bientôt sur la dernière des trois marches. Il parla; un bourdonnement couvrit sa voix. Bien qu'on l'aimât tout à l'heure, on le haïssait maintenant; car il représentait l'Autorité. Chaque fois qu'il essayait de se faire entendre, les cris recommençaient. Enfin il fit un grand geste pour engager les étudiants à le suivre. Une vocifération universelle lui répondit. Il haussa les épaules dédaigneusement et s'enfonça dans le couloir. Martinon avait profité de sa place pour disparaître en même temps.

— « Quel lâche! » dit Frédéric.

— « Il est prudent! » reprit l'autre.

La foule éclata en applaudissements. Cette retraite du professeur devenait une victoire pour elle. A toutes les fenêtres, des curieux regardaient. Quelques-uns entonnaient *la Marseillaise*; d'autres proposaient d'aller chez Béranger.

— « Chez Laffitte! »

— « Chez Chateaubriand! »

— « Chez Voltaire! » hurla le jeune homme à moustaches blondes.

Les sergents de ville tâchaient de circuler, en disant le plus doucement qu'ils pouvaient :

— « Partez, messieurs, partez, retirez-vous! »

Quelqu'un cria :

— « A bas les assommeurs! »

C'était une injure usuelle depuis les rtoubles du mois de septembre. Tous la répétèrent. On huait, on sifflait les gardiens de l'ordre public; ils commençaient à pâlir; un d'eux n'y résista plus, et, avisant un petit jeune homme qui s'approchait de trop près, en lui riant au nez, il le repoussa si rudement, qu'il le fit tomber cinq pas plus loin, sur le dos, devant la boutique du marchand de vin. Tous s'écartèrent; mais presque aussitôt il roula lui-même, terrassé par une sorte d'Hercule dont la chevelure, telle qu'un paquet d'étoupes, débordait sous une casquette en toile cirée.

Arrêté depuis quelques minutes au coin de la rue Saint-Jacques, il avait lâché bien vite un large carton qu'il portait pour bondir vers le sergent de ville, et, le tenant renversé sous lui, il labourait sa face à grands coups de poing. Les autres sergents accoururent. Le terrible garçon était si fort, qu'il en fallut quatre, au moins, pour le dompter. Deux le secouaient par le collet, deux autres le tiraient par les bras, un cinquième lui donnait, avec le genou, des bourrades dans les reins, et tous l'appelaient brigand, assassin, émeutier. La poitrine nue et les vêtements en lambeaux, il protestait de son innocence; il n'avait pu, de sang-froid, voir battre un enfant.

— « Je m'appelle Dussardier! chez MM. Valinçart

frères, dentelles et nouveautés, rue de Cléry. Où est mon carton? Je veux mon carton! » Il répétait : « Dussardier!... rue de Cléry. Mon carton! »

Il s'apaisa pourtant, et, d'un air stoïque, se laissa conduire vers le poste de la rue Descartes.

Un flot de monde énorme le suivit. Frédéric et le jeune homme à moustaches marchaient immédiatement par derrière, pleins d'admiration pour le commis et révoltés contre la violence du Pouvoir.

A mesure que l'on avançait, la foule devenait moins grosse.

Les sergents de ville, de temps à autre, se retournaient d'un air féroce; et, les tapageurs n'ayant plus rien à faire, les curieux rien à voir, tous s'en allaient peu à peu. Des passants, que l'on croisait, considéraient Dussardier et se livraient tout haut à des commentaires outrageants. Une vieille femme, sur sa porte, s'écria même qu'il avait volé un pain; cette injustice augmenta l'irritation des deux amis. Enfin on arriva devant le corps de garde. Il ne restait qu'une vingtaine de personnes. La vue des soldats suffit pour les disperser.

Mais Frédéric et son camarade réclamèrent, hardiment, celui qu'on venait de mettre en prison.

Le factionnaire les menaça, s'ils insistaient, de les y fourrer eux-mêmes.

Ils demandèrent le chef du poste, et déclinèrent

leur nom avec leur qualité d'élèves en droit, affirmant que le prisonnier était leur condisciple.

Enfin, on les fit entrer dans une pièce toute nue, où quatre bancs s'allongeaient contre les murs de plâtre, enfumés. Au fond, un guichet s'ouvrit. Alors parut le robuste visage de Dussardier, qui, dans le désordre de sa chevelure, avec ses petits yeux francs et son nez carré du bout, rappelait confusément la physionomie d'un bon chien.

— « Tu ne nous reconnais pas? » dit Hussonnet. C'était le nom du jeune homme à moustaches.

— « Mais..., » balbutia Dussardier.

— « Ne fais donc plus l'imbécile, » reprit l'autre; « on sait que tu es, comme nous, élève en droit. »

Malgré leurs clignements de paupières, Dussardier ne devinait rien. Il parut se recueillir, puis tout à coup :

— « A-t-on trouvé mon carton? »

Frédéric leva les yeux, découragé. Hussonnet répliqua :

— « Ah! ton carton, où tu mets tes notes de cours? Oui, oui! rassure-toi! »

Ils redoublaient leur pantomime. Dussardier comprit enfin qu'ils venaient pour le servir; et il se tut, craignant de les compromettre. D'ailleurs, il éprouvait une sorte de honte en se voyant haussé au rang social d'étudiant et le pareil de ces jeunes hommes qui avaient des mains si blanches.

— « Veux-tu faire dire quelque chose à quelqu'un? » dit Frédéric.

— « Non, merci, à personne! »

— « Mais ta famille? »

Il baissa la tête sans répondre; le pauvre garçon était bâtard. Les deux amis restaient étonnés de son silence.

— « As-tu de quoi fumer? » reprit Frédéric.

Il se palpa, puis retira du fond de sa poche les débris d'une pipe, — une belle pipe, en écume de mer, avec un tuyau de bois noir, un couvercle d'argent et un bout d'ambre.

Depuis trois ans, il travaillait à en faire un chef-d'œuvre. Il avait eu soin d'en tenir le fourneau constamment serré dans une gaîne de chamois, de la fumer toujours le plus lentement possible, sans jamais la poser sur du marbre, et, chaque soir, de la suspendre, toute droite, au chevet de son lit. A présent, il secouait les morceaux dans sa main dont les ongles saignaient, et, le menton sur la poitrine, les prunelles fixes, béant, il contemplait ces ruines de sa joie avec un regard d'une ineffable tristesse.

— « Si nous lui donnions des cigares, hein? » dit tout bas Hussonnet, en faisant le geste d'en atteindre.

Frédéric avait déjà posé, au bord du guichet, un porte-cigares rempli.

— « Prends donc! Adieu, bon courage! »

Dussardier se jeta sur les deux mains qui s'avançaient. Il les serrait frénétiquement, la voix entrecoupée par des sanglots.

— « Comment?... à moi!... à moi!... »

Les deux amis se dérobèrent à sa reconnaissance.

Puis ils allèrent déjeuner ensemble au café Tabourey, devant le Luxembourg; — et, là, tout en séparant le bifteck, Hussonnet apprit à son compagnon qu'il travaillait dans des journaux de modes et fabriquait des réclames pour *l'Art industriel*.

— « Chez Jacques Arnoux? » dit Frédéric.

— « Vous le connaissez? »

— « Oui! non! C'est-à-dire je l'ai vu, je l'ai rencontré. »

Il demanda négligemment à Hussonnet s'il voyait quelquefois sa femme?

— « De temps à autre, » reprit le bohème.

Frédéric n'osa poursuivre ses questions; cet homme venait de prendre une place démesurée dans sa vie; — et il paya la note du déjeuner, sans qu'il y eût de la part de l'autre aucune protestation.

La sympathie était mutuelle; ils échangèrent leurs adresses. Puis Hussonnet l'invita cordialement à l'accompagner jusqu'à la rue de Fleurus.

Ils étaient au milieu du jardin quand l'employé d'Arnoux, retenant son haleine, contourna son visage dans une grimace abominable et se mit à faire le coq. Alors, tous les coqs qu'il y avait aux environs lui répondirent par des cocoricos prolongés.

— « C'est un signal! » dit Hussonnet.

Ils s'arrêtèrent près du théâtre Bobino, devant une maison où l'on pénétrait par une allée. Dans la lucarne d'un grenier, entre des capucines et des pois de senteur, une jeune femme se montra, nu-tête, en corset, et appuyant ses deux bras contre le bord de la gouttière.

— « Bonjour, mon ange, bonjour, bibiche! » fit Hussonnet, en lui envoyant des baisers.

Puis il ouvrit la barrière d'un coup de pied, et disparut.

Frédéric l'attendit toute la semaine. Il n'osait aller chez lui, pour n'avoir point l'air impatient de se faire rendre à déjeuner; mais il le chercha par tout le quartier latin. Il le rencontra un soir, et l'emmena dans sa chambre sur le quai Napoléon.

La causerie fut longue; ils s'épanchèrent. Hussonnet ambitionnait la gloire et les profits du théâtre. Il collaborait à des vaudevilles non reçus, « avait des masses de plans », tournait le couplet; il en chanta quelques-uns. Puis, remarquant dans l'étagère un volume de Hugo et un autre de Lamartine, il se répandit en sarcasmes sur l'école romantique. Ces poëtes là n'avaient ni bon sens ni correction, et n'étaient pas Français, surtout! Il se vantait de savoir sa langue et épluchait les phrases les plus belles avec cette sévérité hargneuse, ce goût académique qui distinguent les personnes d'humeur folâtre quand elles abordent l'art sérieux.

Frédéric fut blessé dans ses prédilections; il avait envie de rompre. Mais pourquoi ne pas hasarder, tout de suite, le mot d'où son bonheur dépendait? Alors, il demanda au garçon de lettres s'il pouvait le présenter chez Arnoux.

La chose était facile, et ils convinrent du jour suivant.

Hussonnet manqua le rendez-vous; il en manqua trois autres. Un samedi, vers quatre heures, il apparut. Mais, profitant de la voiture, il s'arrêta d'abord au Théâtre Français pour avoir un coupon de loge; il se fit descendre chez un tailleur, chez une couturière; il écrivait ses billets chez les concierges. Enfin ils arrivèrent boulevard Montmartre. Frédéric traversa la boutique, monta l'escalier. Arnoux le reconnut dans la glace placée devant son bureau; et, tout en continuant à écrire, il lui tendit la main pardessus l'épaule.

Cinq ou six personnes, debout, emplissaient l'appartement étroit, qu'éclairait une seule fenêtre donnant sur la cour; un canapé en damas de laine brune occupait au fond l'intérieur d'une alcôve, entre deux portières d'étoffe semblable. Sur la cheminée couverte de paperasses, il y avait une Vénus en bronze; et deux candélabres, garnis de bougies roses, la flanquaient parallèlement. A droite, près d'un cartonnier, un homme dans un fauteuil lisait le journal, en gardant son chapeau sur sa tête; les murailles disparaissaient sous des estampes et des tableaux, gravures précieuses ou esquisses de maîtres contemporains, ornées de dédicaces qui témoignaient pour Jacques Arnoux de l'affection la plus sincère.

— « Cela va toujours bien? » fit-il en se tournant vers Frédéric.

Et, sans attendre sa réponse, il demanda bas à Hussonnet :

— « Comment l'appelez-vous, votre ami? »

Puis, tout haut :

— « Prenez donc un cigare, sur le cartonnier, dans la boîte. »

L'Art industriel, posé au point central de Paris, était un lieu de rendez-vous commode, un terrain neutre où les rivalités se coudoyaient familièrement. On y voyait, ce jour-là, Anténor Braive, le portraitiste des rois; Jules Burrieu, qui commençait à populariser par ses dessins les guerres d'Algérie; le caricaturiste

Sombaz, le sculpteur Vourdat, d'autres encore, et aucun ne répondait aux préjugés de l'étudiant. Leurs manières étaient simples, leurs propos libres. Le mystique Lovarias debita un conte obscène, et l'inventeur du paysage oriental, le fameux Dittmer, portait une camisole de tricot sous son gilet et prit l'omnibus pour s'en retourner.

Il fut d'abord question d'une nommée Apollonie, un ancien modèle, que Burrieu prétendait avoir reconnue sur le boulevard, dans une daumont.

Hussonnet expliqua cette métamorphose par la série de ses entreteneurs.

— « Comme ce gaillard-là connaît les filles de Paris! » dit Arnoux.

— « Après vous, s'il en reste, sire! » répliqua le bohème, avec un salut militaire, pour imiter le grenadier offrant sa gourde à Napoléon.

Puis on discuta quelques toiles, où la tête d'Apollonie avait servi. Les confrères absents furent critiqués. On s'étonnait du prix de leurs œuvres; et tous se plaignaient de ne point gagner suffisamment, lorsque entra un homme de taille moyenne, l'habit fermé par un seul bouton, les yeux vifs, l'air un peu fou.

— « Quel tas de bourgeois vous êtes! » dit-il. « Qu'est-ce que cela fait, miséricorde! Les vieux qui confectionnaient des chefs-d'œuvre ne s'inquiétaient pas du million. Corrége, Murillo... »

— « Ajoutez Pellerin, » dit Sombaz.

Mais, sans relever l'épigramme, il continua de discourir avec tant de véhémence, qu'Arnoux fut contraint de lui répéter deux fois :

— « Ma femme a besoin de vous, jeudi. N'oubliez pas ! »

Cette parole ramena la pensée de Frédéric sur Mme Arnoux. Sans doute, on pénétrait chez elle par le cabinet près du divan? Arnoux, pour prendre un mouchoir, venait de l'ouvrir ; Frédéric avait même aperçu, dans le fond, un lavabo. Mais une sorte de grommellement sortit du coin de la cheminée: c'était le personnage qui lisait son journal, dans le fauteuil. Il avait cinq pieds neuf pouces, les paupières un peu tombantes, la chevelure grise, l'air majestueux — et s'appelait Regimbart.

— « Qu'est-ce donc, citoyen? » dit Arnoux.

— « Encore une nouvelle canaillerie du Gouvernement ! »

Il s'agissait de la destitution d'un maître d'école; Pellerin reprit son parallèle entre Michel-Ange et Shakspeare.

Dittmer s'en allait. Arnoux le rattrapa pour lui mettre dans la main deux billets de banque. Alors, Hussonnet, croyant le moment favorable :

— « Vous ne pourriez pas m'avancer, mon cher patron...? »

Mais Arnoux s'était rassis et gourmandait un vieillard d'aspect sordide, en lunettes bleues.

— « Ah! vous êtes joli, père Isaac! Voilà trois œuvres décriées, perdues ! Tout le monde se fiche de moi! On les connaît maintenant! Que voulez-vous que j'en fasse? Il faudra que je les envoie en Californie!... au diable! taisez-vous! »

La spécialité de ce bonhomme consistait à mettre au bas des tableaux des signatures de maîtres anciens. Arnoux refusait de le payer; il le congédia brutalement. Puis, changeant de manières, il salua un monsieur décoré, gourmé, avec favoris et cravate blanche.

Le coude sur l'espagnolette de la fenêtre, il lui parla pendant longtemps, d'un air mielleux. Enfin il éclata :

— « Eh ! je ne suis pas embarrassé d'avoir des courtiers, monsieur le comte! »

Le gentilhomme s'étant résigné, Arnoux lui solda vingt-cinq louis, et, dès qu'il fut dehors :

— « Sont-ils assommants, ces grands seigneurs! »

— « Tous des misérables! » murmura Regimbart.

A mesure que l'heure avançait, les occupations d'Arnoux redoublaient; il classait des articles, décachetait des lettres, alignait des comptes au bruit du marteau dans le magasin, sortait pour surveiller les emballages, puis reprenait sa besogne; et, tout en faisant courir sa plume de fer sur le papier, il ripostait aux plaisanteries. Il devait dîner le soir chez son avocat, et partait le lendemain pour la Belgique.

Les autres causaient des choses du jour : le portrait de Cherubini, l'hémicycle des Beaux-Arts, l'Exposition prochaine. Pellerin déblatérait contre l'Institut. Les cancans, les discussions s'entre-croisaient. L'appartement, bas de plafond, était si rempli, qu'on ne pouvait remuer, et la lumière des bougies roses passait dans la fumée des cigares comme des rayons de soleil dans la brume.

Mais la porte, près du divan, s'ouvrit, et une grande femme mince entra, — avec des gestes brusques qui faisaient sonner sur sa robe en taffetas noir toutes les breloques de sa montre.

C'était la femme entrevue, l'été dernier, au Palais-Royal.

Quelques-uns, l'appelant par son nom, échangèrent avec elle des poignées de main. Hussonnet avait enfin arraché une cinquantaine de francs; la pendule sonna sept heures; tous se retirèrent.

Arnoux dit à Pellerin de rester, et conduisit Mlle Vatnaz dans le cabinet.

Frédéric n'entendait pas leurs paroles; ils chuchotaient.

Cependant, la voix féminine s'éleva :

— « Depuis six mois que l'affaire est faite, j'attends toujours! »

Il y eut un long silence. Mlle Vatnaz reparut. Arnoux lui avait encore promis quelque chose.

— « Oh ! oh! plus tard, nous verrons! »

— « Adieu, homme heureux! » dit-elle, en s'en allant.

Arnoux rentra vivement dans le cabinet, écrasa du cosmétique sur ses moustaches, haussa ses bretelles pour tendre ses sous-pieds ; et, tout en se lavant les mains :

— « Il me faudrait deux dessus de porte, à deux cent cinquante la pièce, genre Boucher; est-ce convenu?

— « Soit, » dit l'artiste, devenu rouge.

— « Bon! et n'oubliez pas ma femme! »

Frédéric accompagna Pellerin jusqu'au haut du faubourg Poissonnière, et lui demanda la permission de venir le voir quelquefois, faveur qui fut accordée gracieusement.

Pellerin lisait tous les ouvrages d'esthétique pour découvrir la véritable théorie du Beau, convaincu, quand il l'aurait trouvée, de faire des chefs-d'œuvre. Il s'entourait de tous les auxiliaires imaginables, dessins, plâtres, modèles, gravures; et il cherchait, se rongeait; il accusait le temps, ses nerfs, son atelier, sortait dans la rue pour rencontrer l'inspiration, tressaillait de l'avoir saisie, puis abandonnait son œuvre et en rêvait une autre qui devait être plus belle. Ainsi tourmenté par des convoitises de gloire et perdant ses jours en discussions, croyant à mille niaiseries, aux systèmes, aux critiques, à l'importance d'un règlement ou d'une réforme en matière d'art, il n'avait, à cinquante ans, encore produit que des ébauches. Son orgueil robuste l'empêchait de subir aucun découragement, mais il était toujours irrité, et dans cette exaltation à la fois factice et naturelle qui constitue les comédiens.

On remarquait en entrant chez lui deux grands tableaux, où les premiers tons, posés çà et là, faisaient sur la toile blanche des taches de brun, de rouge et de bleu. Un réseau de lignes à la craie s'étendait par-dessus, comme les mailles vingt fois reprises d'un filet; il était même impossible d'y rien comprendre. Pellerin expliqua le sujet de ces deux compositions en indiquant avec le pouce les parties qui manquaient. L'une devait représenter *la démence de Nabuchodonosor*, l'autre *l'incendie de Rome par Néron*. Frédéric les admira.

Il admira des académies de femmes échevelées, des paysages où les troncs d'arbre tordus par la tempête foisonnaient, et surtout des caprices à la plume, souvenirs de Callot, de Rembrandt ou de Goya, dont il ne connaissait pas les modèles. Mais Pellerin n'estimait plus ces travaux de sa jeunesse; maintenant, il était pour le grand style; il dogmatisa sur Phidias et Winckelmann, éloquemment. D'ailleurs, les choses autour de lui renforçaient la puissance de sa parole: on voyait une tête de mort sur un prie-Dieu, des yatagans, une robe de moine; Frédéric l'endossa.

Quand il arrivait de bonne heure, il le surprenait dans son mauvais lit de sangle, que cachait un lambeau de tapisserie; car Pellerin se couchait tard, fréquentant les théâtres avec assiduité. Il était servi par une vieille femme en haillons, dînait à la gargote et vivait sans maîtresse. Ses connaissances, ramassées pêle-mêle, rendaient ses paradoxes amusants. Sa haine contre le commun et le bourgeois débordait en sarcasmes d'un lyrisme superbe, et il avait pour les maîtres une telle religion, qu'elle le montait presque jusqu'à eux. Mais pourquoi ne parlait-il jamais de Mme Arnoux ? Quant à son mari, tantôt il l'appelait un bon garçon, d'autres fois un charlatan. Frédéric attendait ses confidences.

Un jour, en feuilletant un de ses cartons, il trouva dans le portrait d'une bohémienne quelque chose de Mlle Vatnaz, et, comme cette personne l'intéressait, il voulut savoir sa position.

Elle avait été, croyait Pellerin, d'abord institutrice en province; maintenant, elle donnait des leçons et tâchait d'écrire dans les petites feuilles.

D'après ses manières avec Arnoux, on pouvait, selon Frédéric, la supposer sa maîtresse.

— « Ah! bah! il en a d'autres! »

Alors, le jeune homme, en détournant son visage qui rougissait de honte sous l'infamie de sa pensée, ajouta d'un air crâne :

— « Sa femme le lui rend, sans doute? »

— « Pas du tout! elle est honnête! »

Frédéric eut un remords, et se montra plus assidu au journal.

Les grandes lettres composant le nom d'Arnoux sur la plaque de marbre, au haut de la boutique, lui semblaient toutes particulières et grosses de significations, comme une écriture sacrée. Le large trottoir, descendant, facilitait sa marche, la porte tournait presque d'elle-même, et la poignée, lisse au toucher, avait la douceur et comme l'intelligence d'une main dans la sienne. Insensiblement, il devint aussi ponctuel que Regimbart.

Tous les jours, Regimbart s'asseyait au coin du feu, dans son fauteuil, s'emparait du *National*, ne le quittait plus, et exprimait sa pensée par des exclamations ou de simples haussements d'épaules. De temps à autre, il s'essuyait le front avec son mouchoir de poche roulé en boudin, et qu'il portait sur sa poitrine, entre deux boutons de sa redingote verte. Il avait un pantalon à plis, des souliers-bottes, une cravate longue; et son chapeau à bords retroussés le faisait reconnaître, de loin, dans les foules.

A huit heures du matin, il descendait des hauteurs de Montmartre, pour prendre le vin blanc dans la rue Notre-Dame-des-Victoires. Son déjeuner, que suivaient plusieurs parties de billard, le conduisait jusqu'à trois heures. Il se dirigeait alors vers le passage des Panoramas, pour prendre l'absinthe. Après la séance chez Arnoux, il entrait à l'estaminet Bordelais, pour prendre le vermout; puis, au lieu de rejoindre sa femme, souvent il préférait dîner seul, dans un petit café de la place Gaillon, où il voulait qu'on lui servît « des plats de ménage, des choses naturelles » ! Enfin il se transportait dans un autre billard, et y restait jusqu'à minuit, jusqu'à une heure du matin, jusqu'au moment où, le gaz éteint et les volets fermés, le maître de l'établissement, exténué, le suppliait de sortir.

Et ce n'était pas l'amour des boissons qui attirait dans ces endroits le citoyen Regimbart, mais l'habitude ancienne d'y causer politique; avec l'âge, sa verve était tombée; il n'avait plus qu'une morosité silencieuse. On aurait dit, à voir le sérieux de son visage, qu'il roulait le monde dans sa tête. Rien n'en sortait; et personne, même de ses amis, ne lui connaissait d'occupations, bien qu'il se donnât pour tenir un cabinet d'affaires.

Arnoux paraissait l'estimer infiniment. Il dit un our à Frédéric :

— « Celui-là en sait long, allez ! c'est un homme fort ! »

Une autre fois, Regimbart étala sur son pupitre des papiers concernant des mines de kaolin en Bretagne ; Arnoux s'en rapportait à son expérience.

Frédéric se montra plus cérémonieux pour Regimbart, — jusqu'à lui offrir l'absinthe de temps à autre : et, quoiqu'il le jugeât stupide, souvent il demeurait dans sa compagnie pendant une grande heure, uniquement parce que c'était l'ami de Jacques Arnoux.

Après avoir poussé dans leurs débuts les maîtres contemporains, le marchand de tableaux, homme de progrès, avait tâché, tout en conservant des allures artistiques, d'étendre ses profits pécuniaires. Il recherchait l'émancipation des arts, le sublime à bon marché. Toutes les industries du luxe parisien subirent son influence, qui fut bonne pour les petites choses, et funeste pour les grandes. Avec sa rage de flatter l'opinion, il détourna de leur voie les artistes habiles, corrompit les forts, épuisa les faibles et illustra les médiocres ; il en disposait par ses relations et par sa revue. Les rapins ambitionnaient de voir leurs œuvres à sa vitrine, et les tapissiers prenaient chez lui des modèles d'ameublement. Frédéric le considérait à la fois comme millionnaire, comme dilettante, comme homme d'action. Bien des choses pourtant l'étonnaient, car le sieur Arnoux était malicieux dans son commerce.

Il recevait du fond de l'Allemagne ou de l'Italie une toile achetée à Paris quinze cents francs, et, exhibant une facture qui la portait à quatre mille, la revendait trois mille cinq cents, par complaisance. Un de ses tours ordinaires avec les peintres était d'exiger comme pot-de-vin une réduction de leur tableau, sous le prétexte d'en publier la gravure; il vendait toujours la réduction et jamais la gravure ne paraissait. A ceux qui se plaignaient d'être exploités, il répondait par une tape sur le ventre. Excellent d'ailleurs, il prodiguait les cigares, tutoyait les inconnus, s'enthousiasmait pour une œuvre ou pour un homme, et, s'obstinant alors, ne regardait à rien, multipliait les courses, les correspondances, les réclames. Il se croyait fort honnête, et, dans son besoin d'expansion, racontait naïvement ses indélicatesses.

Une fois, pour vexer un confrère qui inaugurait un autre journal de peinture par un grand festin, il pria Frédéric d'écrire sous ses yeux, un peu avant l'heure du rendez-vous, des billets où l'on désinvitait les convives.

— « Cela n'attaque pas l'honneur, vous comprenez ? »

Et le jeune homme n'osa lui refuser ce service.

Le lendemain, en entrant avec Hussonnet dans son bureau, Frédéric vit par la porte (celle qui s'ouvrait sur l'escalier) le bas d'une robe disparaître.

— « Mille excuses! » dit Hussonnet. « Si j'avais cru qu'il y eût des femmes... »

— « Oh! pour celle-là, c'est la mienne, » reprit Arnoux. « Elle montait me faire une petite visite, en passant. »

— « Comment? » dit Frédéric.

— « Mais oui! elle s'en retourne chez elle, à la maison. »

Le charme des choses ambiantes se retira tout à coup. Ce qu'il y sentait confusément épandu venait de s'évanouir, ou plutôt n'y avait jamais été. Il éprouvait une surprise infinie et comme la douleur d'une trahison.

Arnoux, en fouillant dans son tiroir, souriait. Se moquait-il de lui? Le commis déposa sur la table une liasse de papiers humides.

— « Ah! les affiches! » s'écria le marchand. « Je ne suis pas près de dîner ce soir! »

Regimbart prenait son chapeau.

— « Comment, vous me quittez? »

— « Sept heures! » dit Regimbart.

Frédéric le suivit.

Au coin de la rue Montmartre, il se retourna; il

regarda les fenêtres du premier étage; et il rit intérieurement de pitié sur lui-même, en se rappelant avec quel amour il les avait si souvent contemplées! Où donc vivait-elle? Comment la rencontrer maintenant? La solitude se rouvrait autour de son désir, plus immense que jamais!

— « Venez-vous la prendre ? » dit Regimbart.

— « Prendre qui ? »

— « L'absinthe! »

Et, cédant à ses obsessions, Frédéric se laissa conduire à l'estaminet Bordelais.

Tandis que son compagnon, posé sur le coude, considérait la carafe, il jetait les yeux de droite et de gauche. Mais il aperçut le profil de Pellerin sur le trottoir; il cogna vivement contre le carreau, et le peintre n'était pas assis que Regimbart lui demanda pourquoi on ne le voyait plus à *l'Art industriel*.

— « Que je crève, si j'y retourne! C'est une brute, un bourgeois, un misérable, un drôle! »

Ces injures flattaient la colère de Frédéric. Il en était blessé cependant, car il lui semblait qu'elles atteignaient un peu Mme Arnoux.

— « Qu'est-ce donc qu'il vous a fait? » dit Regimbart.

Pellerin battit le sol avec son pied, et souffla fortement, au lieu de répondre.

Il se livrait à des travaux clandestins, tels que portraits aux deux crayons ou pastiches de grands maîtres pour les amateurs peu éclairés; et, comme ces travaux l'humiliaient, il préférait se taire, généralement. Mais « la crasse d'Arnoux » l'exaspérait trop. Il se soulagea.

D'après une commande, dont Frédéric avait été le témoin, il lui avait apporté deux tableaux. Le marchand, alors, s'était permis des critiques! Il avait blâmé la composition, la couleur et le dessin, le dessin surtout, bref, à aucun prix n'en avait voulu. Mais, forcé par l'échéance d'un billet, Pellerin les avait cédés au juif Isaac; et, quinze jours plus tard, Arnoux lui-même les vendait à un Espagnol, pour deux mille francs.

— « Pas un sou de moins! Quelle gredinerie! et il en fait bien d'autres, parbleu! nous le verrons, un de ces matins, en cour d'assises. »

— « Comme vous exagérez! » dit Frédéric, d'une voix timide.

— « Allons! bon! j'exagère! » s'écria l'artiste, en donnant sur la table un grand coup de poing.

Cette violence rendit au jeune homme tout son aplomb. Sans doute, on pouvait se conduire plus gentiment; cependant, si Arnoux trouvait ces deux toiles...

— « Mauvaises!... lâchez le mot! Les connaissez-vous? Est-ce votre métier? Or, vous savez, mon petit, moi, je n'admets pas cela, les amateurs! »

— « Eh! ce ne sont pas mes affaires! » dit Frédéric.

— « Quel intérêt avez-vous donc à le défendre? » reprit froidement Pellerin.

Le jeune homme balbutia :

— « Mais... parce que je suis son ami. »

— « Embrassez-le de ma part! bonsoir! »

Et le peintre sortit, furieux, sans parler, bien entendu, de sa consommation.

Frédéric s'était convaincu lui-même, en défendant Arnoux. Dans l'échauffement de son éloquence, il fut pris de tendresse pour cet homme intelligent et bon, que ses amis calomniaient et qui maintenant travaillait tout seul, abandonné. Il ne résista pas au singulier besoin de le revoir immédiatement. Dix minutes après, il poussait la porte du magasin.

Arnoux élaborait, avec son commis, des affiches monstres pour une exposition de tableaux...

— « Tiens! qui vous ramène? »

Cette question bien simple embarrassa Frédéric; et, ne sachant que répondre, il demanda si l'on n'avait point trouvé par hasard son calepin, un petit calepin en cuir bleu.

— « Celui où vous mettez vos lettres de femmes? » dit Arnoux.

Frédéric, en rougissant comme une vierge, se défendit d'une telle supposition.

— « Vos poésies, alors? » répliqua le marchand.

Il maniait les spécimens étalés, en discutait la forme, la couleur, la bordure; et Frédéric se sentait de plus en plus irrité par son air de méditation, et surtout par ses mains qui se promenaient sur les affiches, — de grosses mains, un peu molles, à ongles plats. Enfin Arnoux se leva; et, en disant : « C'est fait! » il lui passa la main sous le menton, familièrement. Cette privauté déplut à Frédéric, il se recula; puis il franchit le seuil du bureau, pour la dernière fois de son existence, croyait-il. Mme Arnoux elle-même se trouvait comme diminuée par la vulgarité de son mari.

Il reçut, dans la même semaine, une lettre où Deslauriers annonçait qu'il arriverait à Paris, jeudi prochain.

Alors, il se rejeta violemment sur cette affection plus solide et plus haute. Un pareil homme valait toutes les femmes. Il n'aurait plus besoin de Regimbart, de Pellerin, d'Hussonnet, de personne! afin de mieux loger son ami, il acheta une couchette de fer, un second fauteuil, dédoubla sa literie; et, le jeudi matin, il s'habillait pour aller au-devant de Deslauriers quand un coup de sonnette retentit à sa porte. Arnoux entra.

— « Un mot, seulement! Hier, on m'a envoyé de Genève une belle truite; nous comptons sur vous, tantôt, à sept heures juste. C'est rue de Choiseul, 24 bis. N'oubliez pas. »

Frédéric fut obligé de s'asseoir. Ses genoux chancelaient. Il se répétait : « Enfin! enfin! » Puis il écrivit à son tailleur, à son chapelier, à son bottier; et il fit porter ces trois billets par trois commissionnaires différents. Mais la clef tourna dans la serrure et le concierge parut, avec une malle sur l'épaule.

Frédéric, en apercevant Deslauriers, se mit à trembler comme une femme adultère sous le regard de son époux.

— « Qu'est-ce donc qui te prend? » dit Deslauriers, « tu dois cependant avoir reçu de moi une lettre? »

Frédéric n'eut pas la force de mentir :

— « Oui, je l'ai reçue! »

Il ouvrit les bras et se jeta sur sa poitrine.

Ensuite, le clerc conta son histoire. Son père n'avait pas voulu rendre ses comptes de tutelle, s'imaginant que ces comptes-là se prescrivaient par dix ans. Mais, fort en procédure, Deslauriers avait enfin arraché tout l'héritage de sa mère, sept mille francs nets, qu'il tenait là, sur lui, dans un vieux portefeuille.

— « C'est une réserve, en cas de malheur. Il faut que j'avise à les placer et à me caser moi-même, dès demain matin. Pour aujourd'hui, vacance complète, et tout à toi, mon vieux! »

— « Oh! ne te gêne pas! dit Frédéric. Si tu avais ce soir quelque chose d'important... »

— « Allons donc! Je serais un fier misérable... »

Et cette épithète, lancée au hasard, toucha Frédéric en plein cœur, comme une allusion outrageante.

Cependant, le concierge avait disposé sur la table, auprès du feu, des côtelettes, de la galantine, une langouste, un dessert, et deux bouteilles de vin de Bordeaux. Une réception si bonne émut Deslauriers.

— « Tu me traites comme un roi, ma parole! »

Ils causèrent de leur passé, de l'avenir; et, de temps à autre, ils se prenaient les mains par-dessus la table, en se regardant une minute avec attendrissement.

Mais un commissionnaire apporta un chapeau neuf. Deslauriers remarqua, tout haut, combien la coiffe était brillante.

Puis le tailleur, lui-même, vint remettre l'habit auquel il avait donné un coup de fer.

— « On croirait que tu vas te marier, » dit Deslauriers.

Une heure après, un troisième individu survint et retira d'un grand sac noir une paire de bottes vernies, splendides. Pendant que Frédéric les essayait, le bottier observait narquoisement la chaussure du provincial.

— « Monsieur n'a besoin de rien? »

— « Merci, » répliqua le clerc, en rentrant sous sa chaise ses vieux souliers à cordons.

Cette humiliation gêna Frédéric. Il reculait à faire son aveu. Enfin, il s'écria, comme saisi par une idée :

— « Ah! saprelotte, j'oubliais! »

— « Quoi donc ? »

— « Ce soir, je dîne en ville! »

— « Chez les Dambreuse ? Pourquoi ne m'en parles-tu jamais dans tes lettres ? »

Ce n'était pas chez les Dambreuse, mais chez les Arnoux.

— « Tu aurais dû m'avertir! » dit Deslauriers. « Je serais venu un jour plus tard. »

— « Impossible! » répliqua brusquement Frédéric. « On ne m'a invité que ce matin, tout à l'heure. »

Et, pour racheter sa faute et en distraire son ami, il dénoua les cordes emmêlées de sa malle, il arrangea dans la commode toutes ses affaires, il voulait lui donner son propre lit, coucher dans le cabinet au bois. Puis, dès quatre heures, il commença les préparatifs de sa toilette.

— « Tu as bien le temps! » dit l'autre.

Enfin, il s'habilla, il partit.

— « Voilà les riches! » pensa Deslauriers.

Et il alla dîner rue Saint-Jacques, chez un petit restaurateur qu'il connaissait.

Frédéric s'arrêta plusieurs fois dans l'escalier, tant son cœur battait fort. Un de ses gants trop justes éclata; et, tandis qu'il enfonçait la déchirure sous la manchette de sa chemise, Arnoux, qui montait par derrière, le saisit au bras et le fit entrer.

L'antichambre, décorée à la chinoise, avait une lanterne peinte au plafond, et des bambous dans les coins. En traversant le salon, Frédéric trébucha contre une peau de tigre. On n'avait point allumé les flambeaux, mais deux lampes brûlaient dans le boudoir, tout au fond.

Mlle Marthe vint dire que sa maman s'habillait. Arnoux l'enleva jusqu'à la hauteur de sa bouche pour la baiser; puis, voulant choisir lui-même dans la cave certaines bouteilles de vin, il laissa Frédéric avec l'enfant.

Elle avait grandi beaucoup depuis le voyage de Montereau. Ses cheveux bruns descendaient en longs anneaux frisés sur ses bras nus. Sa robe, plus bouffante que le jupon d'une danseuse, laissait voir ses mollets roses, et toute sa gentille personne sentait frais comme un bouquet. Elle reçut les compliments du monsieur avec des airs de coquette, fixa sur lui ses yeux profonds, puis, se coulant parmi les meubles, disparut comme un jeune chat.

Il n'éprouvait plus aucun trouble. Les globes des lampes, recouverts d'une dentelle en papier, tamisaient un jour laiteux et qui attendrissait la couleur des murailles, tendues de satin mauve. A travers les lames du garde-feu, pareil à un gros éventail, on apercevait les charbons dans la cheminée; il y avait, contre la pendule, un coffret à fermoirs d'argent. Çà et là, des choses intimes traînaient : une poupée au milieu de la causeuse, un fichu contre le dossier d'une chaise et, sur la table à ouvrage, un tricot de laine d'où pendaient en dehors deux aiguilles d'ivoire, la pointe en bas. C'était un endroit paisible, honnête et familier tout ensemble.

Arnoux rentra, et, par l'autre portière, Mme Arnoux parut.

Comme elle se trouvait enveloppée d'ombre, il ne distingua d'abord que sa tête. Elle avait une robe de velours noir et, dans les cheveux, une longue bourse algérienne en filet de soie rouge qui, s'entortillant à son peigne, lui tombait sur l'épaule gauche.

Arnoux présenta Frédéric.

— « Oh! je reconnais Monsieur parfaitement, » répondit-elle.

Puis les convives arrivèrent tous, presque en même

temps : Dittmer, Lavarias, Burieu, le compositeur Rosenwald, le poëte Théophile Lorris, deux critiques d'art, collègues d'Hussonnet, un fabricant de papier, et enfin l'illustre Pierre-Paul Meinsius, le dernier représentant de la grande peinture, qui portait gaillardement avec sa gloire ses quatre-vingts années et son gros ventre.

Lorsqu'on passa dans la salle à manger, Mme Arnoux prit son bras. Une chaise était restée vide pour Pellerin. Arnoux l'aimait, tout en l'exploitant. D'ailleurs, il redoutait sa terrible langue — si bien que, pour l'attendrir, il avait publié dans *l'Art industriel* son portrait accompagné d'éloges hyperboliques; et Pellerin, plus sensible à la gloire qu'à l'argent, apparut vers huit heures, tout essoufflé. Frédéric s'imagina qu'ils étaient réconciliés depuis longtemps.

La compagnie, les mets, tout lui plaisait. La salle, telle qu'un parloir moyen âge, était tendue de cuir battu ; une étagère hollandaise se dressait devant un râtelier de chibouques; et, autour de la table, les verres de Bohême, diversement colorés, faisaient au milieu des fleurs et des fruits comme une illumination dans un jardin.

Il eut à choisir entre dix espèces de moutarde. Il mangea du daspachio, du garrick, du gingembre, des merles de Corse, des lasagnes romaines; il but des vins extraordinaires, du lip-fraoli et du tokay. Arnoux se piquait effectivement de bien recevoir. Il courtisait en vue des comestibles tous les conducteurs de malle-poste, et il était lié avec des cuisiniers de grandes maisons qui lui communiquaient des sauces.

Mais la causerie surtout amusait Frédéric. Son goût pour les voyages fut caressé par Dittmer, qui parla de l'Orient; il assouvit sa curiosité des choses du théâtre en écoutant Rosenwald causer de l'Opéra; et l'existence atroce de la bohème lui parut drôle, à travers la gaieté d'Hussonnet, lequel narra, d'une manière pittoresque, comment il avait passé tout un hiver, n'ayant pour nourriture que du fromage de Hollande. Puis une discussion entre Lovarias et Burrieu, sur l'école florentine, lui révéla des chefs-d'œuvre, lui ouvrit des horizons, et il eut mal à contenir son enthousiasme quand Pellerin s'écria :

— « Laissez-moi tranquille avec votre hideuse réalité! Qu'est-ce que cela veut dire, la réalité? Les uns voient noir, d'autres bleu, la multitude voit bête. Rien de moins naturel que Michel-Ange, rien de plus fort! Le souci de la vérité extérieure dénote la bassesse contemporaine; et l'art deviendra, si l'on continue, je ne sais quelle rocambolle au-dessous de la religion comme poésie, et de la politique comme intérêt. Vous n'arriverez pas à son but, — oui, son but! — qui est de nous causer une exaltation impersonnelle, avec de petites œuvres, malgré toutes vos finasseries d'exécution. Voilà les tableaux de Bassolier, par exemple : c'est joli, coquet, propret, et pas lourd ! Ça peut se mettre dans la poche, se prendre en voyage ! Les notaires achètent ça vingt mille francs ; il y a pour trois sous d'idées ; mais, sans l'idée, rien de grand ! sans grandeur, pas de beau ! L'Olympe est une montagne ! Le plus crâne monument, ce sera toujours les Pyramides. Mieux vaut l'exubérance que le goût, le désert qu'un trottoir, et un sauvage qu'un coiffeur ! »

Frédéric, en écoutant ces choses, regardait Mme Arnoux. Elles tombaient dans son esprit comme des métaux dans une fournaise, s'ajoutaient à sa passion et faisaient de l'amour.

Il était assis trois places au-dessous d'elle, sur le même côté. De temps à autre, elle se penchait un peu, en tournant la tête pour adresser quelques mots à sa petite fille ; et, comme elle souriait alors, une fossette se creusait dans sa joue, ce qui donnait à son visage un air de bonté plus délicate.

Au moment des liqueurs, elle disparut. La conversation devint très-libre ; M. Arnoux y brilla, et Frédéric fut étonné du cynisme de ces hommes. Cependant, leur préoccupation de la femme établissait entre eux et lui comme une égalité, qui le haussait dans sa propre estime.

Puis, rentré au salon, il prit, par contenance, un des albums traînant sur la table. Les grands artistes de l'époque l'avaient illustré de dessins, y avaient mis de la prose, des vers, ou simplement leur signature ; mais, parmi les noms fameux, il s'en trouvait beaucoup d'inconnus, et les pensées curieuses n'apparaissaient que sous un débordement de sottises. Toutes contenaient un hommage plus ou moins direct à Mme Arnoux. Frédéric aurait eu peur d'écrire une ligne à côté.

Elle alla chercher dans son boudoir le coffret à fermoirs d'argent qu'il avait remarqué sur la cheminée. C'était un cadeau de son mari, un ouvrage de la renaissance Les amis d'Arnoux le complimentèrent; sa femme le remerciait ; il fut pris d'attendrissement, et lui donna devant le monde un baiser.

Ensuite, tous causèrent çà et là, par groupes; le bonhomme Meinsius était avec Mme Arnoux, sur une bergère, près du feu; elle se penchait vers son oreille, leurs têtes se touchaient; — et Frédéric aurait accepté d'être sourd, infirme et laid pour un nom illustre et des cheveux blancs, pour avoir quelque chose, enfin, qui l'intronisât dans une intimité pareille. Il se rongeait le cœur, furieux contre sa jeunesse.

Mais elle vint dans l'angle du salon où il se tenait.

Elle lui demanda s'il connaissait quelques-uns des convives, s'il aimait la peinture, depuis combien de temps il étudiait à Paris. Chaque mot qui sortait de sa bouche semblait à Frédéric être une chose nouvelle, une dépendance exclusive de sa personne. Il regardait attentivement les effilés de sa coiffure, caressant, par le bout, son épaule nue ; et il n'en détachait pas ses yeux, il enfonçait son âme dans la blancheur de cette chair féminine; cependant, il n'osait lever ses paupières, pour la voir plus haut, face à face.

Rosenwald les interrompit, en priant Mme Arnoux de chanter quelque chose. Il préluda, elle attendait; ses lèvres s'entr'ouvrirent, et un son pur, long, filé, monta dans l'air.

Frédéric ne comprit rien aux paroles italiennes.

Cela commençait sur un rhythme grave, tel qu'un chant d'église, puis, s'animant crescendo, multipliait les éclats sonores, s'apaisait tout à coup ; et la mélodie revenait amoureusement, avec une oscillation large et paresseuse.

Elle se tenait debout, près du clavier, les bras tombants, le regard perdu. Quelquefois, pour lire la musique, elle clignait ses paupières en avançant le front, un instant. Sa voix de contralto prenait dans les cordes basses une intonation lugubre qui glaçait, et alors sa belle tête, aux grands sourcils, s'inclinait sur son épaule; elle la relevait, soudain, avec des flammes dans les yeux; sa poitrine se gonflait, ses bras s'écartaient, son cou d'où s'échappaient des roulades se renversait mollement comme sous des baisers aériens; elle lança trois notes aiguës, redescendit, en jeta une plus haute encore, et, après un silence, termina par un point d'orgue.

Rosenwald n'abandonna pas le piano. Il continua de jouer, pour lui-même. De temps à autre, un des convives disparaissait. Puis, à onze heures, comme les derniers s'en allaient, Arnoux sortit avec Pellerin, sous prétexte de le reconduire. Il était de ces gens qui se disent malades quand ils n'ont pas *fait leur tour* après dîner.

Mme Arnoux s'était avancée dans l'antichambre; Dittmer et Hussonnet la saluaient, elle leur tendit la main; elle la tendit également à Frédéric; et il éprouva, bien qu'elle fût souple et fondante, comme une pénétration à tous les atomes de sa peau.

Il quitta ses amis; il avait besoin d'être seul. Son cœur débordait.

Pourquoi cette main offerte? Était-ce un geste irréfléchi, ou un encouragement? « Allons-donc! je suis fou! » Et qu'importait d'ailleurs, puisqu'il pouvait maintenant la fréquenter tout à son aise, vivre dans son atmosphère.

Les rues étaient désertes. Quelquefois, une charrette lourde passait, en ébranlant les pavés. Les maisons se succédaient avec leurs façades grises, leurs fenêtres closes; et il songeait dédaigneusement à tous ces êtres humains couchés derrière ces murs, qui existaient sans la voir, et dont pas un même ne se doutait qu'elle vécût! Il n'avait plus conscience du milieu, de l'espace, de rien; et, en battant le sol du talon, en frappant avec sa canne les volets des boutiques, il allait toujours devant lui, au hasard, éperdu, entraîné. Un air humide l'enveloppa. Il se reconnut au bord des quais.

Les réverbères brillaient en deux lignes droites, indéfiniment, et de longues flammes rouges vacillaient dans la profondeur de l'eau. Elle était de couleur ardoise, tandis que le ciel, plus clair, semblait soutenu par les grandes masses d'ombre qui se levaient de chaque côté du fleuve. Des édifices, que l'on n'apercevait pas, faisaient des redoublements d'obscurité. Un brouillard lumineux flottait au delà, sur les toits; tous les bruits se fondaient en un seul bourdonnement; un vent léger soufflait.

Il s'était arrêté au milieu du Pont-Neuf, et, tête nue, poitrine ouverte, il aspirait l'air. Cependant, il sentait monter du fond de lui-même quelque chose d'intarissable, un afflux de tendresse qui l'énervait, comme le mouvement des ondes sous ses yeux. A l'horloge d'une église, une heure sonna, lentement, pareille à une voix qui l'eût appelé.

Alors, il fut saisi par un de ces frissons de l'âme où il vous semble qu'on est transporté dans un monde supérieur. Une faculté extraordinaire, dont il ne savait pas l'objet, lui était venue. Il se demanda, sérieusement, s'il serait un grand peintre ou un grand poëte ; — et il se décida pour la peinture, car les exigences de ce métier le rapprocheraient de Mme Arnoux. Il avait donc trouvé sa vocation ! Le but de son existence était clair maintenant, et l'avenir infaillible !

Quand il eut refermé sa porte, il entendit quelqu'un qui ronflait, dans le cabinet noir, près de la chambre. C'était l'autre. Il n'y pensait plus.

Son visage s'offrit à lui dans la glace. Il se trouva beau ; — et resta une minute à se regarder.

V

Le lendemain, avant midi, il s'était acheté une boîte de couleurs, des pinceaux, un chevalet. Pellerin consentit à lui donner des leçons, et Frédéric l'emmena dans son logement, pour voir si rien ne manquait parmi ses ustensiles de peinture.

Deslauriers était rentré. Un jeune homme occupait le second fauteuil. Le clerc dit en le montrant :

— « C'est lui! le voilà! Sénécal! »

Ce garçon déplut à Frédéric. Son front était rehaussé par la coupe de ses cheveux taillés en brosse. Quelque chose de dur et de froid perçait dans ses yeux gris; et sa longue redingote noire, tout son costume sentait le pédagogue et l'ecclésiastique.

D'abord, on causa des choses du jour, entre autres du *Stabat* de Rossini; Sénécal, interrogé, déclara qu'il n'allait jamais au théâtre. Pellerin ouvrit la boîte de couleurs.

— « Est-ce pour toi, tout cela? » dit le clerc.

— « Mais sans doute ! »

— « Tiens ! quelle idée ! »

Et il se pencha sur la table, où le répétiteur de mathématiques feuilletait un volume de Louis Blanc. Il l'avait apporté lui-même, et lisait à voix basse des passages, tandis que Pellerin et Frédéric examinaient ensemble la palette, le couteau, les vessies, puis ils vinrent à s'entretenir du dîner chez Arnoux.

— « Le marchand de tableaux? » demanda Sénécal. « Joli monsieur, vraiment !

— « Pourquoi donc ? » dit Pellerin.

Sénécal répliqua :

— « Un homme qui bat monnaie avec des turpitudes politiques ! »

Et il se mit à parler d'une lithographie célèbre, représentant toute la famille royale livrée à des occupations édifiantes : Louis-Philippe tenait un code, la reine un paroissien, les princesses brodaient, le duc de Nemours ceignait un sabre, M. de Joinville montrait une carte de géographie à ses jeunes frères, on apercevait, dans le fond, un lit à deux compartiments. Cette image, intitulée *une Bonne Famille*, avait fait les délices des bourgeois, mais l'affliction des patriotes. Pellerin, d'un ton vexé comme s'il en était l'auteur, répondit que toutes les opinions se valaient; Sénécal protesta. L'Art devait exclusivement viser à la moralisation des masses ! Il ne fallait reproduire que des sujets poussant aux actions vertueuses; les autres étaient nuisibles.

—« Mais ça dépend de l'exécution ! » cria Pellerin. « Je peux faire des chefs-d'œuvre ! »

— « Tant pis pour vous, alors! on n'a pas le droit... »

— « Comment? »

— « Non! monsieur, vous n'avez pas le droit de m'intéresser à des choses que je réprouve! Qu'avons-nous besoin de laborieuses bagatelles, dont il est impossible de tirer aucun profit, de ces Vénus, par exemple, avec tous vos paysages? Je ne vois pas là d'enseignement pour le peuple! Montrez-nous ses misères, plutôt! enthousiasmez-nous pour ses sacrifices! Eh! bon Dieu, les sujets ne manquent pas : la ferme, l'atelier... »

Pellerin en balbutiait d'indignation, et, croyant avoir trouvé un argument :

— « Molière, l'accepterez-vous? »

— « Soit! » dit Sénécal. « Je l'admire comme précurseur de la Révolution française. »

— « Ah! la Révolution! Quel art! Jamais il n'y a eu d'époque plus pitoyable! »

— « Pas de plus grande, monsieur! »

Pellerin se croisa les bras, et, le regardant en face :

— « Vous m'avez l'air d'un fameux garde national ! »

Son antagoniste, habitué aux discussions, répondit :

— « Je *n'en* suis pas ! et je la déteste autant que vous ! Mais, avec des principes pareils, on corrompt les foules ! Ça fait le compte du Gouvernement, du reste ! il ne serait pas si fort sans la complicité d'un tas de farceurs comme celui-là. »

Le peintre prit la défense du marchand, car les opinions de Sénécal l'exaspéraient. Il osa même soutenir que Jacques Arnoux était un véritable cœur d'or, dévoué à ses amis, chérissant sa femme.

— « Oh ! oh ! si on lui offrait une bonne somme, il ne la refuserait pas pour servir de modèle. »

Frédéric devint blême.

— « Il vous a donc fait bien du tort, monsieur ? »

— « A moi ? non ! Je l'ai vu, une fois, au café, avec un ami. Voilà tout. »

Sénécal disait vrai. Mais il se trouvait agacé, quotidiennement, par les réclames de *l'Art industriel*. Arnoux était, pour lui, le représentant d'un monde qu'il jugeait funeste à la démocratie. Républicain austère, il suspectait de corruption toutes les élégances, n'ayant d'ailleurs aucun besoin et étant d'une probité inflexible.

La conversation eut peine à reprendre. Le peintre

se rappela bientôt son rendez-vous, le répétiteur ses élèves ; et, quand ils furent sortis, après un long silence, Deslauriers fit différentes questions sur Arnoux.

— « Tu m'y présenteras plus tard, n'est-ce pas, mon vieux? »

— « Certainement, » dit Frédéric.

Puis ils avisèrent à leur installation. Deslauriers avait obtenu, sans peine, une place de second clerc chez un avoué, pris à l'École de droit son inscription, acheté les livres indispensables, et la vie qu'ils avaient tant rêvée commença.

Elle fut charmante, grâce à la beauté de leur jeunesse. Deslauriers n'ayant parlé d'aucune convention pécuniaire, Frédéric n'en parla pas. Il subvenait à toutes les dépenses, rangeait l'armoire, s'occupait du ménage ; mais, s'il fallait donner une mercuriale au concierge, le clerc s'en chargeait, continuant, comme au collége, son rôle de protecteur et d'aîné.

Séparés tout le long du jour, ils se retrouvaient le soir. Chacun prenait sa place au coin du feu, et se mettait à la besogne. Ils ne tardaient pas à l'interrompre. C'étaient des épanchements sans fin, des gaietés sans cause, et des disputes, quelquefois, à propos de la lampe qui filait ou d'un livre égaré, colères d'une minute, que des rires apaisaient.

La porte du cabinet au bois restant ouverte, ils bavardaient de loin, dans leur lit.

Le matin, ils se promenaient en manches de chemise sur leur terrasse ; le soleil se levait, des brumes légères passaient sur le fleuve, on entendait un glapissement dans le marché aux fleurs, à côté, — et les fumées de leurs pipes tourbillonnaient dans l'air pur, qui rafraîchissait leurs yeux encore bouffis ; ils sentaient, en l'aspirant, un vaste espoir épandu.

Quand il ne pleuvait pas, le dimanche, ils sortaient ensemble ; et, bras dessus, bras dessous, ils s'en allaient par les rues. Presque toujours la même réflexion leur survenait à la fois, ou bien ils causaient, sans rien voir autour d'eux. Deslauriers ambitionnait la richesse, comme moyen de puissance sur les hommes. Il aurait voulu remuer beaucoup de monde, faire beaucoup de bruit, avoir trois secrétaires sous ses ordres, et un grand dîner politique une fois la semaine. Frédéric se meublait un palais à la moresque, pour vivre couché sur des divans de cachemire, au murmure d'un jet d'eau, servi par des pages nègres ; et ces choses rêvées devenaient à la fin tellement précises, qu'elles le désolaient comme s'il les avait perdues.

— « A quoi bon causer de tout cela, » disait-il, « puisque jamais nous ne l'aurons ! »

— « Qui sait? » reprenait Deslauriers.

Et, malgré ses opinions démocratiques, il l'engageait à s'introduire chez les Dambreuse. L'autre objectait ses tentatives.

— « Bah ! retournes-y ! On t'invitera ! »

Ils reçurent, vers le milieu du mois de mars, parmi des notes assez lourdes, celles du restaurateur qui leur apportait à dîner. Frédéric, n'ayant point la somme suffisante, emprunta cent écus à Deslauriers; quinze jours plus tard, il réitéra la même demande, et le clerc le gronda pour les dépenses auxquelles il se livrait chez Arnoux.

Effectivement, il n'y mettait point de modération. Une vue de Venise, une vue de Naples et une autre de Constantinople occupant le milieu des trois murailles, des sujets équestres d'Alfred de Dreux çà et là, un groupe de Pradier sur la cheminée, des numéros de *l'Art industriel* sur le piano, et des cartonnages par terre dans les angles, encombraient le logis d'une telle façon, qu'on avait peine à poser un livre, à remuer les coudes. Frédéric prétendait qu'il lui fallait tout cela pour sa peinture.

Cependant, il travaillait chez Pellerin. Mais souvent Pellerin était en courses, — ayant coutume d'assister à tous les enterrements et événements dont les journaux devaient rendre compte ; — et Frédéric passait des heures entièrement seul dans l'atelier. Le calme de cette grande pièce, où l'on n'entendait que le trottinement des souris, la lumière qui tombait du plafond, et jusqu'au ronflement du poêle, tout le plongeait d'abord dans une sorte de bien-être intellectuel. Puis ses yeux, abandonnant son ouvrage, se portaient sur les écaillures de la muraille, parmi les bibelots de l'étagère, le long des torses où la poussière amassée faisait comme des lambeaux de velours; et, tel qu'un voyageur perdu au milieu d'un bois et que tous les chemins ramènent à la même place, continuellement, il retrouvait au fond de chaque idée le souvenir de Mme Arnoux.

Il se fixait des jours pour aller chez elle. Mais, arrivé au second étage, devant sa porte, il hésitait à sonner. Des pas se rapprochaient; on ouvrait, et, à ces mots : « Madame est sortie, » c'était une délivrance et comme un fardeau de moins sur son cœur.

Il la rencontra, pourtant. La première fois, il y avait trois dames avec elle; une autre après-midi, le maître d'écriture de Mlle Marthe survint. D'ailleurs, les hommes que recevait Mme Arnoux ne lui faisaient point de visites. Il n'y retourna plus, par discrétion.

Mais il ne manquait pas, pour qu'on l'invitât aux dîners du jeudi, de se présenter à *l'Art industriel*, chaque mercredi, régulièrement; — et il y restait après tous les autres, plus longtemps que Regimbart, jusqu'à la dernière minute, en feignant de regarder une gravure, de parcourir un journal. Enfin Arnoux lui disait : « Êtes-vous libre, demain soir? » Il acceptait avant que la phrase fût achevée. Arnoux semblait le prendre en affection. Il lui montra l'art de reconnaître les vins, à brûler le punch, à faire des salmis de bécasses ; Frédéric suivait docilement ses conseils, — aimant tout ce qui dépendait de Mme Arnoux, ses meubles, ses domestiques, sa maison, sa rue.

Il ne parlait guère pendant ces dîners; il la contemplait. Elle avait à droite, contre la tempe, un petit grain de beauté; ses bandeaux étaient plus noirs que le reste de sa chevelure et toujours comme un peu humides sur les bords; elle les flattait de temps à autre, avec deux doigts seulement. Il connaissait la forme de chacun de ses ongles, il se délectait à écouter le sifflement de sa robe de soie quand elle passait auprès des portes, il humait en cachette la senteur de son mouchoir; son peigne, ses gants, ses bagues étaient pour lui des choses particulières, importantes comme des œuvres d'art, presque animées comme des personnes; toutes lui prenaient le cœur et augmentaient sa passion.

Il n'avait pas eu la force de la cacher à Deslauriers. Quand il revenait de chez Mme Arnoux, il le réveillait comme par mégarde, afin de pouvoir causer d'elle.

Deslauriers, qui couchait dans le cabinet au bois,

près de la fontaine, poussait un long bâillement. Frédéric s'asseyait au pied de son lit. D'abord il parlait du dîner, puis il racontait mille détails insignifiants, où il voyait des marques de mépris ou d'affection. Une fois, par exemple, elle avait refusé son bras, pour prendre celui de Dittmer, et Frédéric se désolait.

— « Ah ! quelle bêtise ! »

Ou bien elle l'avait appelé son « ami ».

— « Vas-y gaiement, alors ! »

— « Mais je n'ose pas, » disait Frédéric.

— « Eh bien, n'y pense plus ! Bonsoir ! »

Deslauriers se retournait vers la ruelle et s'endormait.

Il ne comprenait rien à cet amour, qu'il regardait comme une dernière faiblesse d'adolescence ; et, son intimité ne lui suffisant plus, sans doute, il imagina de réunir leurs amis communs une fois la semaine.

Ils arrivaient le samedi, vers neuf heures. Les trois rideaux d'algérienne étaient soigneusement tirés ; la lampe et quatre bougies brûlaient ; au milieu de la table, le pot à tabac, tout plein de pipes, s'étalait entre les bouteilles de bière, la théière, un flacon de rhum et des petits fours. On discutait sur l'immortalité de l'âme, on faisait des parallèles entre les professeurs.

Hussonnet, un soir, introduisit un grand jeune homme habillé d'une redingote trop courte des poignets, et la contenance embarrassée. C'était le garçon qu'ils avaient réclamé au poste, l'année dernière.

N'ayant pu rendre à son maître le carton de dentelles perdu dans la bagarre, celui-ci l'avait accusé de vol, menacé des tribunaux ; maintenant, il était commis dans une maison de roulage. Hussonnet, le matin, l'avait rencontré au coin d'une rue; et il l'amenait, car Dussardier, par reconnaissance, voulait voir « l'autre ».

Il tendit à Frédéric le porte-cigares encore plein, et qu'il avait gardé religieusement avec l'espoir de le rendre. Les jeunes gens l'invitèrent à revenir. Il n'y manqua pas.

Tous sympathisaient. D'abord, leur haine du Gouvernement avait la hauteur d'un dogme indiscutable. Martinon seul tâchait de défendre Louis-Philippe. On l'accablait sous les lieux communs traînant dans les journaux : l'embastillement de Paris, les lois de septembre, Pritchard, lord Guizot,— si bien que Martinon se taisait, craignant d'offenser quelqu'un. En sept ans de collége, il n'avait pas mérité un seul pensum, et, à l'École de droit, il savait plaire aux professeurs. Il portait ordinairement une grosse redingote couleur mastic avec des claques en caoutchouc ; mais il apparut un soir dans une toilette de marié : gilet de velours à châle, cravate blanche, chaîne d'or.

L'étonnement redoubla quand on sut qu'il sortait de chez M. Dambreuse. En effet, le banquier Dambreuse venait d'acheter au père Martinon une partie de bois considérable ; le bonhomme lui ayant présenté son fils, il les avait invités à dîner tous les deux.

— « Y avait-il beaucoup de truffes, » demanda Deslauriers, « et as-tu pris la taille à son épouse, entre deux portes, *sicut decet?* »

Alors, la conversation s'engagea sur les femmes. Pellerin n'admettait pas qu'il y eût de belles femmes (il préférait les tigres) ; d'ailleurs, la femelle de l'homme était une créature inférieure dans la hiérarchie esthétique :

— « Ce qui vous séduit est particulièrement ce qui la dégrade comme idée ; je veux dire les seins, les cheveux... »

— « Cependant, » objecta Frédéric, « de longs cheveux noirs, avec de grands yeux noirs... »

— « Oh! connu ! » s'écria Hussonnet. « Assez d'Andalouses sur la pelouse ! des choses antiques? serviteur ! Car enfin, voyons, pas de blagues ! une lorette est plus amusante que la Vénus de Milo !

Soyons Gaulois, nom d'un petit bonhomme! et Régence si nous pouvons!

> Coulez, bons vins; femmes, daignez sourire!

Il faut passer de la brune à la blonde! — Est-ce votre avis, père Dussardier? »

Dussardier ne répondit pas. Tous le pressèrent pour connaître ses goûts.

— « Eh bien, » fit-il en rougissant, « moi, je voudrais aimer la même, toujours! »

Cela fut dit d'une telle façon, qu'il y eut un moment de silence, les uns étant surpris de cette candeur, et les autres y découvrant, peut-être, la secrète convoitise de leur âme.

Sénécal posa sur le chambranle sa chope de bière, et déclara dogmatiquement que, la prostitution étant une tyrannie et le mariage une immoralité, il valait mieux s'abstenir. Deslauriers prenait les femmes comme une distraction, rien de plus. M. de Cisy avait à leur endroit toute espèce de crainte.

Élevé sous les yeux d'une grand'mère dévote, il trouvait la compagnie de ces jeunes gens alléchante comme un mauvais lieu et instructive comme une Sorbonne. On ne lui ménageait pas les leçons; et il se montrait plein de zèle, jusqu'à vouloir fumer, en dépit des maux de cœur qui le tourmentaient chaque fois, régulièrement. Frédéric l'entourait de soins. Il admirait la nuance de ses cravates, la fourrure de son paletot et surtout ses bottes, minces comme des gants et qui semblaient insolentes de netteté et de délicatesse; sa voiture l'attendait en bas dans la rue.

Un soir qu'il venait de partir, et que la neige tombait, Sénécal se mit à plaindre son cocher. Puis il déclama contre les gants jaunes, le Jockey-Club. Il faisait plus de cas d'un ouvrier que de ces messieurs.

— « Moi, je travaille, au moins ! je suis pauvre ! »

— « Cela se voit, » dit à la fin Frédéric, impatienté.

Le répétiteur lui garda rancune pour cette parole.

Mais, Regimbart ayant dit qu'il connaissait un peu Sénécal, Frédéric, voulant faire une politesse à l'ami d'Arnoux, le pria de venir aux réunions du samedi, et la rencontre fut agréable aux deux patriotes.

Ils différaient cependant.

Sénécal — qui avait un crâne en pointe — ne considérait que les systèmes. Regimbart, au contraire, ne voyait dans les faits que les faits. Ce qui l'inquiétait principalement, c'était la frontière du Rhin. Il prétendait se connaître en artillerie, et se faisait habiller par le tailleur de l'École polytechnique.

Le premier jour, quand on lui offrit des gâteaux, il leva les épaules dédaigneusement, en disant que cela convenait aux femmes; et il ne parut guère plus gracieux les fois suivantes. Du moment que les idées atteignaient une certaine hauteur, il murmurait :

« Oh ! pas d'utopies, pas de rêves ! » En fait d'art (bien qu'il fréquentât les ateliers, où quelquefois il donnait, par complaisance, une leçon d'escrime), ses opinions n'étaient point transcendantes. Il comparait le style de M. Marrast à celui de Voltaire et Mlle Vatnaz à Mme de Staël, à cause d'une ode sur la Pologne, « où il y avait du cœur ». Enfin, Regimbart assommait tout le monde et particulièrement Deslauriers, car le Citoyen était un familier d'Arnoux. Or, le clerc ambitionnait de fréquenter cette maison, espérant y faire des connaissances profitables. « Quand donc m'y mèneras-tu ? » disait-il. Arnoux se trouvait surchargé de besogne, ou bien il partait en voyage ; puis, ce n'était pas la peine, les dîners allaient finir.

S'il avait fallu risquer sa vie pour son ami, Frédéric l'eût fait. Mais, comme il tenait à se montrer le plus avantageusement possible, comme il surveillait son langage, ses manières et son costume jusqu'à venir au bureau de *l'Art industriel* toujours irréprochablement ganté, il avait peur que Deslauriers, avec son vieil habit noir, sa tournure de procureur et ses discours outrecuidants, ne déplût à Mme Arnoux, ce qui pouvait le compromettre, le rabaisser lui-même auprès d'elle. Il admettait bien les autres, l'entourage ordinaire, mais celui-là, précisément parce qu'il en était mieux connu, l'aurait mille fois plus embarrassé. Le clerc s'apercevait bien qu'il ne voulait pas tenir sa promesse, et, Frédéric n'osant s'expliquer là-dessus, ce silence lui semblait une aggravation d'injure.

D'ailleurs, il aurait voulu le conduire absolument, le voir se développer d'après l'idéal de leur jeunesse, et sa fainéantise le révoltait, tout à la fois comme une désobéissance et comme une trahison ; et puis Frédéric, plein de l'idée de Mme Arnoux, parlait de son mari trop souvent ; — si bien que Deslauriers ne tarda pas à exécrer cet homme. Alors, il commença une intolérable *scie*, consistant à répéter son nom cent fois par jour, à la fin de chaque phrase, comme un tic d'idiot. Quand on frappait à la porte, il répondait : « Entrez, Arnoux. » Au restaurant, il demandait un fromage de Brie « à l'instar d'Arnoux » ; et, la nuit, feignant d'avoir un cauchemar, il réveillait son compagnon en hurlant : « Arnoux ! Arnoux ! » Enfin, un jour, Frédéric, excédé, lui dit d'une voix lamentable :

— « Mais laisse-moi tranquille avec Arnoux ! »

— « Jamais ! » répondit le clerc.

« Toujours lui ! lui partout ! ou brûlante ou glacée,
L'image de l'Arnoux... »

— « Tais-toi donc ! » s'écria Frédéric, en levant de colère ses deux poings.

Il reprit doucement :

— « C'est un sujet qui m'est pénible, tu sais bien. »

— « Oh! pardon, mon bonhomme, » répliqua Deslauriers en s'inclinant très-bas, « on respectera désormais les nerfs de Mademoiselle! Pardon encore une fois, mille excuses! »

Ainsi fut terminée la plaisanterie.

Mais, trois semaines après, un soir, il lui dit :

— « Eh bien, je l'ai vue tantôt, Mme Arnoux!

— « Où donc? »

— « Au Palais, avec Balandard, avoué; une femme brune, n'est-ce pas, de taille moyenne? »

Frédéric fit un signe d'assentiment.

Il attendait que Deslauriers parlât. Au moindre mot d'admiration, il se serait épanché largement, il était tout prêt à le chérir; l'autre se taisait toujours; enfin, n'y tenant plus, il lui demanda d'un air indifférent ce qu'il pensait d'elle.

Deslauriers la trouvait « pas mal, sans avoir pourtant rien d'extraordinaire ».

— « Ah! tu trouves, » dit Frédéric.

Cependant arriva le mois d'août, époque de son deuxième examen. D'après l'opinion courante, quinze jours devaient suffire pour en préparer les matières.

Frédéric, ne doutant pas de ses forces, avala d'emblée les quatre premiers livres du Code de procédure, les trois premiers du Code pénal, plusieurs morceaux d'Instruction criminelle et une partie du Code civil, avec les annotations de M. Poncelet. Puis, la veille, Deslauriers lui fit faire une récapitulation qui se prolongea jusqu'au matin; et, pour mettre à profit le dernier quart d'heure, il continua à l'interroger sur le trottoir, tout en marchant.

Comme plusieurs examens se passaient simultanément, il y avait beaucoup de monde dans la cour, entre autres Hussonnet et Cisy; on ne manquait pas de venir à ces épreuves quand il s'agissait des camarades. Frédéric endossa la robe noire traditionnelle; puis il entra suivi de la foule, avec trois autres étudiants, dans une grande pièce, éclairée par des fenêtres sans rideaux et garnie de banquettes, le long des murs. Au milieu, des chaises de cuir entouraient une table, décorée d'un tapis vert. Elle séparait les candidats de MM. les examinateurs en robe rouge, tous portant des chausses d'hermine sur l'épaule, avec des toques à galons d'or sur le chef.

Frédéric se trouvait l'avant-dernier dans la série, position mauvaise. A la première question sur la différence entre une convention et un contrat, il définit l'une pour l'autre; et le professeur, un brave homme, lui dit: « Ne vous troublez pas, monsieur, remettez-vous! » puis, ayant fait deux demandes faciles, suivies de réponses obscures, il passa enfin au quatrième. Frédéric fut démoralisé par ce piètre commencement. Deslauriers, en face, dans le public, lui faisait signe que tout n'était pas encore perdu. En effet, à la deuxième interrogation sur le droit criminel, il se montra passable. Mais, après la troisième, relative au testament mystique, l'examinateur étant resté impassible tout le temps, son angoisse redoubla; car Hussonnet joignait les mains comme pour applaudir, tandis que Deslauriers prodiguait les haussements d'épaules. Enfin, arriva le moment terrible où il fallut répondre sur la Procédure! Il s'agissait de la tierce opposition. Le professeur, choqué d'avoir entendu des théories contraires aux siennes, lui demanda d'un ton brutal :

— « Et vous, monsieur, est-ce votre avis? Comment conciliez-vous le principe de l'article 1351 du Code civil avec cette voie d'attaque extraordinaire? »

Frédéric se sentait un grand mal de tête, pour avoir passé la nuit sans dormir. Un rayon de soleil, entrant par l'intervalle d'une jalousie, le frappait au visage. Debout derrière la chaise, il se dandinait un peu et tirait sa moustache.

— « J'attends toujours votre réponse! » reprit l'homme à la toque d'or.

Et, comme le geste de Frédéric l'agaçait sans doute :

— « Ce n'est pas dans votre barbe que vous la trouverez! »

Ce sarcasme causa un rire dans l'auditoire; le professeur, flatté, s'amadoua. Il lui fit deux questions encore sur l'ajournement et sur l'affaire sommaire, puis baissa la tête en signe d'approbation; l'acte public était fini. Frédéric rentra dans le vestibule.

Pendant que l'huissier le dépouillait de sa robe, pour la repasser à un autre immédiatement, ses amis l'entourèrent, en achevant de l'ahurir avec leurs opinions contradictoires sur le résultat de l'examen. On le proclama bientôt d'une voix sonore, à l'entrée de la salle : « Le troisième était... ajourné! »

— « Emballé! » dit Hussonnet, « allons-nous-en! »

Devant la loge du concierge, ils rencontrèrent Martinon, rouge, ému, avec un sourire dans les yeux et l'auréole du triomphe sur le front. Il venait de subir sans encombre son dernier examen. Restait seulement la thèse. Avant quinze jours, il serait licencié. Sa famille connaissait un ministre, « une belle carrière » s'ouvrait devant lui.

— « Celui-là t'enfonce, tout de même, » dit Deslauriers.

Rien n'est humiliant comme de voir les sots réussir dans les entreprises où l'on échoue. Frédéric, vexé, répondit qu'il s'en moquait. Ses prétentions étaient plus hautes; et, comme Hussonnet faisait mine de s'en aller, il le prit à l'écart pour lui dire :

— « Pas un mot de tout cela, chez eux, bien entendu! »

Le secret était facile, puisque Arnoux, le lendemain, partait en voyage pour l'Allemagne.

Le soir, en rentrant, le clerc trouva son ami singulièrement changé : il pirouettait, sifflait; et, l'autre s'étonnant de cette humeur, Frédéric déclara qu'il n'irait pas chez sa mère; il emploierait ses vacances à travailler.

A la nouvelle du départ d'Arnoux, une joie l'avait saisi. Il pouvait maintenant se présenter là bas, tout à son aise, sans crainte d'être interrompu dans ses visites. C'était, croyait-il, ce qui retenait ses paroles ou les rendait insignifiantes; mais la conviction d'une sécurité absolue lui donnerait du courage. Enfin il ne serait pas éloigné, il ne serait pas séparé d'elle! Quelque chose de plus fort qu'une chaîne de fer l'attachait à Paris, une voix intérieure lui criait de rester.

Des obstacles s'y opposaient. Il les franchit, en écrivant à sa mère.

Il confessait d'abord son échec, occasionné par des changements faits dans le programme, — un hasard, une injustice; — d'ailleurs, tous les grands avocats (il citait leurs noms) avaient été refusés à leurs examens. Mais il comptait se présenter de nouveau au mois de novembre. Or, n'ayant pas de temps à perdre, il n'irait point à la maison cette année ; et il demandait, outre l'argent d'un trimestre, deux cent cinquante francs, pour des répétitions de droit, fort utiles ; — le tout enguirlandé de regrets, condoléances, chatteries et protestations d'amour filial.

Mme Moreau, qui l'attendait le lendemain, fut chagrinée doublement. Elle cacha la mésaventure de son fils et lui répondit « de venir tout de même ». Frédéric ne céda pas. Une brouille s'ensuivit. A la fin de la semaine, néanmoins, il reçut l'argent du trimestre avec la somme destinée aux répétitions, et qui servit à payer un pantalon gris-perle, un chapeau de feutre blanc et une badine à pomme d'or.

Mais, quand tout cela fut en sa possession :

— « C'est peut-être une idée de coiffeur que j'ai eue, » songea-t-il.

Et une grande hésitation le prit.

Enfin, pour savoir s'il irait chez Mme Arnoux, il jeta par trois fois, dans l'air, des pièces de monnaie. Toutes les fois, le présage fut heureux. Donc, la fatalité l'ordonnait. Il se fit conduire en fiacre rue de Choiseul.

Il monta vivement l'escalier, tira le cordon de la

sonnette; elle ne sonna pas; il se sentait près de défaillir.

Puis il ébranla, d'un coup furieux, le lourd gland de soie rouge. Un carillon retentit, s'apaisa par degrés; et l'on n'entendait plus rien. Frédéric eut peur.

Il colla son oreille contre la porte, pas un souffle! Il mit son œil au trou de la serrure; et il n'apercevait dans l'antichambre que deux pointes de roseau, sur la muraille, parmi les fleurs du papier. Enfin, il tournait les talons quand il se ravisa. Cette fois, il donna un petit coup, léger. La porte s'ouvrit; et, sur le seuil, les cheveux ébouriffés, la face cramoisie et l'air maussade, Arnoux lui-même parut.

— « Tiens! qui diable vous amène? Entrez! »

Il l'introduisit, non dans le boudoir ou dans sa chambre, mais dans la salle à manger, où l'on voyait sur la table une bouteille de vin de Champagne avec deux verres; et, d'un ton brusque :

— « Vous avez quelque chose à me demander, cher ami? »

— « Non! rien! rien! » balbutia le jeune homme, cherchant un prétexte à sa visite.

Enfin, il dit qu'il était venu savoir de ses nouvelles, car il le croyait en Allemagne, sur le rapport d'Hussonnet.

— « Nullement! » reprit Arnoux. « Quelle linotte que ce garçon-là, pour entendre tout de travers! »

Afin de dissimuler son trouble, Frédéric marchait de droite et de gauche, dans la salle. En heurtant le coin d'une chaise, il fit tomber une ombrelle posée dessus ; le manche d'ivoire se brisa.

— « Mon Dieu ! » s'écria-t-il, « comme je suis chagrin d'avoir cassé l'ombrelle de Mme Arnoux. »

A ce mot, le marchand releva la tête, et eut un singulier sourire. Mais Frédéric, prenant l'occasion qui s'offrait de parler d'elle, ajouta timidement :

— « Est-ce que je ne pourrai pas la voir ? »

Elle était dans son pays, près de sa mère malade.

Il n'osa faire de questions sur la durée de cette absence. Il demanda seulement quel était le pays de Mme Arnoux.

— « Chartres ! Cela vous étonne ? »

— « Moi ? non ! pourquoi ? Pas le moins du monde ! »

Ils ne trouvèrent, ensuite, absolument rien à se dire. Arnoux, qui s'était fait une cigarette, tournait autour de la table, en soufflant. Frédéric, debout contre le poêle, contemplait les murs, l'étagère, le parquet; et des images charmantes défilaient dans sa mémoire, devant ses yeux plutôt. Enfin il se retira.

Un morceau de journal, roulé en boule, traînait par terre, dans l'antichambre ; Arnoux le prit, et, se haussant sur la pointe des pieds, il l'enfonça dans la sonnette, pour continuer, dit-il, sa sieste interrompue. Puis, en lui donnant une poignée de main :

— « Avertissez le concierge, s'il vous plaît, que je n'y suis pas! »

Et il referma la porte sur son dos, violemment.

Frédéric descendit l'escalier marche à marche. L'insuccès de cette première tentative le décourageait sur le hasard des autres.

Alors commencèrent trois mois d'ennui. Comme il n'avait aucun travail, son désœuvrement renforçait sa tristesse.

Il passait des heures à regarder, du haut de son balcon, la rivière qui coulait entre les quais grisâtres, noircis, de place en place, par la bavure des égouts, — avec un ponton de blanchisseuses amarré contre le bord, où des gamins quelquefois s'amusaient, dans la vase, à faire baigner un caniche. Mais ses yeux, délaissant à gauche le pont de pierre de Notre-Dame et trois ponts suspendus, se dirigeaient toujours vers le quai aux Ormes, sur un massif de vieux arbres, pareils aux tilleuls du port de Montereau. Cependant, la tour Saint-Jacques, l'hôtel de ville, Saint-Gervais, Saint-Louis, Saint-Paul se levaient en face, parmi les toits confondus, et le génie de la colonne de Juillet resplendissait à l'orient comme une large étoile d'or, tandis qu'à l'autre extrémité le dôme des Tuileries arrondissait, sur le ciel, sa lourde masse bleue. C'était par derrière, de ce côté-là, que devait être la maison de Mme Arnoux.

Il rentrait dans sa chambre; puis, couché sur son divan, il s'abandonnait à une méditation désordonnée : plans d'ouvrage, projets de conduite, élancements vers l'avenir. Enfin, pour se débarrasser de lui-même, il sortait.

Il remontait, au hasard, le quartier latin, si tumultueux d'habitude, mais désert à cette époque, car les étudiants étaient partis dans leurs familles. Les grands murs des colléges, comme allongés par le silence, avaient un aspect plus morne encore; on entendait toute sorte de bruits paisibles, des battements d'ailes dans des cages, le ronflement d'un tour, le marteau d'un savetier; et les marchands d'habits, au milieu des rues, interrogeaient de l'œil chaque fenêtre, inutilement. Au fond des cafés solitaires, la dame du comptoir bâillait entre ses carafons remplis; les journaux demeuraient en ordre sur la table des cabinets de lecture; dans l'átelier des repasseuses, des linges frissonnaient sous les bouffées du vent tiède. De temps à autre, il s'arrêtait à l'étalage d'un bouquiniste; le ronflement d'un omnibus, qui descendait en frôlant le trottoir, le faisait se retourner; et, parvenu devant le Luxembourg, il n'allait pas plus loin.

Quelquefois, l'espoir d'une distraction l'attirait vers les boulevards. Après de sombres ruelles exhalant des fraicheurs humides, il arrivait sur de grandes places désertes, éblouissantes de lumière, et où les monuments dessinaient au bord du pavé des dentelures d'ombre noire. Mais les charrettes, les boutiques recommençaient, et la foule l'étourdissait, — le dimanche surtout, — quand, depuis la Bastille jusqu'à la Madeleine, c'était un immense flot ondulant sur l'asphalte, au milieu de la poussière, dans une rumeur continue; il se sentait tout écœuré par la bassesse des figures, la niaiserie des propos, la satisfaction imbécile transpirant sur les fronts en sueur! Cependant, la conscience de mieux valoir que ces hommes atténuait la fatigue de les regarder.

Il allait tous les jours à *l'Art industriel*; — et, pour savoir quand reviendrait Mme Arnoux, il s'informait de sa mère très-longuement. La réponse d'Arnoux ne variait pas; « le mieux se continuait », sa femme, avec la petite, serait de retour la semaine prochaine. Plus elle tardait à revenir, plus Frédéric témoignait d'inquiétude, — si bien qu'Arnoux, attendri par tant d'affection, l'emmena cinq ou six fois dîner au restaurant.

Frédéric, dans ces longs tête-à-tête, reconnut que le marchand de peinture n'était pas fort spirituel. Arnoux pouvait s'apercevoir de ce refroidissement; et puis c'était l'occasion de lui rendre, un peu, ses politesses.

Voulant donc faire les choses très-bien, il vendit à

un brocanteur tous ses habits neufs, moyennant la somme de quatre-vingts francs; et, l'ayant grossie de cent autres qui lui restaient, il vint chez Arnoux le prendre pour dîner. Regimbart s'y trouvait. Ils s'en allèrent aux Trois-Frères-Provençaux.

Le Citoyen commença par retirer sa redingote, et, sûr de la déférence des deux autres, écrivit la carte. Mais il eut beau se transporter dans la cuisine pour parler lui-même au chef, descendre à la cave dont il connaissait tous les coins, et faire monter le maître de l'établissement, auquel il « donna un savon », il ne fut content ni des mets, ni des vins, ni du service! A chaque plat nouveau, à chaque bouteille différente, dès la première bouchée, la première gorgée, il laissait tomber sa fourchette, ou repoussait au loin son verre; puis, s'accoudant sur la nappe de toute la longueur de son bras, il s'écriait qu'on ne pouvait plus dîner à Paris! Enfin, ne sachant qu'imaginer pour sa bouche, Regimbart se commanda des haricots à l'huile, « tout bonnement », lesquels, bien qu'à moitié réussis, l'apaisèrent un peu. Puis il eut, avec le garçon, un dialogue, roulant sur les anciens garçons des Provençaux : « Qu'était devenu Antoine? Et un nommé Eugène? Et Théodore, le petit qui servait toujours en bas? Il y avait dans ce temps-là une chère autrement distinguée, et des têtes de Bourgogne comme on n'en reverra plus! »

Ensuite, il fut question de la valeur des terrains dans la banlieue, une spéculation d'Arnoux, infaillible. En attendant, il perdait ses intérêts. Puisqu'il ne voulait vendre à aucun prix, Regimbart lui découvrirait quelqu'un; et ces deux messieurs firent, avec un crayon, des calculs jusqu'à la fin du dessert.

On s'en alla prendre le café, passage du Saumon, dans un estaminet, à l'entre-sol. Frédéric assista sur ses jambes à d'interminables parties de billard, abreuvées d'innombrables chopes; — et il resta là, jusqu'à minuit, sans savoir pourquoi, par lâcheté, par bêtise, dans l'espérance confuse d'un événement quelconque favorable à son amour.

Quand donc la reverrait-il? Frédéric se désespérait. Mais, un soir, vers la fin de novembre, Arnoux lui dit :

— « Ma femme est revenue hier, vous savez! »

Le lendemain, à cinq heures, il entrait chez elle.

Il débuta par des félicitations, à propos de sa mère, dont la maladie avait été si grave.

— « Mais non! Qui vous l'a dit? »

— « Arnoux! »

Elle fit un « ah » léger, puis ajouta qu'elle avait eu d'abord, il est vrai, des craintes sérieuses, maintenant disparues.

Elle se tenait près du feu, dans la bergère de tapisserie. Il était sur le canapé, avec son chapeau entre ses genoux; et l'entretien fut pénible, elle l'abandonnait à chaque minute; il ne trouvait pas de joint pour y introduire ses sentiments. Mais, comme il se plaignait d'étudier la chicane, elle répliqua : — « Oui..., je conçois..., les affaires..., » en baissant la figure, absorbée tout à coup par des réflexions.

Il avait soif de les connaître, et même ne songeait pas à autre chose. Le crépuscule amassait de l'ombre autour d'eux.

Elle se leva, ayant une course à faire, puis reparut avec une capote de velours, et une mante noire, bordée de petit-gris. Il osa offrir de l'accompagner.

On n'y voyait plus; le temps était froid, et un lourd brouillard, estompant la façade des maisons, puait dans l'air. Frédéric le humait avec délices; car il sentait à travers la ouate du vêtement la forme de son bras; et sa main, prise dans un gant chamois à deux boutons, sa petite main qu'il aurait voulu couvrir de baisers, s'appuyait sur sa manche. A cause du pavé glissant, ils oscillaient un peu; il lui semblait qu'ils étaient tous les deux comme bercés par le vent, au milieu d'un nuage.

L'éclat des lumières, sur le boulevard, le remit dans la réalité. L'occasion était bonne, le temps pressait. Il se donna jusqu'à la rue de Richelieu pour déclarer son amour. Mais, presque aussitôt, devant un magasin de porcelaines, elle s'arrêta net, en lui disant :

— « Nous y sommes, je vous remercie ! A jeudi, n'est-ce pas, comme d'habitude ? »

Les dîners recommencèrent ; — et plus il fréquentait Mme Arnoux, plus ses langueurs augmentaient.

La contemplation de cette femme l'énervait comme l'usage d'un parfum trop fort. Cela descendit dans les profondeurs de son tempérament et devenait presque une manière générale de sentir, un mode nouveau d'exister.

Les prostituées qu'il rencontrait aux feux du gaz, les cantatrices poussant leurs roulades, les écuyères sur leurs chevaux au galop, les bourgeoises à pied, les grisettes à leur fenêtre, toutes les femmes lui rappelaient celle-là, par de vagues similitudes ou par des contrastes violents. Il regardait, le long des boutiques, les cachemires, les dentelles et les pendeloques de pierreries, en les imaginant drapés autour de ses reins, cousues à son corsage, faisant des feux dans sa chevelure noire. A l'éventaire des marchandes, les fleurs s'épanouissaient pour qu'elle les choisît en passant ; dans la montre des cordonniers, les petites pantoufles de satin à bordure de cygne semblaient attendre son pied ; toutes les rues conduisaient vers sa maison; les voitures ne stationnaient sur les places que pour y mener plus vite; Paris se rapportait à sa personne, et la grande ville avec toutes ses voix, bruissait, comme un immense orchestre, autour d'elle.

Quand il allait au Jardin des Plantes, la vue d'un palmier l'entraînait vers des pays lointains. Alors, ils voyageaient ensemble, au dos des dromadaires, sous le tendelet des éléphants, dans la cabine d'un yacht parmi des archipels bleus, ou côte à côte sur deux mulets à clochettes qui trébuchent dans les herbes contre des colonnes brisées. Quelquefois, il s'arrêtait au Louvre devant de vieux tableaux; et, son amour l'embrassant jusque dans les siècles disparus, il la substituait aux personnages des peintures. Coiffée d'un hennin, elle priait à deux genoux derrière un vitrage de plomb. Seigneuresse des Castilles ou des Flandres, elle se tenait assise, avec une fraise empesée et un corps de baleines à gros bouillons. Puis elle descendait quelque grand escalier de porphyre, au milieu des sénateurs, sous un dais de plumes d'autruche, dans une robe de brocart. D'autres fois, il la rêvait en pantalon de soie jaune, sur les coussins d'un harem; et tout ce qui était beau, le scintillement des étoiles, certains airs de musique, l'allure d'une phrase, un contour, l'amenaient à sa pensée d'une façon brusque et insensible.

Quant à essayer d'en faire sa maîtresse, il était sûr que toute tentative serait vaine.

Un soir, Dittmer, qui arrivait, la baisa sur le front; Lovarias fit de même, en disant :

— « Vous permettez, n'est-ce pas, selon le privilége des amis? »

Frédéric balbutia :

— « Il me semble que nous sommes tous des amis?

— « Pas tous des vieux! » reprit-elle.

C'était le repousser d'avance, indirectement.

Que faire d'ailleurs? Lui dire qu'il l'aimait? Elle l'éconduirait sans doute; ou bien, s'indignant, le chasserait de sa maison! Or, il préférait toutes les douleurs à l'horrible chance de ne plus la voir.

Il enviait le talent des pianistes, les balafres des soldats. Il souhaitait une maladie dangereuse, espérant de cette façon l'intéresser.

Une chose l'étonnait, c'est qu'il n'était pas jaloux d'Arnoux; et il ne pouvait se la figurer autrement que vêtue, — tant sa pudeur semblait naturelle, et reculait son sexe dans une ombre mystérieuse.

Cependant, il songeait au bonheur de vivre avec elle, de la tutoyer, de lui passer la main sur les bandeaux longuement, ou de se tenir par terre, à genoux, les deux bras autour de sa taille, à boire son âme dans ses yeux! Il aurait fallu, pour cela, subvertir la destinée; et, incapable d'action, maudissant Dieu et s'accusant d'être lâche, il tournait dans son désir, comme un prisonnier dans son cachot. Une angoisse permanente l'étouffait. Il restait pendant des heures immobile, ou bien, il éclatait en larmes; et, un jour qu'il n'avait pas eu la force de se contenir, Deslauriers lui dit :

— « Mais, saprelotte! qu'est-ce que tu as? »

Frédéric souffrait des nerfs. Deslauriers n'en crut rien.

Devant une pareille douleur, il avait senti se réveiller sa tendresse, et il le réconforta. Un homme comme lui se laisser abattre, quelle sottise! Passe encore dans la jeunesse, mais plus tard, c'est perdre son temps.

— « Tu me gâtes mon Frédéric! Je redemande l'ancien. Garçon, toujours du même; il me plaisait! Voyons, fume une pipe, animal! Secoue-toi un peu, tu me désoles!

— « C'est vrai, » dit Frédéric, « je suis fou! »

Le clerc reprit :

— « Ah! vieux troubadour, je sais bien ce qui t'afflige! Le petit cœur? Avoue-le! Bah! une de perdue, quatre de trouvées! On se console des femmes vertueuses avec les autres. Veux-tu que je t'en fasse connaître, des femmes? Tu n'as qu'à venir à l'Alhambra! (C'était un bal public ouvert récemment au haut des Champs-Élysées et qui se ruina dès la seconde saison, par un luxe prématuré dans ce genre d'établissements.) On s'y amuse, à ce qu'il paraît. Allons-y! Tu prendras tes amis si tu veux; je te passe même Regimbart! »

Frédéric n'invita pas le Citoyen. Deslauriers se priva de Sénécal. Ils emmenèrent seulement Hussonnet et Cisy avec Dussardier; et le même fiacre les descendit tous les cinq à la porte de l'Alhambra.

Deux galeries moresques s'étendaient à droite et à gauche, parallèlement. Le mur d'une maison, en face, occupait tout le fond, et le quatrième côté (celui du restaurant) figurait un cloître gothique à vitraux de couleurs. Une sorte de toiture chinoise abritait l'estrade où jouaient les musiciens; le sol autour était couvert d'asphalte, et des lanternes vénitiennes accrochées à des poteaux formaient, de loin, sur les quadrilles une couronne de feux multicolores. Un piédestal, çà et là, supportait une cuvette de pierre, d'où s'élevait un mince filet d'eau. On apercevait dans les feuillages des statues en plâtre, Hébés ou Cupidons tout gluants de peinture à l'huile; et les allées nombreuses, garnies d'un sable très-jaune soigneusement ratissé, faisaient paraître le jardin beaucoup plus vaste qu'il ne l'était.

Des étudiants y promenaient leurs maîtresses; des commis en nouveautés se pavanaient une canne entre les doigts; des collégiens fumaient des régalias; de vieux célibataires caressaient avec un peigne leur barbe teinte ; il y avait des Anglais, des Russes, des gens de l'Amérique du Sud, trois Orientaux en tarbouch. Des lorettes, des grisettes et des filles étaient venues là, espérant trouver un protecteur, un amoureux, une pièce d'or, ou simplement pour le plaisir de la danse; et leurs robes à tunique vert d'eau, bleue, cerise, ou violette, passaient, s'agitaient entre les ébéniers et les lilas. Presque tous les hommes portaient des étoffes à carreaux, quelques-uns des pantalons blancs, malgré la fraîcheur du soir. On allumait les becs de gaz.

Hussonnet, par ses relations avec les journaux de modes et les petits théâtres, connaissait beaucoup de femmes; il leur envoyait des baisers du bout des doigts, et, de temps à autre, quittant ses amis, allait causer avec elles.

Deslauriers fut jaloux de ces allures. Il aborda cyniquement une grande blonde, vêtue de nankin. Après l'avoir considéré d'un air maussade, elle dit : « Non ! pas de confiance, mon bonhomme ! » et tourna les talons.

Il recommença près d'une grosse brune, qui était folle sans doute, car elle bondit dès le premier mot, en le menaçant, s'il continuait, d'appeler les sergents de ville. Deslauriers s'efforça de rire ; puis, découvrant une petite femme assise à l'écart sous un réverbère, il lui proposa une contredanse.

Les musiciens, juchés sur l'estrade dans des postures de singe, raclaient et soufflaient, impétueusement. Le chef d'orchestre, debout, battait la mesure d'une façon automatique. On était tassé, on s'amusait; les brides dénouées des chapeaux effleuraient les cravates, les bottes s'enfonçaient sous les jupons; tout cela sautait en cadence; Deslauriers pressait contre lui la petite femme, et, gagné par le délire du cancan, se démenait au milieu des quadrilles comme une grande marionnette. Cisy et Dussardier continuaient leur promenade; le jeune aristocrate lorgnait les filles, et, malgré les exhortations du commis, n'osait pas leur parler, s'imaginant qu'il y avait toujours chez ces femmes-là « un homme caché dans l'armoire avec un pistolet, et qui en sort pour vous faire souscrire des lettres de change ».

Ils revinrent près de Frédéric. Deslauriers ne dansait plus; et tous se demandaient comment finir la soirée, quand Hussonnet s'écria :

— « Tiens! la marquise d'Amaëgui! »

C'était une femme pâle, à nez retroussé, avec des mitaines jusqu'aux coudes et de grandes boucles noires qui pendaient le long de ses joues, comme deux oreilles de chien.

Hussonnet lui dit :

— « Nous devrions organiser une petite fête chez toi, un raout oriental? tâche d'herboriser quelques-unes de tes amies pour ces chevaliers français? Eh bien, qu'est-ce qui te gêne? Attendrais-tu ton hidalgo? »

L'Andalouse baissait la tête ; sachant les habitudes peu luxueuses de son ami, elle avait peur d'en être pour ses rafraîchissements. Enfin, au mot d'argent lâché par elle, Cisy proposa cinq napoléons, toute sa bourse; la chose fut décidée. Mais Frédéric n'était plus là.

Il avait cru reconnaître la voix d'Arnoux, avait aperçu un chapeau de femme, et il s'était enfoncé bien vite dans le bosquet à côté.

Mlle Vatnaz se trouvait seule avec Arnoux.

— « Excusez-moi! je vous dérange? »

— « Pas le moins du monde! » reprit le marchand.

Frédéric, aux derniers mots de leur conversation, comprit qu'il était accouru à l'Alhambra pour entretenir Mlle Vatnaz d'une affaire urgente, et sans doute Arnoux n'était pas complétement rassuré, car il lui dit d'un air inquiet :

— « Vous êtes bien sûre? »

— « Très-sûre! on vous aime! Ah! quel homme! »

Et elle lui faisait la moue, en avançant ses grosses lèvres, presque sanguinolentes à force d'être rouges.

Mais elle avait d'admirables yeux, fauves avec des points d'or dans les prunelles, tout pleins d'esprit, d'amour et de sensualité. Ils éclairaient, comme des lampes, le teint un peu jaune de sa figure maigre. Arnoux semblait jouir de ses rebuffades. Il se pencha de son côté, en lui disant :

— « Vous êtes gentille, embrassez-moi! »

Elle le prit par les deux oreilles, et le baisa sur le front.

A ce moment, les danses s'arrêtèrent; et, à la place du chef d'orchestre, parut un beau jeune homme, trop gras, et d'une blancheur de cire. Il avait de longs cheveux noirs disposés à la manière du Christ, un gilet de velours azur à grandes palmes d'or, l'air orgueilleux comme un paon, bête comme un dindon; et, quand il eût salué le public, il entama une chansonnette. C'était un villageois narrant lui-même son voyage dans la capitale; l'artiste parlait bas normand, faisait l'homme soûl; le refrain :

Ah! j'ai t'y ri, j'ai t'y ri,
Dans ce gueusard de Paris!

soulevait des trépignements d'enthousiasme. Delmas, « chanteur expressif », était trop malin pour le laisser refroidir. On lui passa vivement une guitare, et il gémit une romance intitulée *le Frère de l'Albanaise*.

Les paroles rappelèrent à Frédéric celles que

chantait l'homme en haillons, entre les tambours du bateau. Ses yeux s'attachaient involontairement sur le bas de la robe étalée devant lui. Après chaque couplet, il y avait une longue pause, — et le souffle du vent dans les arbres ressemblait au bruit des ondes.

Mlle Vatnaz, en écartant d'une main les branches d'un troëne qui lui masquait la vue de l'estrade, contemplait le chanteur, fixement, les narines ouvertes, les cils rapprochés, et comme perdue dans une joie sérieuse.

— « Très-bien ! » dit Arnoux. « Je comprends pourquoi vous êtes ce soir à l'Alhambra! Delmas vous plaît, ma chère. »

Elle ne voulut rien avouer.

— « Ah! quelle pudeur! »

Et, montrant Frédéric :

— « Est-ce à cause de lui? Vous auriez tort. Pas de garçon plus discret! J'en réponds! »

Mais les autres, qui cherchaient leur ami, entrèrent dans la salle de verdure. Hussonnet les présenta. Arnoux fit une distribution de cigares et régala de sorbets la compagnie.

Mlle Vatnaz avait rougi en apercevant Dussardier. Elle se leva bientôt, et, lui tendant la main :

— « Vous ne me remettez pas, monsieur Auguste ?

— « Comment la connaissez-vous? » demanda Frédéric.

— « Nous avons été dans la même maison ! » reprit-il.

Mais Cisy le tirait par la manche, ils sortirent ; et, à peine disparu, Mlle Vatnaz commença l'éloge de son caractère. Elle ajouta même qu'il avait *le génie du cœur.*

Puis on causa de Delmas, qui pourrait, comme mime, avoir des succès au théâtre ; et il s'ensuivit une discussion, où l'on mêla Shakspeare, la censure, le style, le peuple, les recettes de la Porte-Saint-Martin, Alexandre Dumas, Victor Hugo et Dumersan. Arnoux avait connu plusieurs actrices célèbres ; les jeunes gens se penchaient pour l'écouter. Mais ses paroles étaient couvertes par le tapage de la musique ; et, sitôt le quadrille ou la polka terminés, tous s'abattaient sur les tables, appelaient le garçon, riaient ; les bouteilles de bière et de limonade gazeuse détonaient dans les feuillages, des femmes criaient comme des poules ; quelquefois, deux messieurs voulaient se battre ; un voleur fut arrêté.

Puis, au galop, les danseurs envahirent les allées. Haletant, souriant, et la face rouge, ils défilaient dans un tourbillon qui soulevait les robes avec les basques des habits ; les trombones rugissaient plus fort ; le rhythme s'accélérait ; derrière le cloître moyen âge, on entendit des crépitations, des pétards éclatèrent ;

des soleils se mirent à tourner; la lueur des feux de Bengale, couleur d'émeraude, éclaira pendant une minute tout le jardin; — et, à la dernière fusée, la multitude exhala un grand soupir.

Puis elle s'écoula lentement. Un nuage de poudre à canon flottait dans l'air. Frédéric et Deslauriers marchaient au milieu de la foule pas à pas, quand un spectacle les arrêta : Martinon se faisait rendre de la monnaie au dépôt des parapluies; et il accompagnait une femme d'une cinquantaine d'années, laide, magnifiquement vêtue, et d'un rang social problématique.

— « Ce gaillard-là, » dit Deslauriers, « est moins simple qu'on ne suppose. Mais où est donc Cisy ? »

Dussardier leur montra l'estaminet, où ils aperçurent le fils des preux, devant un bol de punch, en compagnie d'un chapeau rose.

Hussonnet, qui s'était absenté depuis cinq minutes, reparut au même moment.

Une jeune fille s'appuyait sur son bras, en l'appelant tout haut « mon petit chat ».

— « Mais non! » lui disait-il. « Non! pas en public! Appelle-moi Vicomte, plutôt! ça vous donne un genre cavalier, Louis XIII et bottes molles qui me plaît! Oui, mes bons, une ancienne! n'est-ce pas qu'elle est gentille? » Il lui prenait le menton. — « Salue ces messieurs! ce sont tous des fils de pairs de

France! je les fréquente pour qu'ils me nomment ambassadeur! »

— « Comme vous êtes fou! » soupira Mlle Vatnaz.

Puis elle pria Dussardier de la reconduire jusqu'à sa porte.

Arnoux les regarda s'éloigner, et, se tournant vers Frédéric :

— « Vous plairait-elle, la Vatnaz? Au reste, vous n'êtes pas franc là-dessus? Je crois que vous cachez vos amours? »

Frédéric, devenu blême, jura qu'il ne cachait rien.

— « C'est qu'on ne vous connaît pas de maîtresse, » reprit Arnoux.

Frédéric eut envie de citer un nom, au hasard. Mais l'histoire pouvait *lui* être racontée. Il répondit qu'effectivement, il n'avait pas de maîtresse.

Le marchand l'en blâma.

— « Ce soir, l'occasion était bonne! pourquoi n'avez-vous pas fait comme les autres, qui s'en vont tous avec une femme? »

— « Eh bien, et vous? » dit Frédéric, impatienté d'une telle persistance.

— « Ah! moi! mon petit! c'est différent! Je m'en retourne auprès de la mienne! »

Il appela un cabriolet et disparut.

Les deux amis s'en allèrent à pied. Un vent d'est soufflait. Ils ne parlaient ni l'un ni l'autre. Deslauriers regrettait de n'avoir pas *brillé* devant le directeur d'un journal, et Frédéric s'enfonçait dans sa tristesse. Enfin, il dit que le bastringue lui avait paru stupide.

— « A qui la faute? Si tu ne nous avais pas lâchés pour ton Arnoux! »

— « Bah! tout ce que j'aurais pu faire eût été complétement inutile! »

Mais le clerc avait des théories. Il suffisait, pour obtenir les choses, de les désirer fortement.

— « Cependant, toi-même, tout à l'heure... »

— « Je m'en moquais bien! » fit Deslauriers, arrêtant net l'allusion. « Est-ce que je vais m'empêtrer de femmes! »

Et il déclama contre leurs mièvreries, leurs sottises; bref, elles lui déplaisaient.

— « Ne pose donc pas! » dit Frédéric.

Deslauriers se tut. Puis, tout à coup :

— « Veux-tu parier cent francs que je *fais* la première qui passe? »

— « Oui! accepté! »

La première qui passa était une mendiante hideuse; et ils désespéraient du hasard, lorsqu'au milieu de la rue de Rivoli, ils aperçurent une grande fille, portant à la main un petit carton.

Deslauriers l'accosta sous les arcades. Elle inclina brusquement du côté des Tuileries, et elle prit bientôt par la place du Carrousel; elle jetait des regards de droite et de gauche. Elle courut après un fiacre, Deslauriers la rattrapa. Il marchait près d'elle, en lui parlant avec des gestes expressifs. Enfin elle accepta son bras, et ils continuèrent le long des quais. Puis, à la hauteur du Châtelet, pendant vingt minutes au moins, ils se promenèrent sur le trottoir, comme deux marins faisant leur quart. Mais, tout à coup, ils traversèrent le pont au Change, le marché aux Fleurs, le quai Napoléon. Frédéric entra derrière eux. Deslauriers lui fit comprendre qu'il les gênerait, et n'avait qu'à suivre son exemple.

— « Combien as-tu encore? »

— « Deux pièces de cent sous! »

— « C'est assez! bonsoir! »

Frédéric fut saisi par l'étonnement que l'on éprouve à voir une farce réussir. Puis, cherchant en lui-même où coucher : « Il se moque de moi, » pensa-t-il. « Si je remontais? » Deslauriers croirait, peut-être, qu'il lui enviait cet amour? « Comme si je n'en avais pas un, et cent fois plus rare, plus noble, plus fort! » Une espèce de colère le poussait. Il arriva devant la porte de Mme Arnoux.

Aucune des fenêtres extérieures ne dépendait de son logement. Cependant, il restait les yeux collés sur la façade — comme s'il avait cru, par cette contemplation, pouvoir fendre les murs. Maintenant, sans doute, elle reposait, tranquille comme une fleur endormie, avec ses beaux cheveux noirs parmi les dentelles de l'oreiller, les lèvres entre-closes, la tête sur un bras. Celle d'Arnoux lui apparut. Il s'éloigna, pour fuir cette vision.

Le conseil de Deslauriers vint à sa mémoire; il en eut horreur. Alors, il vagabonda dans les rues.

Quand un piéton s'avançait, il tâchait de distinguer son visage. De temps à autre, un rayon de lumière lui passait entre les jambes, décrivait au ras du pavé un immense quart de cercle; et un homme surgissait, dans l'ombre, avec sa hotte et sa lanterne. Le vent, en de certains endroits, secouait le tuyau de tôle d'une cheminée; des sons lointains s'élevaient, se mêlant au bourdonnement de sa tête, et il croyait entendre, dans les airs, la vague ritournelle des contredanses. Le mouvement de sa marche entretenait cette ivresse; il se trouva sur le pont de la Concorde.

Alors, il se ressouvint de ce soir de l'autre hiver, — où, sortant de chez elle, pour la première fois, il lui avait fallu s'arrêter, tant son cœur battait vite sous l'étreinte de ses espérances. Toutes étaient mortes, maintenant!

Des nues sombres couraient sur la face de la lune. Il la contempla, en rêvant à la grandeur des espaces, à la misère de la vie, au néant de tout. Puis le jour parut; ses dents claquaient; et, à moitié endormi, mouillé par le brouillard et tout plein de larmes, il se demanda pourquoi n'en pas finir? Rien qu'un mouvement à faire! Le poids de son front l'entraînait, il voyait son cadavre flottant sur l'eau; Frédéric se pencha. Le parapet était un peu trop large, et ce fut par lassitude qu'il n'essaya pas de le franchir.

Une épouvante le saisit. Il regagna les boulevards et s'affaissa sur un banc.

Des agents de police le réveillèrent, convaincus qu'il « avait fait la noce ».

Il se remit en marche.

Mais, comme il se sentait grand'faim, et que tous les restaurants étaient fermés, il alla souper dans un cabaret des Halles. Après quoi, jugeant qu'il était encore trop tôt, il flâna aux alentours de l'hôtel de ville, jusqu'à huit heures et un quart.

Deslauriers avait depuis longtemps congédié sa donzelle; et il écrivait sur la table, au milieu de la chambre.

Vers quatre heures, M. de Cisy entra.

Grâce à Dussardier, la veille au soir, il s'était abouché avec une dame; et même il l'avait reconduite en voiture, avec son mari, jusqu'au seuil de sa maison, où elle lui avait donné rendez-vous. Il en sortait. On ne connaissait pas ce nom-là!

— « Que voulez-vous que j'y fasse? » dit Frédéric.

Alors, le gentilhomme battit la campagne; il parla de Mlle Vatnaz, de l'Andalouse, et de toutes les autres. Enfin, avec beaucoup de périphrases, il exposa le but de sa visite : se fiant à la discrétion de son ami, il venait pour qu'il l'assistât dans une démarche, après laquelle il se regarderait définitivement comme un homme; et Frédéric ne le refusa pas. Il conta l'histoire à Deslauriers, sans dire la vérité sur ce qui le concernait personnellement.

Le clerc trouva qu' « il allait maintenant très-bien ». Cette déférence à ses conseils augmenta sa bonne humeur.

C'était par elle qu'il avait séduit, dès le premier jour, Mlle Clémence Daviou, brodeuse en or pour équipements militaires, la plus douce personne qui fut, et svelte comme un roseau, avec de grands yeux bleus, continuellement ébahis. Le clerc abusait de sa candeur, jusqu'à lui faire accroire qu'il était décoré; il ornait sa redingote d'un ruban rouge, dans leurs tête-à-tête, mais s'en privait en public, pour ne point humilier son patron, disait-il. Du reste, il la tenait à distance, se laissait caresser comme un pacha et l'appelait « fille du peuple » par manière de rire. Elle lui apportait, chaque fois, de petits bouquets de violettes. Frédéric n'aurait pas voulu d'un tel amour.

Cependant, lorsqu'ils sortaient, bras dessus, bras dessous, pour se rendre dans un cabinet chez Pinson ou chez Barillot, il éprouvait une singulière tristesse. Frédéric ne savait pas combien, depuis un an, chaque jeudi, il avait fait souffrir Deslauriers, quand il se brossait les ongles, avant d'aller dîner rue de Choiseul!

Un soir que, du haut de son balcon, il venait de les regarder partir, il vit de loin Hussonnet sur le pont d'Arcole. Le bohème se mit à l'appeler par des signaux, et, Frédéric ayant descendu ses cinq étages :

— « Voici la chose : C'est samedi prochain, 24, la fête de Mme Arnoux. »

— « Comment, puisqu'elle s'appelle Marie? »

— « Angèle aussi, n'importe! On festoiera dans leur maison de campagne, à Saint-Cloud, je suis chargé de vous en prévenir. Vous trouverez un véhicule à trois heures, au journal! Ainsi convenu! pardon de vous avoir dérangé. Mais j'ai tant de courses! »

Frédéric n'avait pas tourné les talons que son portier lui remit une lettre :

« M. et Mme Dambreuse prient M. F. Moreau de leur faire l'honneur de venir dîner chez eux samedi 24 courant. R. S. V. P. »

— « Trop tard, » pensa-t-il.

Néanmoins, il montra la lettre à Deslauriers, lequel s'écria :

— « Ah ! enfin ! Mais tu n'as pas l'air content. Pourquoi? »

Frédéric, ayant hésité quelque peu, dit qu'il avait le même jour une autre invitation.

— « Fais-moi le plaisir d'envoyer bouler la rue de Choiseul. Pas de bêtises ! Je vais répondre pour toi, si ça te gêne. »

Et le clerc écrivit une acceptation, à la troisième personne.

N'ayant jamais vu le monde qu'à travers la fièvre de ses convoitises, il se l'imaginait comme une création artificielle, fonctionnant en vertu de lois mathématiques. Un dîner en ville, la rencontre d'un homme en place, le sourire d'une jolie femme pouvaient, par une série d'actions se déduisant les unes des autres, avoir de gigantesques résultats. Certains salons parisiens étaient comme ces machines qui prennent la matière à l'état brut et la rendent centuplée de valeur. Il croyait aux courtisanes conseillant les diplomates, aux riches mariages obtenus par les intrigues, au génie des galériens, et aux docilités du hasard sous la main des forts. Enfin il estimait la fréquentation des Dambreuse tellement utile, et il parla si bien, que Frédéric ne savait plus à quoi se résoudre.

Il n'en devait pas moins, puisque c'était la fête de Mme Arnoux, lui offrir un cadeau; il songea, naturellement, à une ombrelle, afin de réparer sa maladresse. Or, il découvrit une marquise en soie gorge-pigeon, à petit manche d'ivoire ciselé, et qui arrivait de la Chine. Mais cela coûtait cent soixante-quinze francs et il n'avait pas un sou, vivant même à crédit sur le trimestre prochain. Cependant, il la voulait, il y tenait, et, malgré sa répugnance, il eut recours à Deslauriers.

Deslauriers lui répondit qu'il n'avait pas d'argent.

— « J'en ai besoin, » dit Frédéric, « grand besoin! »

Et, l'autre ayant répété la même excuse, il s'emporta.

— « Tu pourrais bien, quelquefois... »

— « Quoi donc? »

— « Rien! »

Le clerc avait compris. Il leva sur sa réserve la somme en question, et, quand il l'eût versée pièce à pièce :

— « Je ne te réclame pas de quittance, puisque je vis à tes crochets! »

Frédéric lui sauta au cou, avec mille protestations affectueuses. Deslauriers resta froid. Puis, le lendemain, apercevant l'ombrelle sur le piano :

— « Ah! c'était pour cela! »

— « Je l'enverrai peut-être, » dit lâchement Frédéric.

Le hasard le servit, car il reçut, dans la soirée, un billet bordé de noir, et où Mme Dambreuse, lui annonçant la perte d'un oncle, s'excusait de remettre à plus tard le plaisir de faire sa connaissance.

Il arriva dès deux heures au bureau du journal. Mais, au lieu de l'attendre pour le mener dans sa voiture, Arnoux était parti la veille, ne résistant plus à son besoin de grand air.

Chaque année, aux premières feuilles, durant plusieurs jours de suite, il décampait le matin, faisait de longues courses à travers champs, buvait du lait dans les fermes, batifolait avec les villageoises, s'informait des récoltes, et rapportait des pieds de salade dans son mouchoir. Enfin, réalisant un vieux rêve, il s'était acheté, nouvellement, une maison de campagne.

Pendant que Frédéric parlait au commis, Mlle Vatnaz survint, et fut désappointée de ne pas voir Arnoux. Il resterait là-bas encore deux jours, peut-être. Le commis lui conseilla « d'y aller » ; elle ne pouvait y aller; d'écrire une lettre, elle avait peur que la lettre ne fût perdue. Frédéric s'offrit à la porter lui-même. Elle en fit une rapidement, et le conjura de la remettre sans témoins.

Vingt minutes après, il débarquait à Saint-Cloud.

La maison, cent pas plus loin que le pont, se trouvait à mi-hauteur de la colline. Les murs du jardin étaient cachés par deux rangs de tilleuls, et une large pelouse descendait jusqu'au bord de la rivière. La porte de la grille étant ouverte, Frédéric entra.

Arnoux, étendu sur l'herbe, jouait avec une portée de petits chats. Cette distraction paraissait l'absorber infiniment. Mais la lettre de Mlle Vatnaz le tira de sa torpeur.

— « Diable, diable! c'est ennuyeux! elle a raison; il faut que je parte. »

Puis, ayant fourré la missive dans sa poche, il prit plaisir à montrer son domaine.

Il montra tout, l'écurie, le hangar, la cuisine. Le salon était à droite, et, du côté de Paris, donnait sur une varangue en treillage, chargée d'une clématite. Mais, au-dessus de leur tête, une roulade éclata; Mme Arnoux, se croyant seule, s'amusait à chanter. Elle faisait des gammes, des trilles, des arpéges. Il y avait de longues notes qui semblaient se tenir suspendues; d'autres tombaient précipitées, comme les gouttelettes d'une cascade; et sa voix, passant par la jalousie, coupait le grand silence, et montait vers le ciel bleu.

Elle cessa tout à coup, quand M. et Mme Oudry, deux voisins, se présentèrent.

Puis elle parut elle-même au haut du perron; et, comme elle descendait les marches, il aperçut son pied. Elle avait de petites chaussures découvertes, en peau mordorée, avec trois pattes transversales, ce qui dessinait sur ses bas un grillage d'or.

Les invités arrivèrent. Sauf Me Lefaucheur, avocat, c'étaient les convives du jeudi. Chacun avait apporté quelque cadeau: Dittmer une écharpe syrienne, Rosenwald un album de romances, Burrieu une aquarelle, Sombaz sa propre caricature, et Pellerin un fusain, représentant une espèce de danse macabre, hideuse fantaisie d'une exécution médiocre. Hussonnet s'était dispensé de tout présent.

Frédéric attendit après les autres, pour offrir le sien. Elle l'en remercia beaucoup. Alors, il dit :

— « Mais... c'est presque une dette! j'ai été si fâché... »

— « De quoi donc? » reprit-elle. « Je ne comprends pas!... »

— « A table! » fit Arnoux, en le saisissant par le bras; puis, dans l'oreille : « Vous n'êtes guère malin, vous! »

Rien n'était plaisant comme la salle à manger,

peinte d'une couleur vert d'eau. A l'un des bouts, une nymphe de pierre trempait son orteil dans un bassin en forme de coquille. Par les fenêtres ouvertes, on apercevait tout le jardin avec la longue pelouse que flanquait un vieux pin d'Écosse, aux trois quarts dépouillé ; des massifs de fleurs la bombaient inégalement; et, au delà du fleuve, se développaient, en large demi-cercle, le bois de Boulogne, Neuilly, Sèvres, Meudon. Devant la grille, en face, un canot à la voile prenait des bordées.

On causa d'abord de cette vue que l'on avait, puis du paysage en général; et les discussions commençaient quand Arnoux donna l'ordre à son domestique d'atteler l'américaine vers les neuf heures et demie. Une lettre de son caissier le rappelait.

— « Veux-tu que je m'en retourne avec toi? » dit Mme Arnoux.

— « Mais certainement! » et, en lui faisant un beau salut : « Vous savez bien, madame, qu'on ne peut vivre sans vous! »

Tous la complimentèrent d'avoir un si bon mari.

— « Ah! c'est que je ne suis pas seule! » répliqua-t-elle doucement, en montrant sa petite fille.

Puis, la conversation ayant repris sur la peinture, on parla d'un Ruysdaël, dont Arnoux espérait des sommes considérables, et Pellerin lui demanda s'il était vrai que le fameux Saül Mathias, de Londres, fût venu le mois passé lui en offrir vingt-trois mille francs.

— « Rien de plus vrai ! » et, se tournant vers Frédéric : « C'est même le monsieur que je promenais l'autre jour à l'Alhambra, bien malgré moi, je vous assure, car ces Anglais ne sont pas drôles ! »

Frédéric, soupçonnant dans la lettre de Mlle Vatnaz quelque histoire de femme, avait admiré l'aisance du sieur Arnoux à trouver un moyen honnête de déguerpir ; mais son nouveau mensonge, absolument inutile, lui fit écarquiller les yeux.

Le marchand ajouta, d'un air simple :

— « Comment l'appelez-vous donc, ce grand jeune homme, votre ami ? »

— « Deslauriers, » dit vivement Frédéric.

Et, pour réparer les torts qu'il se sentait à son endroit, il le vanta comme une intelligence supérieure.

— « Ah ! vraiment ? Mais il n'a pas l'air si brave garçon que l'autre, le commis du roulage ! »

Frédéric maudit Dussardier. Elle allait croire qu'il frayait avec les gens du commun.

Ensuite, il fut question des embellissements de la capitale, des quartiers nouveaux, et le bonhomme Oudry vint à citer, parmi les grands spéculateurs, M. Dambreuse.

Frédéric, saisissant l'occasion de se faire valoir, dit qu'il le connaissait. Mais Pellerin se lança dans une catilinaire contre les épiciers; vendeurs de chandelles ou d'argent, il n'y voyait pas de différence. Puis, Rosenwald et Burieu devisèrent porcelaines; Arnoux causait jardinage avec Mme Oudry; Sombaz, loustic de la vieille école, s'amusait à blaguer son époux; il l'appelait Odry, comme l'acteur; il déclara qu'il devait descendre d'Oudry, le peintre des chiens, car la bosse des animaux était visible sur son front. Il voulut même lui tâter le crâne, l'autre s'en défendait à cause de sa perruque; et le dessert finit avec des éclats de rire.

Quand on eut pris le café, sous les tilleuls, en fumant, et fait plusieurs tours dans le jardin, on s'alla promener le long de la rivière.

La compagnie s'arrêta devant un pêcheur, qui nettoyait des anguilles, dans une boutique à poisson. Mlle Marthe voulut les voir. Il vida sa boîte sur l'herbe; et la petite fille se jetait à genoux pour les rattraper, riait de plaisir, criait d'effroi. Toutes furent perdues. Arnoux les paya.

Il eut, ensuite, l'idée de faire une promenade en canot.

Cependant, un côté de l'horizon commençait à pâlir, tandis que, de l'autre, une large couleur orange s'étalait dans le ciel et était plus empourprée au faîte des collines, devenues complétement noires. Mme Arnoux se tenait assise sur une grosse pierre, ayant cette lueur d'incendie derrière elle. Les autres personnes flânaient, çà et là ; Hussonnet, au bas de la berge, faisait des ricochets sur l'eau.

Arnoux revint, suivi par une vieille chaloupe, où, malgré les représentations les plus sages, il empila ses convives. Elle sombrait ; il fallut débarquer.

Déjà les bougies brûlaient dans le salon, tout tendu de perse, avec des girandoles en cristal contre les murs. La mère Oudry s'endormit doucement dans un fauteuil, et les autres écoutaient M. Lefaucheux, dissertant sur les gloires du barreau. Mme Arnoux était seule près de la croisée. Frédéric l'aborda.

Ils causèrent de ce qu'on disait. Elle admirait les orateurs ; lui, il préférait la gloire des écrivains. Mais on devait sentir, reprit-elle, une plus forte jouissance à remuer les foules directement, soi-même, à voir que l'on fait passer dans leur âme tous les sentiments de la sienne. Ces triomphes ne tentaient guère Frédéric, qui n'avait point d'ambition.

— « Ah ! pourquoi ? » dit-elle. « Il faut en avoir un peu ! »

Ils étaient l'un près de l'autre, debout, dans l'embrasure de la croisée. La nuit, devant eux, s'étendait comme un immense voile sombre piqué d'argent. C'était la première fois qu'ils ne parlaient pas de choses insignifiantes. Il vint même à savoir ses antipathies et ses goûts : certains parfums lui faisaient mal, les livres d'histoire l'intéressaient, elle croyait aux songes.

Il entama le chapitre des aventures sentimentales. Elle plaignait les désastres de la passion, mais était révoltée par les turpitudes hypocrites ; et cette droiture d'esprit se rapportait si bien à la beauté régulière de son visage, qu'elle semblait en dépendre.

Elle souriait quelquefois, arrêtant sur lui ses yeux, une minute. Alors, il sentait ses regards pénétrer son âme, comme ces grands rayons de soleil qui descendent jusqu'au fond de l'eau. Il l'aimait sans arrière-pensée, sans espoir de retour, absolument ; et, dans ces muets transports, pareils à des élans de reconnaissance, il aurait voulu couvrir son front d'une pluie de baisers. Cependant, un souffle intérieur l'enlevait comme hors de lui ; c'était une envie de se sacrifier, un besoin de dévouement immédiat, et d'autant plus fort qu'il ne pouvait l'assouvir.

Il ne partit pas avec les autres, Hussonnet non plus. Ils devaient s'en retourner dans la voiture ; et l'américaine attendait au bas du perron, quand Arnoux descendit dans le jardin, pour cueillir des roses. Puis, le bouquet étant lié avec un fil, comme les tiges dépassaient inégalement, il fouilla dans sa poche, pleine de papiers, en prit un au hasard, les enveloppa, consolida son œuvre par une forte épingle et il l'offrit à sa femme, avec une certaine émotion.

— « Tiens, ma chérie, excuse-moi de t'avoir oubliée ! »

Mais elle poussa un petit cri ; l'épingle, sottement mise, l'avait blessée, et elle remonta dans sa chambre.

On l'attendit près d'un quart d'heure.

Enfin elle reparut, enleva Marthe, se jeta dans la voiture.

— « Et ton bouquet ? » dit Arnoux.

— « Non ! non ! ce n'est pas la peine ! »

Frédéric courait pour l'aller prendre ; elle lui cria :

— « Je n'en veux pas ! »

Mais il l'apporta bientôt, disant qu'il venait de le remettre dans l'enveloppe, car il avait trouvé les fleurs à terre.

Elle les enfonça dans le tablier de cuir, contre le siége, et l'on partit.

Frédéric, assis près d'elle, remarqua qu'elle tremblait horriblement. Puis, quand on eut passé le pont, comme Arnoux tournait à gauche :

— « Mais non ! tu te trompes ! par là, à droite ! »

Elle semblait irritée ; tout la gênait. Enfin, Marthe ayant fermé les yeux, elle tira le bouquet et le lança par la portière, puis saisit au bras Frédéric, en lui faisant signe, avec l'autre main, de n'en jamais parler.

Ensuite, elle appliqua son mouchoir contre ses lèvres, et ne bougea plus.

Les deux autres, sur le siége, causaient imprimerie, abonnés. Mais Arnoux, qui conduisait sans attention, se perdit au milieu du bois de Boulogne. Alors, on s'enfonça dans de petits chemins. Le cheval marchait au pas; les branches des arbres frôlaient la capote. Frédéric n'apercevait de Mme Arnoux que ses deux yeux, dans l'ombre; Marthe s'était allongée sur elle, et il lui soutenait la tête.

— « Elle vous fatigue! » dit sa mère.

Il répondit :

— « Non! oh non! »

De lents tourbillons de poussière se levaient; on traversait Auteuil; toutes les maisons étaient closes; un réverbère, çà et là, éclairait l'angle d'un mur, puis on rentrait dans les ténèbres; une fois, il s'aperçut qu'elle pleurait.

Était-ce un remords? un désir? quoi donc? Ce chagrin, qu'il ne savait pas, l'intéressait comme une chose personnelle ; car, maintenant, il y avait entre eux un lien nouveau, une espèce de complicité; et il lui dit, de la voix la plus caressante qu'il put :

— « Vous souffrez? »

— « Oui, un peu, » reprit-elle.

La voiture roulait, et les chèvrefeuilles et les seringats, débordant les clôtures des jardins, envoyaient dans la nuit des bouffées d'odeurs amollissantes. Les plis nombreux de sa robe couvraient ses pieds. Il lui semblait communiquer avec toute sa personne par ce corps d'enfant étendu entre eux. Il se pencha vers la petite fille, et, écartant ses jolis cheveux bruns, la baisa au front, doucement.

— « Vous êtes bon ! » dit Mme Arnoux.

— « Pourquoi ? »

— « Parce que vous aimez les enfants. »

— « Pas tous ! »

Il n'ajouta rien, mais il étendit la main gauche de son côté et la laissa toute grande ouverte, — s'imaginant qu'elle allait faire comme lui, peut-être, et qu'il rencontrerait la sienne.

Puis il eut honte, et la retira.

On arriva bientôt sur le pavé. La voiture allait plus vite, les becs de gaz se multiplièrent, c'était Paris. Hussonnet, devant le Garde-Meuble, sauta du siége. Frédéric attendit pour descendre que l'on fût arrivé dans la cour ; puis il s'embusqua au coin de la rue de Choiseul, et aperçut Arnoux qui remontait lestement vers les boulevards.

Dès le lendemain, il se mit à travailler de toutes ses forces.

Il se voyait dans une cour d'assises, par un soir d'hiver, à la fin des plaidoiries, quand les jurés sont pâles et que la foule haletante fait craquer les cloisons du prétoire, parlant depuis quatre heures déjà, résumant toutes ses preuves, en découvrant de nouvelles, et sentant à chaque phrase, à chaque mot, à chaque geste, le couperet de la guillotine, suspendu derrière lui, se relever; puis, à la tribune de la Chambre, orateur qui porte sur ses lèvres le salut de tout un peuple, noyant ses adversaires sous ses prosopopées, les écrasant d'une riposte, avec des foudres et des intonations musicales dans la voix, ironique, pathétique, emporté, sublime; elle serait là, quelque part, au milieu des autres, cachant sous son voile ses pleurs d'enthousiasme; ils se retrouveraient ensuite; — et les découragements, les calomnies et les injures ne l'atteindraient pas, si elle disait: « Ah! cela est beau! » en lui passant sur le front ses mains légères.

Ces images fulguraient, comme des phares, à l'horizon de sa vie. Son esprit, excité, devint plus leste et plus fort. Jusqu'au mois d'août, il s'enferma, et fut reçu à son dernier examen.

Deslauriers, qui avait eu tant de mal à lui seriner encore une fois le deuxième à la fin de décembre et le troisième en février, s'étonnait de son ardeur. Alors, les vieux espoirs revinrent. Dans dix ans, il fallait que Frédéric fût député ; dans quinze, ministre ; pourquoi pas ? Avec son patrimoine qu'il allait toucher bientôt, il pouvait, d'abord, fonder un journal ; ce serait le début ; ensuite, on verrait. Quant à lui, il ambitionnait toujours une chaire à l'École de droit ; et il soutint sa thèse pour le doctorat d'une façon si remarquable, qu'elle lui valut les compliments des professeurs.

Frédéric passa la sienne trois jours après. Avant de partir en vacances, il eut l'idée d'un pique-nique, pour clore les réunions du samedi.

Il s'y montra gai. Mme Arnoux était maintenant près de sa mère, à Chartres. Mais il la retrouverait bientôt, et finirait par être son amant. Deslauriers, admis le jour même à la parlotte d'Orsay, avait fait un discours fort applaudi. Quoiqu'il fût sobre, il se grisa, et dit au dessert à Dussardier :

— « Tu es honnête, toi ! Quand je serai riche, je t'instituerai mon régisseur. »

Tous étaient heureux ; Cisy ne finirait pas son droit ; Martinon allait continuer son stage en province, où il serait nommé substitut ; Pellerin se disposait à un grand tableau figurant *le Génie de la Révolution* ; Hussonnet, la semaine prochaine, devait lire au directeur des Délassements le plan d'une pièce, et ne doutait pas du succès :

— « Car la charpente du drame, on me l'accorde !

les passions, j'ai assez roulé ma bosse pour m'y connaître ; quant aux traits d'esprit, c'est mon métier ! »

Il fit un saut, retomba sur les deux mains, et marcha quelque temps autour de la table, les jambes en l'air.

Cette gaminerie ne dérida pas Sénécal. Il venait d'être chassé de sa pension, pour avoir battu un fils d'aristocrate. Sa misère augmentant, il s'en prenait à l'ordre social, maudissait les riches; et il s'épancha dans le sein de Regimbart, lequel était de plus en plus désillusionné, attristé, dégoûté. Le Citoyen se tournait, maintenant, vers les questions budgétaires, et accusait la Camarilla de perdre des millions en Algérie.

Comme il ne pouvait dormir sans avoir stationné à l'estaminet Alexandre, il disparut dès onze heures. Les autres se retirèrent plus tard ; et Frédéric, en faisant ses adieux à Hussonnet, apprit que Mme Arnoux avait dû revenir la veille.

Il alla donc aux Messageries changer sa place pour le lendemain, et, vers six heures du soir, se présenta chez elle.

Son retour, lui dit le concierge, était différé d'une semaine. Frédéric dîna seul, puis flâna sur les boulevards.

Des nuages roses, en forme d'écharpe, s'allongeaient au delà des toits ; on commençait à relever les tentes des boutiques; des tombereaux d'arrosage versaient une pluie sur la poussière, et une fraîcheur inattendue se mêlait aux émanations des cafés, laissant voir par leurs portes ouvertes, entre des argenteries et des dorures, des fleurs en gerbes qui se miraient dans les hautes glaces. La foule marchait lentement. Il y avait des groupes d'hommes causant au milieu du trottoir; et des femmes passaient, avec une mollesse dans les yeux et ce teint de camellia que donne aux chairs féminines la lassitude des grandes chaleurs. Quelque chose d'énorme s'épanchait, enveloppait les maisons. Jamais Paris ne lui avait semblé si beau. Il n'apercevait, dans l'avenir, qu'une interminable série d'années toutes pleines d'amour.

Il s'arrêta devant le théâtre de la Porte-Saint-Martin à regarder l'affiche; et, par désœuvrement, prit un billet.

On jouait une vieille féerie. Les spectateurs étaient rares; et, dans les lucarnes du paradis, le jour se découpait en petits carrés bleus, tandis que les quinquets de la rampe formaient une seule ligne de lumières jaunes. La scène représentait un marché d'esclaves à Pékin, avec clochettes, tamtams, sultanes, bonnets pointus et calembours. Puis, la toile baissée, il erra dans le foyer, solitairement, et admira sur le boulevard, au bas du perron, un grand landau vert, attelé de deux chevaux blancs, tenus par un cocher en culotte courte.

Il regagnait sa place, quand, au balcon, dans la première loge d'avant-scène, entrèrent une dame et un monsieur.

Le mari avait un visage pâle, bordé d'un filet de barbe grise, la rosette d'officier, et cet aspect glacial qu'on attribue aux diplomates.

Sa femme, de vingt ans plus jeune pour le moins, ni grande ni petite, ni laide ni jolie, portait ses cheveux blonds tirebouchonnés à l'anglaise, une robe à corsage plat, et un large éventail de dentelle noire. Pour que des gens d'un pareil monde fussent venus au spectacle dans cette saison, il fallait supposer un hasard, ou l'ennui de passer leur soirée en tête-à-tête. La dame mordillait son éventail, et le monsieur bâillait. Frédéric ne pouvait se rappeler où il avait vu cette figure.

A l'entr'acte suivant, comme il traversait un couloir, il les rencontra tous les deux; sur le vague salut qu'il fit, M. Dambreuse, le reconnaissant, l'aborda et s'excusa, tout de suite, de négligences impardonnables. C'était une allusion aux cartes de visite nombreuses, envoyées d'après les conseils du clerc. Toutefois il confondait les époques, croyant que Frédéric était à sa seconde année de droit. Puis il l'envia de partir pour la campagne. Il aurait eu besoin de se reposer, mais les affaires le retenaient à Paris.

Mme Dambreuse, appuyée sur son bras, inclinait la tête, légèrement; et l'aménité spirituelle de son visage contrastait avec son expression chagrine de tout à l'heure.

— « On y trouve pourtant de belles distractions! » dit-elle, aux derniers mots de son mari. « Comme ce spectacle est bête! n'est-ce pas, monsieur? »

Et tous trois restèrent debout, à causer théâtres et pièces nouvelles.

Frédéric, habitué aux grimaces des bourgeoises provinciales, n'avait vu chez aucune femme une pareille aisance de manières, cette simplicité, qui est un raffinement, et où les naïfs aperçoivent l'expression d'une sympathie instantanée.

On comptait sur lui, dès son retour; M. Dambreuse le chargea de ses souvenirs pour le père Roque.

Frédéric ne manqua pas, en rentrant, de conter cet accueil à Deslauriers.

— « Fameux! » reprit le clerc, « et ne te laisse pas entortiller par ta maman! Reviens tout de suite! »

Le lendemain de son arrivée, après leur déjeuner, Mme Moreau emmena son fils dans le jardin.

Elle se dit heureuse de lui voir un état, car ils n'étaient pas aussi riches que l'on croyait ; la terre rapportait peu ; les fermiers payaient mal ; elle avait même été contrainte de vendre sa voiture. Enfin, elle lui exposa leur situation.

Dans les premiers embarras de son veuvage, un homme astucieux, M. Roque, lui avait fait des prêts d'argent, renouvelés, prolongés malgré elle. Puis il était venu les réclamer tout à coup ; et elle avait passé par ses conditions, en lui cédant à un prix dérisoire la ferme de Presles. Dix ans plus tard, son capital disparaissait dans la faillite d'un banquier, à Melun. Alors, par horreur des hypothèques et pour conserver des apparences utiles à l'avenir de son fils, comme le père Roque se présentait de nouveau, elle l'avait écouté, encore une fois. Mais elle était quitte, maintenant. Bref, il leur restait environ dix mille francs de rente, dont deux mille trois cents à lui, tout son patrimoine !

— « Ce n'est pas possible ! » s'écria Frédéric.

Elle eut un mouvement de tête signifiant que cela était très-possible.

Mais son oncle lui laisserait quelque chose.

Rien n'était moins sûr !

Et ils firent un tour de jardin, sans parler. Enfin elle l'attira contre son cœur, et, d'une voix que les larmes étouffaient :

— « Ah ! mon pauvre garçon ! Il m'a fallu abandonner bien des rêves ! »

Il s'assit alors sur le banc, à l'ombre du grand acacia.

Ce qu'elle lui conseillait, c'était de se mettre clerc chez M. Prouharam, avoué, lequel lui céderait son étude ; s'il la faisait bien valoir, il pourrait la revendre, et trouver un bon parti.

Frédéric n'entendait plus. Il regardait machinalement, par-dessus la haie, dans l'autre jardin, en face.

Une petite fille, d'environ douze ans, et qui avait les cheveux rouges, se trouvait là, toute seule. Elle s'était fait des boucles d'oreilles avec des baies de sorbier ; son corset de toile grise laissait à découvert ses épaules, un peu dorées par le soleil ; des taches de confitures maculaient son jupon blanc ; — et il y avait comme une grâce de jeune bête sauvage dans toute sa personne, à la fois nerveuse et fluette. La présence d'un inconnu l'étonnait, sans doute, car elle s'était brusquement arrêtée, avec son arrosoir à la main, en dardant sur lui ses prunelles, d'un vert-bleu limpide.

— « C'est la fille de M. Roque, » dit Mme Moreau. « Il vient d'épouser sa servante et de légitimer son enfant. »

VI

Ruiné, dépouillé, perdu!

Il était resté sur le banc, comme étourdi par une commotion. Il maudissait le sort, il aurait voulu battre quelqu'un; et, pour renforcer son désespoir, il sentait peser sur lui une sorte d'outrage, un déshonneur; — car Frédéric s'était imaginé que sa fortune paternelle monterait un jour à quinze mille livres de rente, et il l'avait fait savoir, d'une façon indirecte, aux Arnoux. Il allait donc passer pour un hâbleur, un drôle, un obscur polisson, qui s'était introduit chez eux dans l'espérance d'un profit quelconque! Et elle, Mme Arnoux, comment la revoir, maintenant?

Cela, d'ailleurs, était complétement impossible, n'ayant que trois mille francs de rente! Il ne pouvait loger toujours au quatrième, avoir pour domestique le portier, et se présenter avec de pauvres gants noirs bleuis du bout, un chapeau gras, la même redingote pendant un an. Non, non! jamais! Cependant, l'existence était intolérable sans elle. Beaucoup vivaient bien qui n'avaient pas de fortune, Deslauriers entre autres; — et il se trouva lâche d'attacher une pareille importance à des choses médiocres. La misère, peut-être, centuplerait ses facultés! Il s'exalta, en pensant aux grands hommes qui travaillent dans les mansardes. Une âme comme celle de Mme Arnoux devait s'émouvoir à ce spectacle, et elle s'attendrirait! Ainsi, cette catastrophe était un bonheur, après tout; comme ces tremblements de terre qui découvrent des trésors, elle lui avait révélé les secrètes opulences de sa nature. Mais il n'existait au monde qu'un seul endroit pour les faire valoir : Paris! car, dans ses idées, l'art, la science et l'amour (ces trois faces de Dieu, comme eût dit Pellerin) dépendaient exclusivement de la capitale.

Il déclara le soir, à sa mère, qu'il y retournerait.

Mme Moreau fut surprise et indignée. C'était une folie, une absurdité. Il ferait mieux de suivre ses conseils, c'est-à-dire de rester près d'elle, dans une étude.

Frédéric haussa les épaules : « Allons donc! » se trouvant insulté par cette proposition.

Alors, la bonne dame employa une autre méthode.

D'une voix tendre et avec de petits sanglots, elle se mit à lui parler de sa solitude, de sa vieillesse, des sacrifices qu'elle avait faits. Maintenant qu'elle était plus malheureuse, il l'abandonnait. Puis, faisant allusion à sa fin prochaine :

— « Un peu de patience, mon Dieu! bientôt tu seras libre! »

Ces lamentations se répétèrent vingt fois par jour, durant trois mois ; et, en même temps, les délicatesses du foyer le corrompaient ; il jouissait d'avoir un lit plus mou, des serviettes sans déchirures ; si bien que, lassé, énervé, vaincu enfin par la terrible force de la douceur, Frédéric se laissa conduire chez maître Prouharam.

Il n'y montra ni science ni aptitude. On l'avait considéré jusqu'alors comme un jeune homme de grands moyens, qui devait être la gloire du département. Ce fut une déception publique.

D'abord il s'était dit : « Il faut avertir Mme Arnoux, » et, pendant une semaine, il avait médité des lettres dithyrambiques, et de courts billets, en style lapidaire et sublime. La crainte d'avouer sa situation le retenait.

Puis il songea qu'il valait mieux écrire au mari. Arnoux connaissait la vie et saurait le comprendre. Enfin, après quinze jours d'hésitation :

— « Bah! je ne dois plus les revoir, qu'ils m'oublient! au moins, je n'aurai pas déchu dans son souvenir! Elle me croira mort, et me regrettera... peut-être. »

Et, comme les résolutions excessives lui coûtaient peu, il s'était juré de ne jamais revenir à Paris, et même de ne point s'informer de Mme Arnoux.

Cependant, il regrettait jusqu'à la senteur du gaz et au tapage des omnibus. Il rêvait à toutes les paroles qu'elle lui avait dites, au timbre de sa voix, à la lumière de ses yeux, — et, se considérant comme un homme mort, il ne faisait plus rien, absolument.

Il se levait très-tard, et regardait par sa fenêtre les attelages de rouliers qui passaient.

Les six premiers mois, surtout, furent abominables.

En de certains jours, pourtant, une indignation le prenait contre lui-même. Alors, il sortait. Il s'en allait dans les prairies, à moitié couvertes durant l'hiver par les débordements de la Seine. Des lignes de peupliers les divisent. Çà et là, un petit pont s'élève. Il vagabondait jusqu'au soir, roulant les feuilles jaunes sous ses pas, aspirant la brume, sautant les fossés; à mesure que ses artères battaient plus fort, des désirs d'action furieuse l'emportaient; il voulait se faire trappeur en Amérique, servir un pacha en Orient, s'embarquer comme matelot; et il exhalait sa mélancolie dans de longues lettres à Deslauriers.

Celui-là se démenait pour percer. La conduite lâche de son ami et ses éternelles jérémiades lui semblaient stupides. Bientôt, leur correspondance devint presque nulle.

Frédéric avait donné tous ses meubles à Deslauriers, qui gardait son logement. Sa mère lui en parlait de temps à autre ; un jour enfin, il déclara son cadeau, et elle le grondait, quand il reçut une lettre.

— « Qu'est-ce donc ? » dit-elle, « tu trembles ? »

— « Je n'ai rien ! » répliqua Frédéric.

Deslauriers lui apprenait qu'il avait recueilli Sénécal, et, depuis quinze jours, ils vivaient ensemble. Donc, Sénécal s'étalait, maintenant, au milieu des choses qui provenaient de chez Arnoux ! Il pouvait les vendre, faire des remarques dessus, des plaisanteries. Frédéric se sentit blessé, jusqu'au fond de l'âme. Il monta dans sa chambre. Il avait envie de mourir.

Sa mère l'appela. C'était pour le consulter, à propos d'une plantation dans le jardin.

Ce jardin, en manière de parc anglais, était coupé à son milieu par une clôture de bâtons, et la moitié appartenait au père Roque, qui en possédait un autre, pour les légumes, sur le bord de la rivière. Les deux voisins, brouillés, s'abstenaient d'y paraître aux mêmes heures. Mais, depuis que Frédéric était revenu, le bonhomme s'y promenait plus souvent et n'épargnait pas les politesses au fils de Mme Moreau. Il le plaignait d'habiter une petite ville. Un jour, il conta que M. Dambreuse avait demandé de ses nouvelles. Une autre fois, il s'étendit sur la coutume de Champagne, où le ventre anoblissait.

— « Dans ce temps-là, vous auriez été un seigneur, puisque votre mère s'appelait de Fouvens. Et on a beau dire, allez! c'est quelque chose, un nom! Après tout, » ajouta-t-il, en le regardant d'un air malin, « cèla dépend du garde des sceaux. »

Cette préoccupation d'aristocratie jurait singulièrement avec sa personne.

Comme il était petit, sa grande redingote marron exagérait la longueur de son buste. Quand il ôtait sa casquette, on apercevait un visage presque féminin avec un nez extrêmement pointu; ses cheveux de couleur jaune ressemblaient à une perruque; il saluait le monde très-bas, en frisant les murs.

Jusqu'à cinquante ans, il s'était contenté des services de Catherine, une Lorraine du même âge que lui, et fortement marquée de petite vérole. Mais, vers 1834, il ramena de Paris une belle blonde, à figure moutonnière, à « port de reine ». On la vit bientôt se pavaner avec de grandes boucles d'oreilles, et tout fut expliqué, enfin, par la naissance d'une fille, déclarée sous les noms d'Élisabeth-Olympe-Louise Roque.

Catherine, dans sa jalousie, s'attendait à exécrer cette enfant. Au contraire, elle l'aima. Elle l'entoura de soins, d'attentions et de caresses, pour supplanter sa mère et la rendre odieuse, entreprise facile, car Mme Éléonore négligeait complétement la petite, préférant bavarder chez les fournisseurs. Puis, dès le lendemain de son mariage, elle alla faire une visite à la sous-préfecture, ne tutoya plus les servantes, et crut devoir, par bon ton, se montrer sévère pour son enfant. Elle assistait à ses leçons; mais le professeur, un vieux bureaucrate de la mairie, ne savait pas s'y prendre. L'élève s'insurgeait, recevait des giffles et allait pleurer sur les genoux de Catherine, qui lui donnait invariablement raison. Alors, les deux femmes se querellaient; M. Roque les faisait taire. Il s'était marié par tendresse pour sa fille, et n'entendait pas qu'on la tourmentât.

Souvent elle portait une robe en lambeaux avec un pantalon garni de dentelles; et, aux grandes fêtes, elle sortait vêtue comme une princesse, afin de mortifier un peu les bourgeois qui empêchaient leurs marmots de la fréquenter, vu sa naissance illégitime.

Elle vivait donc seule, dans son jardin, se balançait à l'escarpolette, courait après les papillons, puis tout à coup s'arrêtait à contempler les cétoines s'abattant sur les rosiers. C'étaient ces habitudes, sans doute, qui donnaient à sa figure une expression à la fois de hardiesse et de rêverie. Elle avait la taille de Marthe, d'ailleurs, si bien que Frédéric lui dit, dès leur seconde entrevue :

— « Voulez-vous me permettre de vous embrasser, mademoiselle ? »

La petite personne leva la tête, et répondit :

— « Je veux bien ! »

Mais la haie de bâtons les séparait l'un de l'autre.

— « Il faut monter dessus, » dit Frédéric.

— « Non, enlève-moi ! »

Il se pencha par-dessus la haie et la saisit au bout de ses bras, en la baisant sur les deux joues ; puis il la remit chez elle, par le même procédé, qui se renouvela les fois suivantes.

Sans plus de réserve qu'une enfant de quatre ans, sitôt qu'elle entendait venir son ami, elle s'élançait à sa rencontre, ou bien, se cachant derrière un arbre, elle poussait un jappement de chien, pour l'effrayer.

Un jour que Mme Moreau était sortie, il la fit monter dans sa chambre. Elle ouvrit tous les flacons d'odeur et se pommada les cheveux abondamment ; puis, sans la moindre gêne, elle se coucha sur le lit où elle restait tout de son long, éveillée.

— « Je m'imagine que je suis ta femme, » disait-elle.

Mais, le lendemain, il l'aperçut tout en larmes.

Elle avoua « qu'elle pleurait ses péchés », et, comme il cherchait à les connaître, elle répondit en baissant les yeux :

— « Ne m'interroge pas davantage ! »

Sa première communion approchait ; on l'avait conduite le matin à confesse.

Le sacrement ne la rendit guère plus sage. Elle entrait parfois dans de véritables colères, et on avait recours à M. Frédéric pour la calmer.

Souvent il l'emmenait avec lui dans ses promenades. Tandis qu'il rêvassait en marchant, elle cueillait des coquelicots au bord des blés, et, quand elle le voyait plus triste qu'à l'ordinaire, elle tâchait de le consoler par de gentilles paroles. Son cœur, privé d'amour, se rejeta sur cette amitié d'enfant ; il lui dessinait des bonshommes, lui contait des histoires et il se mit à lui faire des lectures.

Il commença par les *Annales romantiques*, un recueil de vers et de prose, alors célèbre. Puis, oubliant son âge, tant son intelligence le charmait, il lut successivement *Atala*, *Cinq-Mars*, *les Feuilles d'automne*. Mais, une nuit (le soir même, elle avait entendu *Macbeth*, dans la simple traduction de Letourneur), elle se réveilla en criant : « La tache ! la tache ! » ses dents claquaient, elle tremblait, et, fixant des yeux épouvantés sur sa main droite, elle la frottait en répétant : « Toujours une tache ! » Enfin arriva le médecin, qui prescrivit d'éviter les émotions.

Les bourgeois ne virent là dedans qu'un pronostic défavorable pour ses mœurs. On disait que « le fils Moreau » voulait en faire plus tard une actrice.

Mais bientôt il fut question d'un autre événement, à savoir l'arrivée de l'oncle Barthélemy.

Mme Moreau lui donna sa chambre à coucher, et poussa la condescendance jusqu'à servir du gras les jours maigres.

Le vieillard fut médiocrement aimable. C'étaient de perpétuelles comparaisons entre le Havre et Nogent, dont il trouvait l'air lourd, le pain mauvais, les rues mal pavées, la nourriture médiocre et les habitants des paresseux. « Quel pauvre commerce chez vous! » Il blâma les extravagances de défunt son frère, tandis que, lui, il avait amassé vingt-sept mille livres de rente! Enfin, il partit au bout de la semaine, et sur le marchepied de la voiture, lâcha ces mots peu rassurants :

— « Je suis toujours bien aise de vous savoir dans une bonne position. »

— « Tu n'auras rien! » dit Mme Moreau, en rentrant dans la salle.

Il n'était venu que sur ses instances; et, huit jours durant, elle avait sollicité de sa part une ouverture, trop clairement peut-être. Elle se repentait d'avoir agi, et restait dans son fauteuil, la tête basse, les lèvres serrées. Frédéric, en face d'elle, l'observait, et ils se taisaient tous les deux, comme il y avait cinq ans, au retour de Montereau. Cette coïncidence, s'offrant même à sa pensée, lui rappela Mme Arnoux.

Mais, à ce moment, des coups de fouet retentirent sous la fenêtre, en même temps qu'une voix l'appelait.

C'était le père Roque, seul dans sa tapissière. Il allait passer toute la journée à la Fortelle, chez M. Dambreuse, et proposa cordialement à Frédéric de l'y conduire.

— « Vous n'avez pas besoin d'invitation avec moi; soyez sans crainte! »

Frédéric eut envie d'accepter. Mais comment expliquerait-il son séjour définitif à Nogent? puis il n'avait pas un costume d'été convenable; enfin que dirait sa mère? Il refusa.

Le voisin se montra, dès lors, moins amical. D'ailleurs, Louise grandissait; Mme Éléonore tomba malade dangereusement; et la liaison se dénoua au grand plaisir de Mme Moreau, — qui redoutait pour l'établissement de son fils la fréquentation de pareilles gens.

Elle rêvait de lui acheter le greffe du tribunal; Frédéric ne repoussait pas trop cette idée. Maintenant, il l'accompagnait à la messe, il faisait le soir sa partie d'impériale, il s'accoutumait à la province, s'y enfonçait ; — et même son amour avait pris comme une douceur funèbre, un charme assoupissant. A force d'avoir versé sa douleur dans ses lettres, de l'avoir mêlée à ses lectures, promenée dans la campagne et partout épandue, il l'avait presque tarie, si bien que Mme Arnoux était pour lui comme une morte dont il s'étonnait de ne pas connaître le tombeau, tant cette affection était devenue tranquille et résignée.

Un jour, le 12 décembre 1845, vers neuf heures du matin, la cuisinière monta une lettre dans sa chambre. L'adresse, en gros caractères, était d'une écriture inconnue ; et Frédéric, sommeillant, ne se pressa pas de la décacheter. Enfin il lut :

« Justice de paix du Havre. IIIe arrondissement.

» Monsieur,

» M. Moreau, votre oncle, étant mort *ab intestat*... »

Il héritait !

Comme si un incendie eût éclaté derrière le mur, il sauta hors de son lit, pieds nus, en chemise ; il se passa la main sur le visage, doutant de ses yeux, croyant qu'il rêvait encore, et, pour se raffermir dans la réalité, il ouvrit la fenêtre, toute grande.

Il était tombé de la neige; les toits étaient tout blancs; — et même il reconnut dans la cour un baquet à lessive, qui l'avait fait trébucher la veille au soir.

Alors, il relut la lettre trois fois de suite; rien de plus vrai! toute la fortune de l'oncle! vingt-sept mille livres de rente! — et une joie frénétique le bouleversa, à l'idée de revoir Mme Arnoux. Avec la netteté d'une hallucination, il s'aperçut auprès d'elle, chez elle, lui apportant quelque cadeau dans du papier de soie, tandis qu'à la porte stationnerait son tilbury, non, un coupé plutôt! un coupé noir, avec un domestique en livrée brune; il entendait piaffer son cheval et le bruit de la gourmette se confondant avec le murmure de leurs baisers. Cela se renouvellerait tous les jours, indéfiniment. Il les recevrait chez lui, dans sa maison; la salle à manger serait en cuir rouge, le boudoir en soie jaune, des divans partout! et quelles étagères! quels vases de Chine! quels tapis! Ces images arrivaient si tumultueusement, qu'il sentait la tête lui tourner. Alors, il se rappela sa mère; et il descendit, tenant toujours la lettre à sa main.

Mme Moreau tâcha de contenir son émotion et eut une défaillance.

Frédéric la prit dans ses bras et la baisa au front.

— « Bonne mère, tu peux racheter ta voiture maintenant ; ris donc, ne pleure plus, sois heureuse ! »

Dix minutes après, la nouvelle circulait jusqu'aux faubourgs.

Alors, Me Benoist, M. Gamblin, M. Chambrion, tous les amis, accoururent. Frédéric s'échappa une minute pour écrire à Deslauriers. D'autres visites survinrent. L'après-midi se passa en félicitations. On en oubliait la femme Roque, qui était cependant « très-bas ».

Puis, le soir, quand ils furent seuls, tous les deux, Mme Moreau dit à son fils qu'elle lui conseillait de s'établir à Troyes, avocat. Étant plus connu dans son pays que dans un autre, il pourrait plus facilement y trouver des partis avantageux.

— « Ah ! c'est trop fort ! » s'écria Frédéric.

A peine avait-il son bonheur entre les mains qu'on voulait le lui prendre. Il signifia sa résolution formelle d'habiter Paris.

— « Pour quoi y faire ? »

— « Rien ! »

Mme Moreau, surprise de ses façons, lui demanda ce qu'il comptait sérieusement devenir.

— « Ministre ! » répliqua Frédéric.

Et il affirma qu'il ne plaisantait nullement, qu'il prétendait se lancer dans la diplomatie, que ses études et ses instincts l'y poussaient. Il entrerait d'abord au Conseil d'État, avec la protection de M. Dambreuse.

— « Tu le connais donc? »

— « Mais oui! par M. Roque! »

— « Tiens! cela est singulier, » dit Mme Moreau. Il avait réveillé dans son cœur ses vieux rêves d'ambition. Elle s'y abandonna intérieurement, et ne reparla plus des autres.

S'il eût écouté son impatience, Frédéric fût parti à l'instant même. Le lendemain, toutes les places dans les diligences étaient retenues; et il se rongea jusqu'au lendemain, à sept heures du soir.

Ils s'asseyaient pour dîner, quand tintèrent à l'église trois longs coups de cloche; et la domestique, entrant, annonça que Mme Éléonore venait de mourir.

Cette mort, après tout, n'était un malheur pour personne, pas même pour son enfant. La jeune fille ne s'en trouverait que mieux, plus tard.

Cependant, comme les deux maisons se touchaient, on entendait un grand va-et-vient, un bruit de paroles; et l'idée de ce cadavre près d'eux jetait quelque chose de funèbre sur leur séparation. Mme Moreau, deux ou trois fois, s'essuya les yeux. Frédéric avait le cœur serré.

Le repas fini, Catherine l'arrêta entre deux portes.

Mademoiselle voulait, absolument, le voir. Elle l'attendait dans le jardin.

Il sortit, enjamba la haie, et, tout en se cognant aux arbres quelque peu, se dirigea vers la maison de M. Roque. Des lumières brillaient à une fenêtre au second étage; puis une forme apparut dans les ténèbres, et une voix chuchota :

— « C'est moi. »

Elle lui sembla plus grande qu'à l'ordinaire, à cause de sa robe noire, sans doute. Ne sachant par quelle phrase l'aborder, il se contenta de lui prendre les mains, en soupirant :

— « Ah! ma pauvre Louise! »

Elle ne répondit pas. Elle le regarda profondément, pendant longtemps. Frédéric avait peur de manquer la voiture; il croyait entendre un roulement tout au loin, et, pour en finir :

— « Catherine m'a prévenu que tu avais quelque chose... »

— « Oui, c'est vrai! je voulais vous dire... »

Ce *vous* l'étonna, et, comme elle se taisait encore :

— « Eh bien, quoi? »

— « Je ne sais plus. J'ai oublié! Est-ce vrai que vous partez? »

— « Oui, tout à l'heure. »

Elle répéta :

— « Ah ! tout à l'heure ?... tout à fait?... nous ne nous reverrons plus? »

Des sanglots l'étouffaient.

— « Adieu ! adieu ! embrasse-moi donc ! »

Et elle le serra dans ses bras, avec emportement.

DEUXIÈME PARTIE

I

Quand il fut à sa place, dans le coupé, au fond, et que la diligence s'ébranla, emportée par les cinq chevaux détalant à la fois, il sentit un débordement d'ivresse le submerger.

Comme un architecte qui fait le plan d'un palais, il arrangea, d'avance, sa vie. Il l'emplit de délicatesses et de splendeurs; elle montait jusqu'au ciel; une prodigalité de choses y apparaissait; et cette contemplation était si profonde, que les objets extérieurs avaient disparu.

Au bas de la côte de Sourdun, il s'aperçut de l'endroit où l'on était. On n'avait fait que cinq kilomètres, tout au plus! Il fut indigné. Il abattait le vasistas pour voir la route. Il demanda plusieurs fois au conducteur dans combien de temps, au juste, on arriverait. Il se calma cependant, et il restait dans son coin, les yeux ouverts.

La lanterne, suspendue au siége du postillon, éclairait les croupes des limoniers. Il n'apercevait au delà que les crinières des autres chevaux qui ondulaient comme des vagues blanches; leurs haleines formaient un brouillard de chaque côté de l'attelage: les chaînettes de fer sonnaient, les glaces tremblaient dans leur châssis, et la lourde voiture, d'un train égal, roulait sur le pavé. Çà et là, on distinguait le mur d'une grange, ou bien une auberge, toute seule. Parfois, en passant dans les villages, le four d'un boulanger projetait une lueur d'incendie, et la silhouette monstrueuse des chevaux courait sur l'autre maison en face. Aux relais, quand on avait dételé, il se faisait un grand silence, pendant une minute. Quelqu'un piétinait en haut, sous la bâche, tandis qu'au seuil d'une porte, une femme, debout, abritait sa chandelle avec sa main. Puis, le conducteur sautant sur le marchepied, la diligence repartait.

A Mormans, on entendit sonner une heure et un quart.

— « C'est donc aujourd'hui, » pensa-t-il, « aujourd'hui même, tantôt ! »

Mais, peu à peu ses espérances et ses souvenirs,

Nogent, la rue de Choiseul, Mme Arnoux, sa mère, tout se confondait.

Un bruit sourd de planches le réveilla, on traversait le pont de Charenton, c'était Paris. Alors, ses deux compagnons, ôtant l'un sa casquette, l'autre son foulard, se couvrirent de leur chapeau et causèrent. Le premier, un gros homme rouge, en redingote de velours, était un négociant; le second venait dans la capitale pour consulter un médecin; — et, craignant de l'avoir incommodé pendant la nuit, Frédéric lui fit spontanément des excuses, tant il avait l'âme attendrie par le bonheur.

Mais, le quai de la gare se trouvant inondé, sans doute, on continua tout droit, et la campagne recommença. Au loin, de hautes cheminées d'usines fumaient.

Puis on tourna dans Ivry. On monta une rue: tout à coup il aperçut le dôme du Panthéon.

La plaine, bouleversée, semblait de vagues ruines. L'enceinte des fortifications y faisait un renflement horizontal; et, sur les trottoirs en terre qui bordaient la route, de petits arbres sans branches étaient défendus par des lattes hérissées de clous. Des établissements de produits chimiques alternaient avec des chantiers de marchands de bois. De hautes portes, comme il y en a dans les fermes, laissaient voir, par leurs battants entr'ouverts, l'intérieur d'ignobles cours pleines d'immondices, avec des flaques d'eau sale, au milieu. De longs cabarets, couleur sang de bœuf, portaient à leur premier étage, entre les fenêtres, deux queues de billard en sautoir dans une couronne de fleurs peintes; çà et là, une bicoque de plâtre à moitié construite était abandonnée. Puis la double ligne des maisons ne discontinua plus; et, sur la nudité de leurs façades, se détachait, de loin en loin, un gigantesque cigare de fer-blanc, pour indiquer un débit de tabac. Des enseignes de sage-femme représentaient une matrone en bonnet, dodelinant un poupon dans une courte-pointe garnie de dentelles. Des affiches couvraient l'angle des murs, et, aux trois quarts déchirées, tremblaient au vent comme des guenilles. Des ouvriers en blouse passaient, et des haquets de brasseurs, des fourgons de blanchisseuses, des carrioles de bouchers; une pluie fine tombait, il faisait froid, le ciel était pâle, mais deux yeux qui valaient pour lui le soleil resplendissaient derrière la brume.

On s'arrêta longtemps à la barrière, car des coquetiers, des rouliers et un troupeau de moutons y faisaient de l'encombrement. Le factionnaire, la capote rabattue, allait et venait devant sa guérite pour se réchauffer. Le commis de l'octroi grimpa sur l'impériale, et une fanfare de cornet à piston éclata.

On descendit le boulevard au grand trot, les palonniers battants, les traits flottants. La mèche du long fouet claquait dans l'air humide. Le conducteur lançait son cri sonore : « Allume! allume! ohé! » et les balayeurs se rangeaient, les piétons sautaient en arrière, la boue jaillissait contre les vasistas, on croisait des tombereaux, des cabriolets, des omnibus. Enfin la grille du Jardin des plantes se déploya.

La Seine, jaunâtre, touchait presque au tablier des ponts. Une fraîcheur s'en exhalait. Frédéric l'aspira de toutes ses forces, savourant ce bon air de Paris qui semble contenir des effluves amoureuses et des émanations intellectuelles; il eut un attendrissement en apercevant le premier fiacre. Et il aimait jusqu'au seuil des marchands de vin garni de paille, jusqu'aux décrotteurs avec leurs boîtes, jusqu'aux garçons épiciers secouant leur brûloir à café. Des femmes trottaient sous des parapluies; il se penchait pour distinguer leur figure; un hasard pouvait avoir fait sortir Mme Arnoux.

Les boutiques défilaient, la foule augmentait, le bruit devenait plus fort. Après le quai Saint-Bernard, le quai de la Tournelle et le quai Montebello, on prit le quai Napoléon; il voulut voir ses fenêtres, elles étaient loin. Puis on repassa la Seine sur le Pont-Neuf, on descendit jusqu'au Louvre; et, par les rues Saint-Honoré, Croix-des-Petits-Champs et du Bouloi, on atteignit la rue Coq-Héron, et l'on entra dans la cour de l'hôtel.

Pour faire durer son plaisir, Frédéric s'habilla le plus lentement possible, et même il se rendit à pied au boulevard Montmartre; il souriait à l'idée de revoir, tout à l'heure, sur la plaque de marbre le nom chéri; — il leva les yeux. Plus de vitrines, plus de tableaux, rien!

Il courut à la rue de Choiseul. M. et Mme Arnoux n'y habitaient pas, et une voisine gardait la loge du portier; Frédéric l'attendit, enfin il parut, ce n'était plus le même. Il ne savait point leur adresse.

Frédéric entra dans un café, et, tout en déjeunant, consulta l'Almanach du Commerce. Il y avait trois cents Arnoux, mais pas de Jacques Arnoux! Où donc logeaient-ils?

Pellerin devait le savoir.

Il se transporta tout en haut du faubourg Poissonnière, à son atelier. La porte n'ayant ni sonnette ni marteau, il donna de grands coups de poing, et il appela, cria. Le vide seul répondit.

Il songea ensuite à Hussonnet. Mais où découvrir un pareil homme? Une fois, il l'avait accompagné jusqu'à la maison de sa maîtresse, rue de Fleurus. Parvenu dans la rue de Fleurus, Frédéric s'aperçut qu'il ignorait le nom de la demoiselle.

Il eut recours à la Préfecture de police. Il erra

d'escalier en escalier, de bureau en bureau. Celui des renseignements se fermait. On lui dit de repasser le lendemain.

Puis il entra chez tous les marchands de tableaux qu'il put découvrir, pour savoir si l'on ne connaissait point Arnoux. M. Arnoux ne faisait plus le commerce.

Enfin, découragé, harassé, malade, il s'en revint à son hôtel, et se coucha. Au moment où il s'allongeait entre ses draps, une idée le fit bondir de joie :

— « Regimbart! quel imbécile je suis de n'y avoir pas songé! »

Le lendemain, dès sept heures, il arriva rue Notre-Dame-des-Victoires devant la boutique d'un rogomiste, où Regimbart avait coutume de prendre le vin blanc. Elle n'était pas encore ouverte; il fit un tour de promenade aux environs, et, au bout d'une demi-heure, s'y présenta de nouveau. Regimbart en sortait. Frédéric s'élança dans la rue. Il crut même apercevoir au loin son chapeau; mais un corbillard et des voitures de deuil s'interposèrent. L'embarras passé, la vision avait disparu.

Heureusement, il se rappela que le Citoyen déjeunait tous les jours à onze heures précises chez un petit restaurateur de la place Gaillon. Il s'agissait de patienter; et, après une interminable flânerie de la Bourse à la Madeleine, et de la Madeleine au Gymnase,

Frédéric, à onze heures précises, entra dans le restaurant de la place Gaillon, sûr d'y trouver son Regimbart.

— « Connais pas! » dit le gargotier d'un ton rogue.

Frédéric insistait; il reprit :

— « Je ne le connais plus, monsieur! » avec un haussement de sourcils majestueux et des oscillations de la tête, qui décelaient un mystère.

Mais, dans leur dernière entrevue, le Citoyen avait parlé de l'estaminet Alexandre. Frédéric avala une brioche, et, sautant dans un cabriolet, s'enquit près du cocher s'il n'y avait point quelque part, sur les hauteurs de Sainte-Geneviève, un certain café Alexandre. Le cocher le conduisit rue des Francs-Bourgeois-Saint-Michel dans un établissement de ce nom-là, et à sa question : « M. Regimbart, s'il vous plaît? » le cafetier lui répondit, avec un sourire extra-gracieux :

— « Nous ne l'avons pas encore vu, monsieur, » tandis qu'il jetait à son épouse, assise dans le comptoir, un regard d'intelligence.

Et aussitôt, se tournant vers l'horloge :

— « Mais nous l'aurons, j'espère, d'ici à dix minutes, un quart d'heure tout au plus. — Célestin, vite les feuilles! — Qu'est-ce que monsieur désire prendre? »

Frédéric, quoique n'ayant besoin de rien prendre,

avala un verre de rhum, puis un verre de kirsch, puis un verre de curaçao, puis différents grogs, tant froids que chauds. Il lut tout *le Siècle* du jour, et le relut; il examina, jusque dans les grains du papier, la caricature du *Charivari*; à la fin, il savait par cœur les annonces. De temps à autre, des bottes résonnaient sur le trottoir, c'était lui! et la forme de quelqu'un se profilait sur les carreaux; mais cela passait toujours!

Afin de se désennuyer, Frédéric changeait de place; il alla se mettre dans le fond, puis à droite, ensuite à gauche; et il restait au milieu de la banquette, les deux bras étendus. Mais un chat, foulant délicatement le velours du dossier, lui faisait des peurs en bondissant, tout à coup, pour lécher les taches de sirop sur le plateau; et l'enfant de la maison, un intolérable mioche de quatre ans, jouait avec une crécelle sur les marches du comptoir. Sa maman, petite femme pâlotte à dents gâtées, souriait d'un air stupide. Que pouvait donc faire Regimbart? Frédéric l'attendait, perdu dans une détresse illimitée.

La pluie sonnait, comme grêle, sur la capote du cabriolet. Par l'écartement du rideau de mousseline, il apercevait dans la rue le pauvre cheval, plus immobile qu'un cheval de bois. Le ruisseau, devenu énorme, coulait entre deux rayons des roues, et le cocher, s'abritant de la couverture, sommeillait; mais, craignant que son bourgeois ne s'esquivât, de temps à autre, il entr'ouvrait la porte, tout ruisselant comme un fleuve; — et, si les regards pouvaient user les choses, Frédéric aurait dissous l'horloge à force d'attacher dessus les yeux. Elle marchait, cependant. Le sieur Alexandre se promenait de long en large, en répétant : « Il va venir, allez! il va venir! » et, pour le distraire, lui tenait des discours, parlait politique. Il poussa même la complaisance jusqu'à lui proposer une partie de dominos.

Enfin, à quatre heures et demie, Frédéric, qui était là depuis midi, se leva d'un bond, déclarant qu'il n'attendait plus.

— « Je n'y comprends rien moi-même, » répondit le cafetier d'un air candide, « c'est la première fois que manque M. Ledoux! »

— « Comment, M. Ledoux? »

— « Mais oui, monsieur! »

— « J'ai dit Regimbart! » s'écria Frédéric exaspéré.

— « Ah! mille excuses! vous faites erreur! — N'est-ce pas, madame Alexandre, monsieur a dit : M. Ledoux? »

Et, interpellant le garçon :

— « Vous l'avez entendu, vous-même, comme moi? »

Mais le garçon, pour se venger de son maître, sans doute, se contenta de sourire.

Frédéric se fit ramener vers les boulevards, indigné du temps perdu, furieux contre le Citoyen, implorant sa présence comme celle d'un dieu, et bien résolu à l'extraire du fond des caves les plus lointaines. Sa voiture l'agaçait, il la renvoya; ses idées se brouillaient; puis tous les noms des cafés qu'il avait entendu prononcer par cet imbécile jaillirent de sa mémoire, à la fois, comme les mille pièces d'un feu d'artifice: café Gascard, café Grimbert, café Halbout, estaminet Bordelais, Havanais, Havrais, Bœuf à la mode, brasserie Allemande, Mère Morel; et il se transporta dans tous successivement. Mais, dans l'un, Regimbart venait de sortir; dans un autre, il viendrait peut-être; dans un troisième, on ne l'avait pas vu depuis six mois; ailleurs, il avait commandé, hier, un gigot pour samedi. Enfin, chez Vautier, limonadier, Frédéric, ouvrant la porte, se heurta contre le garçon.

— « Connaissez-vous M. Regimbart? »

— « Comment, monsieur, si je le connais? C'est moi qui ai l'honneur de le servir. Il est en haut; il achève de dîner! »

Et, sa serviette sous le bras, le maître de l'établissement, lui-même, l'aborda :

— « Vous demandez M. Regimbart, monsieur? il était ici, à l'instant. »

Frédéric poussa un juron, mais le limonadier affirma qu'il le trouverait chez Bouttevilain, infailliblement.

— « Je vous en donne ma parole d'honneur! il est parti un peu plus tôt que de coutume, car il a un rendez-vous d'affaires avec des messieurs. Mais vous le trouverez, je vous le répète, chez Bouttevilain, rue Saint-Martin, 92, deuxième perron, à gauche, fond de la cour, entre-sol, porte à droite! »

Enfin, il l'aperçut à travers la fumée des pipes, seul, au fond de l'arrière-buvette, après le billard, une chope devant lui, le menton baissé et dans une attitude méditative.

— « Ah! il y a longtemps que je vous cherchais, vous! »

Sans s'émouvoir, Regimbart lui tendit deux doigts seulement, et, comme s'il l'avait vu la veille, débita quelques phrases insignifiantes sur l'ouverture de la session.

Frédéric l'interrompit, en lui disant, de l'air le plus naturel qu'il put :

— « Arnoux va bien? »

La réponse fut longue à venir, Regimbart se gargarisait avec son liquide.

— « Oui, pas mal! »

— « Où demeure-t-il donc, maintenant? »

— « Mais... rue Paradis-Poissonnière, » répondit le Citoyen étonné.

— « Quel numéro ? »

— « Trente-sept, parbleu, vous êtes drôle! »

Frédéric se leva :

— « Comment, vous partez? »

— « Oui, oui, j'ai une course, une affaire que j'oubliais! Adieu! »

Frédéric alla de l'estaminet chez Arnoux, comme soulevé par un vent tiède et avec l'aisance extraordinaire que l'on éprouve dans les songes. Il se trouva bientôt à un second étage, devant une porte dont la sonnette retentissait; une servante parut; une seconde porte s'ouvrit; Mme Arnoux était assise près du feu. Arnoux fit un bond, et l'embrassa.

Elle avait sur ses genoux un petit garçon de trois ans, à peu près; sa fille, grande comme elle maintenant, se tenait debout, de l'autre côté de la cheminée.

— « Permettez-moi de vous présenter ce monsieur-là, » dit Arnoux, en prenant son fils par les aisselles.

Et il s'amusa quelques minutes à le faire sauter en l'air, très-haut, pour le recevoir au bout de ses bras.

— « Tu vas le tuer! ah! mon Dieu! finis donc! » s'écriait Mme Arnoux.

Mais Arnoux, jurant qu'il n'y avait pas de danger, continuait, et même zézéyait des caresses en patois marseillais, son langage natal. « Ah! brave pichoûn, mon poulit rossignolet... » Puis il demanda à Frédéric pourquoi il avait été si longtemps sans leur écrire, ce qu'il avait pu faire là-bas, ce qui le ramenait.

— « Moi, à présent, cher ami, je suis marchand de faïences. Mais causons de vous! »

Frédéric allégua un long procès, la santé de sa mère; il insista beaucoup là-dessus, afin de se rendre intéressant. Bref, il se fixait à Paris, définitivement cette fois; et il ne dit rien de l'héritage, — dans la peur de nuire à son passé.

Les rideaux, comme les meubles, étaient en damas de laine marron; deux oreillers se touchaient contre le traversin; une bouillotte chauffait dans les charbons, et l'abat-jour de la lampe, posé au bord de la commode, assombrissait l'appartement. Mme Arnoux avait une robe de chambre en mérinos gros bleu. Le regard tourné vers les cendres et une main sur l'épaule du petit garçon, elle défaisait, de l'autre, le lacet de sa brassière; le mioche en chemise pleurait tout en se grattant la tête, comme M. Alexandre fils.

Frédéric s'était attendu à des spasmes de joie; — mais les passions s'étiolent quand on les dépayse, et, ne retrouvant plus Mme Arnoux dans le milieu où il l'avait connue, elle lui semblait avoir perdu quelque chose, porter confusément comme une dégradation, enfin n'être pas la même. Le calme de son cœur le stupéfiait.

Il s'informa des anciens amis, de Pellerin, entre autres.

— « Je ne le vois pas souvent, » dit Arnoux.

Elle ajouta :

— « Nous ne recevons plus, comme autrefois ! »

Était-ce pour l'avertir qu'on ne lui ferait aucune invitation ?

Mais Arnoux, poursuivant ses cordialités, lui reprocha de n'être pas venu dîner avec eux, à l'improviste : et il expliqua pourquoi il avait changé d'industrie.

— « Que voulez-vous faire dans une époque de décadence comme la nôtre ? la grande peinture est passée de mode ! D'ailleurs, on peut mettre de l'art partout. Vous savez, moi, j'aime le Beau ! il faudra un de ces jours que je vous mène à ma fabrique. »

Et il voulut lui montrer, immédiatement, quelques-uns de ses produits dans son magasin à l'entre-sol.

Les plats, les soupières, les assiettes et les cuvettes encombraient le plancher. Contre les murs étaient dressés de larges carreaux de pavage pour salles de bain et cabinets de toilette, avec sujets mythologiques dans le style de la renaissance, tandis qu'au milieu une double étagère, montant jusqu'au plafond, supportait des vases à contenir la glace, des pots à fleurs, des candélabres, de petites jardinières et de grandes statuettes polychromes figurant un nègre ou une bergère pompadour. Les démonstrations d'Arnoux ennuyaient Frédéric, qui avait froid et faim.

Il courut au café Anglais, y soupa splendidement, et, tout en mangeant, il se disait :

— « J'étais bien bon là-bas, avec mes douleurs! à peine si elle m'a reconnu! quelle bourgeoise! »

Et, dans un brusque épanouissement de santé, il se fit des résolutions d'égoïsme. Il se sentait le cœur dur comme la table où ses coudes posaient. Donc, il pouvait, maintenant, se jeter au milieu du monde, sans peur. L'idée des Dambreuse lui vint; il les utiliserait; puis il se rappela Deslauriers. « Ah! ma foi, tant pis! » Cependant, il lui envoya, par un commissionnaire, un billet lui donnant rendez-vous le lendemain au Palais-Royal, afin de déjeuner ensemble.

La fortune n'était pas si douce pour celui-là.

Il s'était présenté au concours d'agrégation avec une thèse *sur le droit de tester,* où il soutenait qu'on devait le restreindre autant que possible; — et, son adversaire l'excitant à lui faire dire des sottises, il en avait dit beaucoup, sans que les examinateurs bronchassent. Puis le hasard avait voulu qu'il tirât au sort, pour sujet de leçon, la Prescription. Alors, Deslauriers s'était livré à des théories déplorables: les vieilles contestations devaient se produire comme les nouvelles; pourquoi le propriétaire serait-il privé de son bien parce qu'il n'en peut fournir les titres qu'après trente et un ans révolus? C'était donner la sécurité de l'honnête homme à l'héritier du voleur enrichi. Toutes les injustices étaient consacrées par une extension de ce droit, qui était la tyrannie, l'abus de la force! Il s'était même écrié :

— « Abolissons-le, et les Franks ne pèseront plus sur les Gaulois, les Anglais sur les Irlandais, les Yankees sur les Peaux-Rouges, les Turcs sur les Arabes, les blancs sur les nègres, la Pologne... »

Le président l'avait interrompu :

— « Bien! bien! monsieur! nous n'avons que faire de vos opinions politiques, vous vous représenterez plus tard! »

Deslauriers n'avait pas voulu se représenter. Mais ce malheureux titre xx du IIIe livre du Code civil était devenu pour lui une montagne d'achoppement. Il élaborait un grand ouvrage sur *la prescription considérée comme base du droit civil et du droit naturel des peuples*, et il était perdu dans Dunod, Rogérius, Balbus, Merlin, Vazeille, Savigny, Troplong, et autres lectures considérables. Afin de s'y livrer plus à l'aise, il s'était démis de sa place de maître clerc. Il vivait en donnant des répétitions, en fabriquant des thèses, et, aux séances de la Parlotte, il effrayait par sa virulence le parti conservateur, tous les jeunes doctrinaires issus de M. Guizot, si bien qu'il avait, dans un certain monde, une espèce de célébrité quelque peu mêlée de défiance pour sa personne.

Il arriva au rendez-vous, portant un gros paletot doublé de flanelle rouge, comme celui de Sénécal autrefois.

Le respect humain, à cause du public qui passait, les empêcha de s'étreindre longuement, et ils allèrent jusque chez Véfour, bras dessus, bras dessous, en ricanant de plaisir, avec une larme au bord des yeux. Puis, dès qu'ils furent seuls, Deslauriers s'écria :

— « Ah! saprelotte, nous allons nous la repasser douce, maintenant! »

Frédéric n'aima point cette manière de s'associer, tout de suite, à sa fortune. Son ami témoignait trop de joie pour eux deux et pas assez pour lui seul.

Ensuite, Deslauriers conta son échec, et peu à peu ses travaux, son existence, parlant de lui-même stoïquement et des autres avec aigreur. Tout lui déplaisait. Pas un homme en place qui ne fût un crétin ou une canaille. Pour un verre mal rincé, il s'emporta contre le garçon; et, sur le reproche anodin de Frédéric :

— « Comme si j'allais me gêner pour de pareils cocos, qui vous gagnent jusqu'à des six et huit mille francs par an, qui sont électeurs, éligibles peut-être, ah non, non! »

Puis, d'un air enjoué :

— « Mais j'oublie que je parle à un capitaliste, à un Mondor, car tu es un Mondor, maintenant! »

Et, revenant sur l'héritage, il exprima cette idée : que les successions collatérales (chose injuste en soi, bien qu'il se réjouît de celle-là) seraient abolies, un de ces jours, à la prochaine révolution.

— « Tu crois? » dit Frédéric.

— « Compte dessus! » répondit-il. « Ça ne peut pas durer! on souffre trop! Quand je vois dans la misère des gens comme Sénécal... »

— « Toujours le Sénécal! » pensa Frédéric.

— « Quoi de neuf, du reste? es-tu encore amoureux de madame Arnoux? C'est passé, hein? »

Frédéric, ne sachant que répondre, ferma les yeux en baissant la tête.

A propos d'Arnoux, Deslauriers lui apprit que son journal appartenait maintenant à Hussonnet, lequel l'avait transformé. Cela s'appelait « *L'Art*, institut littéraire, société par actions de cent francs chacune; capital social : quarante mille francs », avec la faculté pour chaque actionnaire de pousser là sa copie; car « la société a pour but de publier les œuvres des débutants, d'épargner au talent, au génie peut-être, les crises douloureuses qui abreuvent, etc..., tu vois la blague! » Il y avait cependant quelque chose à faire, c'était de hausser le ton de ladite feuille, puis tout à coup, gardant les mêmes rédacteurs et promettant la suite du feuilleton, de servir aux abonnés un journal politique : les avances ne seraient pas énormes.

— « Qu'en penses-tu, voyons? veux-tu t'y mettre? »

Frédéric ne repoussa pas la proposition. Mais il fallait attendre le règlement de ses affaires.

— « Alors, si tu as besoin de quelque chose... »

— « Merci, mon petit, » dit Deslauriers.

Ensuite, ils fumèrent des puros, accoudés sur la planche de velours, au bord de la fenêtre. Le soleil brillait, l'air était doux, des troupes d'oiseaux, voletant, s'abattaient dans le jardin; les statues de bronze et de marbre, lavées par la pluie, miroitaient; des bonnes en tablier causaient assises sur des chaises, et l'on entendait les rires des enfants, avec le murmure continu que faisait la gerbe du jet d'eau.

Frédéric s'était senti troublé par l'amertume de Deslauriers; mais, sous l'influence du vin qui circulait dans ses veines, à moitié endormi, engourdi, et recevant la lumière en plein visage, il n'éprouvait plus qu'un immense bien-être voluptueusement stupide, comme une plante saturée de chaleur et d'humidité. Deslauriers, les paupières entre-closes, regardait au loin, vaguement. Sa poitrine se gonflait, et il se mit à dire :

— « Ah ! c'était plus beau, quand Camille Desmoulins, debout là-bas, sur une table, poussait le peuple à la Bastille ! On vivait dans ce temps-là, on pouvait s'affirmer, prouver sa force ! De simples avocats commandaient à des généraux, des va-nu-pieds battaient les rois, tandis qu'à présent... »

Il se tut, puis tout à coup :

— « Bah ! l'avenir est gros ! »

Et, tambourinant la charge sur les vitres, il déclama ces vers de Barthélemy :

Elle reparaîtra, la terrible Assemblée
Dont, après quarante ans, votre tête est troublée,
Colosse qui sans peur marche d'un pas puissant.

— « Je ne sais plus le reste ! Mais il est tard, si nous partions ? »

Et il continua, dans la rue, à exposer ses théories.

Frédéric, sans l'écouter, observait à la devanture des marchands les étoffes et les meubles convenables pour son installation ; et ce fut peut-être la pensée de Mme Arnoux qui le fit s'arrêter à l'étalage d'un brocanteur, devant trois assiettes de faïence. Elles étaient décorées d'arabesques jaunes, à reflets métalliques, et valaient cent écus la pièce. Il les fit mettre de côté.

— « Moi, à ta place, » dit Deslauriers, « je m'achèterais plutôt de l'argenterie, » décelant, par cet amour du cossu, l'homme de mince origine.

Dès qu'il fut seul, Frédéric se rendit chez le célèbre Pomadère, où il se commanda trois pantalons, deux habits, une pelisse de fourrure et cinq gilets : puis chez un bottier, chez un chemisier, et chez un chapelier, ordonnant partout qu'on se hâtât le plus possible.

Trois jours après, le soir, à son retour du Havre, il trouva chez lui sa garde-robe complète ; et, impatient de s'en servir, il résolut de faire à l'instant même une visite aux Dambreuse. Mais il était trop tôt, huit heures à peine.

— « Si j'allais chez les autres ? » se dit-il.

Arnoux, seul, devant sa glace, était en train de se raser. Il lui proposa de le conduire dans un endroit où il s'amuserait, et, au nom de M. Dambreuse :

— « Ah ! ça se trouve bien ! Vous verrez là de ses amis ; venez donc ! ce sera drôle ! »

Frédéric s'excusait, Mme Arnoux reconnut sa voix et lui souhaita le bonjour à travers la cloison, car sa fille était indisposée, elle-même souffrante ; et l'on entendait le bruit d'une cuiller contre un verre, et tout ce frémissement de choses délicatement remuées qui se fait dans la chambre d'un malade.

Puis Arnoux disparut pour dire adieu à sa femme. Il entassait les raisons :

— « Tu sais bien que c'est sérieux! il faut que j'y aille, j'y ai besoin, on m'attend. »

— « Va, va, mon ami. Amuse-toi ! »

Arnoux refusa de monter dans la voiture, trop petite pour ses projets; il héla un fiacre.

« Palais-Royal ! galerie Montpensier, 7. »

Et, se laissant tomber sur les coussins :

— « Ah! comme je suis las, mon cher! j'en crèverai. Du reste, je peux bien vous le dire, à vous. »

Il se pencha vers son oreille, mystérieusement :

— « Je cherche à retrouver le rouge de cuivre des Chinois. »

Et il expliqua ce qu'étaient la couverte et le petit-feu.

Arrivé chez Chevet, on lui remit une grande corbeille, qu'il fit porter sur le fiacre. Puis il choisit pour « sa pauvre femme » du raisin, des ananas, différentes curiosités de bouche, et recommanda qu'elles fussent envoyées de bonne heure le lendemain.

Ils allèrent ensuite chez un costumier; — c'était d'un bal qu'il s'agissait. — Arnoux prit une culotte de velours bleu, une veste pareille, une perruque rouge; Frédéric un domino; et ils descendirent rue de Laval, devant une maison illuminée au second étage par des lanternes de couleur.

Dès le bas de l'escalier, on entendait le bruit des violons.

— « Où diable me menez-vous? » dit Frédéric.

— « Chez une bonne fille! n'ayez pas peur! »

Un groom leur ouvrit la porte et ils entrèrent dans l'antichambre, où des paletots, des manteaux et des châles étaient jetés en pile sur des chaises. Une jeune femme, en costume de dragon Louis XV, le traversait en ce moment-là. C'était Mlle Rose-Annette Bron, la maîtresse du lieu.

— « Eh bien? » dit Arnoux.

— « C'est fait! » répondit-elle.

— « Ah! merci, mon ange! »

Et il voulut l'embrasser.

— « Prends donc garde, imbécile! tu vas gâter mon maquillage! »

Arnoux présenta Frédéric.

— « Tapez là dedans, monsieur, soyez le bienvenu! »

Elle écarta une portière derrière elle, et se mit à crier emphatiquement :

— « Le sieur Arnoux, marmiton, et un prince de ses amis! »

Frédéric fut d'abord ébloui par les lumières; il

n'aperçut que de la soie, du velours, des épaules nues, une masse de couleurs qui se balançait aux sons d'un orchestre caché par des verdures, entre des murailles tendues de soie jaune, avec des portraits au pastel, çà et là, et des torchères de cristal en style Louis XVI. De hautes lampes, dont les globes dépolis ressemblaient à des boules de neige, dominaient des corbeilles de fleurs, posées sur des consoles, dans les coins ; — et, en face, après une seconde pièce plus petite, on distinguait dans une troisième un lit à colonnes torses, ayant une glace de Venise à son chevet.

Mais les danses s'arrêtèrent, et il y eut des applaudissements, un vacarme de joie, à la vue d'Arnoux s'avançant avec son panier sur la tête; les victuailles faisaient bosse au milieu. — « Gare au lustre! » Frédéric leva les yeux : c'était le lustre en vieux Saxe qui ornait la boutique de *l'Art industriel;* le souvenir des anciens jours passa dans sa mémoire ; mais un fantassin de la ligne en petite tenue, avec cet air nigaud que la tradition donne aux conscrits, se planta devant lui, en écartant les deux bras pour marquer l'étonnement ; et il reconnut, malgré les effroyables moustaches noires extra-pointues qui le défiguraient, son ancien ami Hussonnet. Dans un charabia moitié alsacien, moitié nègre, le bohème l'accablait de félicitations, l'appelant son colonel.

Frédéric, décontenancé par toutes ces personnes, ne savait que répondre. Mais, un archet ayant frappé sur un pupitre, danseurs et danseuses se mirent en place.

Ils étaient une soixantaine environ, les femmes pour la plupart en villageoises ou en marquises, et les hommes, presque tous d'âge mûr, en costumes de roulier, de débardeur ou de matelot.

Frédéric, s'étant rangé contre le mur, observa le quadrille devant lui.

Un vieux beau, vêtu, comme un doge vénitien, d'une longue simarre de soie pourpre, dansait avec Mme Rosanette, qui portait un habit vert, une culotte de tricot et des bottes molles à éperons d'or. Le couple en face se composait d'un Arnaute chargé de yatagans et d'une Suissesse aux yeux bleus, blanche comme du lait, potelée comme une caille, en manches de chemise et corset rouge. Pour faire valoir sa chevelure qui lui descendait jusqu'aux jarrets, une grande blonde, marcheuse à l'Opéra, s'était mise en femme sauvage ; et, par-dessus son maillot de couleur brune, n'avait qu'un pagne de cuir, des bracelets de verroterie, et un diadème de clinquant, d'où s'élevait une haute gerbe en plumes de paon. Devant elle, un Pritchard, affublé d'un habit noir grotestement large, battait la mesure avec son coude sur sa tabatière. Un petit berger-Watteau, azur et argent comme un clair de lune, choquait sa houlette contre le thyrse d'une Bacchante, couronnée de raisins, une peau de léopard sur le flanc gauche et des cothurnes à rubans d'or. De l'autre côté, une Polonaise, en spencer de velours nacarat, balançait son jupon de gaze sur ses bas de soie gris-perle, pris dans des bottines roses cerclées de fourrure blanche. Elle souriait à un quadragénaire ventru, déguisé en enfant de chœur, et qui gambadait très-haut, levant d'une main son surplis et retenant de l'autre sa calotte rouge. Mais la reine, l'étoile, c'était Mademoiselle Loulou, célèbre danseuse des bals publics. Comme elle se trouvait riche maintenant, elle portait une large collerette de dentelle sur sa veste de velours noir uni, et son large pantalon de soie ponceau, collant sur la croupe et serré à la taille par une écharpe de cachemire, avait, tout le long de la couture, des petits camellias blancs, naturels. Sa mine pâle, un peu bouffie et à nez retroussé, semblait plus insolente encore par l'ébouriffure de sa perruque où tenait un chapeau d'homme en feutre gris, plié d'un coup de poing sur l'oreille droite ; et, dans les bonds qu'elle faisait, ses escarpins à boucles de diamants atteignaient presque au nez de son voisin, un grand Baron moyen âge tout empêtré dans une armure de fer. Il y avait aussi un Ange, un glaive d'or à la main, deux ailes de cygne dans le dos, et qui, allant, venant, perdant à toute minute son cavalier, un Louis XIV, ne comprenait rien aux figures et embarrassait la contredanse.

Frédéric, en regardant ces personnes, éprouvait un sentiment d'abandon, un malaise. Il songeait encore à Mme Arnoux, et il lui semblait participer à quelque chose d'hostile se tramant contre elle.

Quand le quadrille fut achevé, Mme Rosanette l'aborda. Elle haletait un peu, et son hausse-col, poli comme un miroir, se soulevait doucement sous son menton.

— « Et vous, monsieur, » dit-elle, « vous ne dansez pas ? »

Frédéric s'excusa, il ne savait pas danser.

— « Vraiment ? mais avec moi ? bien sûr ? »

Et, posée sur une seule hanche, l'autre genou un peu rentré, en caressant de la main gauche le pommeau de nacre de son épée, elle le considéra pendant une minute, d'un air moitié suppliant, moitié gouailleur. Enfin elle dit « Bonsoir ! » fit une pirouette et disparut.

Frédéric, mécontent de lui-même, et ne sachant que faire, se mit à errer dans le bal.

Il entra dans le boudoir, capitonné de soie bleu pâle avec des bouquets de fleur des champs, tandis qu'au plafond, dans un cercle de bois doré, des Amours, émergeant d'un ciel d'azur, batifolaient sur des nuages en forme d'édredon. Ces élégances, qui seraient aujourd'hui des misères pour les pareilles de Rosanette, l'éblouirent; et il admira tout : les volubilis artificiels ornant le contour de la glace, les rideaux de la cheminée, le divan turc, et, dans un renfoncement de la muraille, une manière de tente tapissée de soie rose, avec de la mousseline blanche par-dessus. Des meubles noirs, à marqueterie de cuivre, garnissaient la chambre à coucher, où se dressait, sur une estrade couverte d'une peau de cygne, le grand lit à baldaquin et à plumes d'autruche. Des épingles à tête de pierreries fichées dans des pelotes, des bagues traînant sur des plateaux, des médaillons à cercle d'or et des coffrets d'argent se distinguaient dans l'ombre, sous la lueur qu'épanchait une urne de Bohême, suspendue à trois chaînettes. Par une petite porte entre-bâillée, on apercevait une serre chaude occupant toute la largeur d'une terrasse, et que terminait une volière à l'autre bout.

C'était bien là un milieu fait pour lui plaire. Dans une brusque révolte de sa jeunesse, il se jura d'en jouir, s'enhardit; puis, revenu à l'entrée du salon, où il y avait plus de monde maintenant (tout s'agitait dans une sorte de pulvérulence lumineuse), il resta debout à contempler les quadrilles, clignant les yeux pour mieux voir, — et humant les molles senteurs de femmes qui circulaient comme un immense baiser épandu.

Mais il y avait près de lui, de l'autre côté de la porte, Pellerin ; — Pellerin en grande toilette, le bras gauche dans la poitrine et tenant de la droite, avec son chapeau, un gant blanc, déchiré.

— « Tiens, il y a longtemps qu'on ne vous a vu ! Où diable étiez-vous donc? parti en voyage, en Italie ? — Poncif, hein, l'Italie? pas si raide qu'on dit? N'importe! apportez-moi vos esquisses, un de ces jours! »

Et, sans attendre sa réponse, l'artiste se mit à parler de lui-même.

Il avait fait beaucoup de progrès, ayant reconnu définitivement la bêtise de la Ligne. On ne devait pas tant s'enquérir de la Beauté et de l'Unité, dans une œuvre, que du caractère et de la diversité des choses.

— « Car tout existe dans la nature, donc tout est légitime, tout est plastique! Il s'agit seulement d'attraper la note, voilà. J'ai découvert le secret. » Et, lui donnant un coup de coude, il répéta plusieurs fois : — « J'ai découvert le secret, vous voyez! Ainsi, regardez-moi cette petite femme à coiffure de sphinx qui danse avec un postillon russe, c'est net, sec, arrêté, tout en méplats et en tons crus : de l'indigo sous les yeux, une plaque de cinabre à la joue, du bistre sur les tempes; pif! paf! » Et il jetait, avec le pouce, comme des coups de pinceau dans l'air. — « Tandis que la grosse, là-bas, » continua-t-il en montrant une Poissarde, en robe de soie cerise avec une croix d'or au cou et un fichu de linon noué dans le dos, — « rien que des rondeurs; les narines s'épatent comme les deux ailes de son bonnet, les coins de la bouche se relèvent, le menton s'abaisse, tout est gras, fondu, copieux, tranquille et soleillant, un vrai Rubens! Elles sont parfaites, cependant! Où est le type, alors? » Il s'échauffait. — « Qu'est-ce qu'une belle femme? Qu'est-ce que le beau? Ah! le beau! me direz-vous... »

Frédéric l'interrompit pour savoir ce qu'était un Pierrot à profil de bouc, en train de bénir tous les danseurs, au milieu d'une pastourelle.

— « Rien du tout! un veuf, père de trois garçons. Il les laisse sans culottes, passe sa vie au club, et couche avec la bonne. »

— « Et celui-là, costumé en bailli, qui parle dans l'embrasure de la fenêtre à une marquise Pompadour?

— « La marquise, c'est Mme Vandaël, l'ancienne actrice du Gymnase, la maîtresse du Doge, le comte de Palazot. Voilà vingt ans qu'ils sont ensemble; on ne sait pourquoi! Avait-elle de beaux yeux, autrefois, cette femme-là ! Quant au citoyen près d'elle, on le nomme le capitaine d'Herbigny, un vieux de la vieille, qui n'a pour toute fortune que sa croix d'honneur et sa pension, sert d'oncle aux grisettes dans les solennités, arrange les duels et dîne en ville.

— « Une canaille? » dit Frédéric.

— « Non! un honnête homme ! »

— « Ah! »

L'artiste lui en nomma d'autres encore, quand, apercevant un monsieur qui portait comme les médecins de Molière une grande robe de serge noire, mais bien ouverte de haut en bas, afin de montrer toutes ses breloques :

— « Ceci vous représente le docteur Des Rogis, enragé de n'être pas célèbre; a écrit un livre de pornographie médicale, cire volontiers les bottes dans le grand monde, est discret; ces dames l'adorent. Lui et son épouse (cette maigre châtelaine en robe grise) se trimbalent ensemble dans tous les endroits publics, et autres. Malgré la gêne du ménage, on a un jour, — thés artistiques où il se dit des vers. — Attention ! »

En effet, le docteur les aborda; et bientôt ils formèrent, tous les trois, à l'entrée du salon, un groupe de causeurs, où vint s'adjoindre Hussonnet, puis l'amant de la Femme sauvage, un jeune poëte, exhibant, sous son court mantel à la François Ier, la plus piètre des anatomies, et enfin un garçon d'esprit, déguisé en Turc de barrière. Mais sa veste à galons jaunes avait si bien voyagé sur le dos des dentistes ambulants, son large pantalon à plis était d'un rouge si déteint, son turban roulé comme une anguille à la tartare d'un aspect si pauvre, tout son costume enfin tellement déplorable et réussi, que les femmes ne dissimulaient pas leur dégoût. Le docteur l'en consola par de grands éloges sur la Débardeuse sa maîtresse. Ce Turc était fils d'un banquier.

Entre deux quadrilles, Rosanette se dirigea vers la cheminée, où était installé, dans un fauteuil, un petit vieillard replet, en habit marron, à boutons d'or. Malgré ses joues flétries qui tombaient sur sa haute cravate blanche, ses cheveux encore blonds, et frisés naturellement comme les poils d'un caniche, lui donnaient quelque chose de folâtre.

Elle l'écouta, penchée vers son visage. Ensuite, elle lui accommoda un verre de sirop ; — et rien n'était mignon comme ses mains sous leurs manches de dentelles qui dépassaient les parements de l'habit vert. Quand le bonhomme eut bu, il les baisa.

— « Mais c'est M. Oudry, le voisin d'Arnoux ! »

— « Il l'a perdu, » dit en riant Pellerin.

— « Comment ? »

Un Postillon de Longjumeau la saisit par la taille, une valse commençait. Alors, toutes les femmes, assises autour du salon sur les banquettes, se levèrent à la file, prestement; et leurs jupes, leurs écharpes, leurs coiffures se mirent à tourner.

Elles tournaient si près de lui, que Frédéric distinguait les gouttelettes de leur front; — et ce mouvement giratoire de plus en plus vif et régulier, vertigineux, communiquant à sa pensée une sorte d'ivresse, y faisait surgir d'autres images, tandis que toutes passaient dans le même éblouissement, et chacune avec une excitation particulière selon le genre de sa beauté. La Polonaise, qui s'abandonnait d'une façon langoureuse, lui inspirait l'envie de la tenir contre son cœur, en filant tous les deux dans un traîneau sur une plaine couverte de neige. Des horizons de volupté tranquille, au bord d'un lac, dans un chalet, se déroulaient sous les pas de la Suissesse, qui valsait le torse droit et les paupières baissées. Puis, tout à coup, la Bacchante, penchant en arrière sa tête brune, le faisait rêver à des caresses dévoratrices, dans des bois de lauriers-roses, par un temps d'orage, au bruit confus des tambourins. La Poissarde, que la mesure trop rapide essoufflait, poussait des rires; et il aurait voulu, buvant avec elle aux Porcherons, chiffonner à pleines mains son fichu, comme au bon vieux temps. Mais la Débardeuse, dont les orteils légers effleuraient à peine le parquet, semblait recéler dans la souplesse de ses membres et le sérieux de son visage tous les raffinements de l'amour moderne, qui a la justesse d'une science et la mobilité d'un oiseau. Rosanette tournait, le poing sur la hanche; sa perruque à marteau, sautillant sur son collet, envoyait de la poudre d'iris autour d'elle; et, à chaque tour, du bout de ses éperons d'or, elle manquait d'attraper Frédéric.

Au dernier accord de la valse, Mlle Vatnaz parut. Elle avait un mouchoir algérien sur la tête, beaucoup de piastres sur le front, de l'antimoine au bord des yeux, avec une espèce de paletot en cachemire noir tombant sur un jupon clair, lamé d'argent, et elle tenait un tambour de basque à la main.

Derrière son dos marchait un grand garçon, dans le costume classique du Dante, et qui était (elle ne s'en cachait plus, maintenant) l'ancien chanteur de l'Alhambra, — lequel, s'appelant Auguste Delamarre, s'était fait appeler primitivement Anténor Dellamare, puis Delmas, puis Belmar, et enfin Delmar, modifiant ainsi et perfectionnant son nom, d'après sa gloire croissante, car il avait quitté le bastringue pour le théâtre, et venait même de débuter bruyamment, à l'Ambigu, dans *Gaspardo le Pêcheur*.

Hussonnet, en l'apercevant, se renfrogna. Depuis qu'on avait refusé sa pièce, il exécrait les comédiens. On n'imaginait pas la vanité de ces Messieurs, de celui-là, surtout! « Quel poseur, voyez donc! »

En effet, après un léger salut à Rosanette, Delmar s'était adossé à la cheminée; et il restait immobile, une main sur le cœur, le pied gauche en avant, les yeux au ciel, avec sa couronne de lauriers dorés par-dessus son capuchon, tout en s'efforçant de mettre dans son regard beaucoup de poésie, pour fasciner mieux les dames. On faisait, de loin, un grand cercle autour de lui.

Mais la Vatnaz, quand elle eut embrassé longuement Rosanette, s'en vint prier Hussonnet de revoir, sous le point de vue du style, un ouvrage d'éducation qu'elle voulait publier : *la Guirlande des Jeunes Personnes*, recueil de littérature et de morale. L'homme de lettres promit son concours. Alors, elle lui demanda s'il ne pourrait pas, dans une des feuilles où il avait accès, faire mousser quelque peu son ami, et même lui confier plus tard un rôle. Hussonnet en oublia de prendre un verre de punch.

C'était Arnoux qui l'avait fabriqué; et, suivi par le groom du Comte portant un plateau vide, il l'offrait aux personnes avec satisfaction.

Quand il vint à passer devant M. Oudry, Rosanette l'arrêta.

— « Eh bien, et cette affaire? »

Il rougit quelque peu; enfin, s'adressant au bonhomme :

— « Notre amie m'a dit que vous auriez l'obligeance... »

— « Comment donc, mon voisin! tout à vous. »

Et le nom de M. Dambreuse fut prononcé; mais, comme ils s'entretenaient à demi-voix, Frédéric les entendait confusément; il se porta vers l'autre coin de la cheminée, où Rosanette et Delmar causaient ensemble.

Le cabotin avait une mine vulgaire, faite comme les décors de théâtre pour être contemplée à distance, des mains épaisses, de grands pieds, une mâchoire lourde; et il dénigrait les acteurs les plus illustres, traitait de haut les poëtes, disait : « mon organe, mon physique, mes moyens », en émaillant son discours de mots peu intelligibles pour lui-même, et qu'il affectionnait, tels que « morbidezza, analogue et homogénéité. »

Elle l'écoutait avec de petits mouvements de tête approbatifs. On voyait l'admiration s'épanouir sous le fard de ses joues, et quelque chose d'humide passait comme un voile sur ses yeux clairs, d'une indéfinissable couleur. Comment un pareil homme pouvait-il la charmer? Frédéric s'excitait intérieurement à le mépriser encore plus, pour bannir, peut-être, l'espèce d'envie qu'il lui portait.

Mlle Vatnaz était maintenant avec Arnoux; et, tout en riant très-haut, de temps à autre, elle jetait un coup d'œil sur son amie, que M. Oudry ne perdait pas de vue.

Puis Arnoux et la Vatnaz disparurent; le bonhomme vint parler bas à Rosanette.

— « Eh bien, oui, oui! c'est convenu ! Laissez-moi tranquille. »

Et elle pria Frédéric d'aller voir dans la cuisine si M. Arnoux n'y était pas.

Un bataillon de verres à moitié pleins couvrait le plancher; et les casseroles, les marmites, la turbotière, la poêle à frire sautaient. Arnoux commandait aux domestiques en les tutoyant, battait la rémolade, goûtait les sauces, rigolait avec la bonne.

— « Bien, dit-il, avertissez-la! Je fais servir. »

On ne dansait plus, les femmes venaient de se rasseoir, les hommes se promenaient. Au milieu du salon, un des rideaux tendu sur une fenêtre se bombait au vent; et la Sphinx, malgré les observations de tout le monde, exposait au courant d'air ses bras en sueur. Où donc était Rosanette? Frédéric la chercha plus loin, jusque dans le boudoir et dans la chambre. Quelques-uns, pour être seuls, ou deux à deux, s'y étaient réfugiés. L'ombre et les chuchotements se mêlaient. Il y avait de petits rires sous des mouchoirs, et l'on entrevoyait au bord des corsages des frissonnements d'éventails, lents et doux comme des battements d'aile d'oiseau blessé.

En entrant dans la serre, il vit, sous les larges feuilles d'un caladium, près le jet d'eau, Delmar couché à plat ventre sur le canapé de toile; Rosanette, assise près de lui, avait la main passée dans ses cheveux; et ils se regardaient. Au même moment, Arnoux entra par l'autre côté, celui de la volière. Delmar se leva d'un bond, puis il sortit à pas tranquilles sans se retourner; et même, il s'arrêta près de la porte, pour cueillir une fleur d'hibiscus dont il garnit sa boutonnière.

Rosanette pencha le visage; Frédéric, qui la voyait de profil, s'aperçut qu'elle pleurait.

— « Tiens! qu'as-tu donc? » dit Arnoux.

Elle haussa les épaules, sans répondre.

— « Est-ce à cause de lui? » reprit-il.

Elle étendit le bras autour de son cou, et, le baisant au front, lentement :

— « Tu sais bien que je t'aimerai toujours, mon gros. N'y pensons plus! Allons souper! »

Un lustre de cuivre à quarante bougies éclairait la salle, dont les murailles disparaissaient sous de vieilles faïences accrochées; et cette lumière crue, tombant d'aplomb, rendait plus blanc encore, parmi les hors-d'œuvre et les fruits, un gigantesque turbot occupant le milieu de la nappe, bordée par des assiettes pleines de potage à la bisque. Alors, toutes à la fois, avec un froufrou d'étoffes, les femmes, tassant leurs jupes, leurs manches et leurs écharpes, s'assirent les unes près des autres; les hommes, debout, s'établirent dans les angles. Pellerin et M. Oudry furent placés près de Rosanette; Arnoux était en face. Palazot et son amie venaient de partir.

— « Bon voyage! » dit-elle, « attaquons! »

Et l'Enfant de chœur, homme facétieux, en faisant un grand signe de croix, commença le *Benedicite*.

Les dames furent scandalisées, et principalement la Poissarde, mère d'une fille dont elle voulait faire une femme honnête. Arnoux, non plus, « n'aimait pas ça », trouvant qu'on devait respecter la religion.

Mais une horloge allemande, munie d'un coq, carillonnant deux heures, provoqua sur le coucou force plaisanteries. Toute sorte de propos s'ensuivirent : calembours, anecdotes, vantardises, gageures, mensonges tenus pour vrais, assertions improbables, un tumulte de paroles qui bientôt s'éparpilla en conversations particulières. Les vins circulaient, les plats se succédaient, le docteur découpait. On se lançait de loin une orange, un bouchon; on quittait sa place pour causer avec quelqu'un. Souvent Rosanette se tournait vers Delmar, immobile derrière elle; Pellerin bavardait, M. Oudry souriait. Mlle Vatnaz mangea presque à elle seule le buisson d'écrevisses, et les carapaces sonnaient sous ses longues dents. L'Ange, posée sur le tabouret du piano (seul endroit où ses ailes lui permissent de s'asseoir), mastiquait placidement, sans discontinuer.

— « Quelle fourchette! » répétait l'Enfant de chœur ébahi, « quelle fourchette! »

Et la Sphinx buvait de l'eau-de-vie, criait à plein gosier, se démenait comme un démon. Tout à coup ses joues s'enflèrent, et, ne résistant plus au sang qui l'étouffait, elle porta sa serviette contre ses lèvres, puis la jeta sous la table.

Frédéric l'avait vue.

— « Ce n'est rien! »

Et, à ses instances pour partir et se soigner, elle répondit lentemeent :

— « Bah! à quoi bon? autant ça qu'autre chose! la vie n'est pas si drôle! »

Alors, il frissonna, pris d'une tristesse glaciale, comme s'il avait aperçu des mondes entiers de misère et de désespoir, un réchaud de charbon près d'un lit de sangle, et les cadavres de la Morgue en tablier de cuir, avec le robinet d'eau froide qui coule sur leurs cheveux.

Cependant, Hussonnet, accroupi aux pieds de la Femme sauvage, braillait d'une voix enrouée pour imiter l'acteur Grassot :

— « Ne sois pas cruelle, ô Celuta! cette petite fête de famille est charmante! Enivrez-moi de voluptés, mes amours! Folichonnons! folichonnons! »

Et il se mit à baiser les femmes sur l'épaule. Elles tressaillaient, piquées par ses moustaches; puis il imagina de casser contre sa tête une assiette, en la heurtant d'un petit coup. D'autres l'imitèrent; les morceaux de faïence volaient comme des ardoises par un grand vent, et la Débardeuse s'écria :

— « Ne vous gênez pas! ça ne coûte rien ! Le bourgeois qui en fabrique nous en cadote ! »

Tous les yeux se portèrent sur Arnoux. Il répliqua :

— « Ah! sur facture, permettez ! » tenant, sans doute, à passer pour n'être pas, ou n'être plus l'amant de Rosanette.

Mais deux voix furieuses s'élevèrent :

— « Imbécile ! »

— « Polisson ! »

— « A vos ordres ! »

— « Aux vôtres ! »

C'était le Chevalier moyen âge et le Postillon russe qui se disputaient ; celui-ci ayant soutenu que les armures dispensaient d'être brave, l'autre avait pris cela pour une injure. Il voulait se battre, tous s'interposaient, et le Capitaine, au milieu du tumulte, tâchait de se faire entendre.

— « Messieurs, écoutez-moi ! un mot ! J'ai de l'expérience, Messieurs ! »

Mais Rosanette, ayant frappé avec son couteau sur un verre, finit par obtenir du silence ; et, s'adressant au Chevalier qui gardait son casque, puis au Postillon coiffé d'un bonnet à longs poils :

— « Retirez d'abord votre casserole! ça m'échauffe ! — et vous, là-bas, votre tête de loup. — Voulez-vous bien m'obéir, saprelotte ! Regardez donc mes épaulettes ! Je suis votre maréchale ! »

Ils s'exécutèrent, et tous applaudirent en criant :

— « Vive la Maréchale ! vive la Maréchale ! »

Alors, elle prit sur le poêle une bouteille de vin de Champagne, et elle le versa de haut, dans les coupes qu'on lui tendait. Comme la table était trop large, les convives, les femmes surtout, se portèrent de son côté, en se dressant sur la pointe des pieds, sur les barreaux des chaises, ce qui forma pendant une minute un groupe pyramidal de coiffures, d'épaules nues, de bras tendus, de corps penchés ; — et de longs jets de vin rayonnaient dans tout cela, car le Pierrot et Arnoux, aux deux angles de la salle, lâchant chacun une bouteille, éclaboussaient les visages. Mais les petits oiseaux de la volière, dont on avait laissé la porte ouverte, envahirent la salle, tout effarouchés, voletant autour du lustre, se cognant contre les carreaux, contre les meubles, et quelques-uns, posés sur les têtes, faisaient au milieu des chevelures comme de larges fleurs.

Les musiciens étaient partis. On tira le piano de l'antichambre dans le salon. La Vatnaz s'y mit, et, accompagnée de l'Enfant de chœur qui battait du tambour de basque, elle entama une contredanse avec furie, tapant les touches comme un cheval qui piaffe, et se dandinant de la taille, pour mieux marquer la mesure. La Maréchale entraîna Frédéric, Hussonnet faisait la roue, la Débardeuse se disloquait comme un clown, le Pierrot avait des façons d'orang-outang, la Sauvagesse, les bras écartés, imitait l'oscillation d'une chaloupe. Enfin tous, n'en pouvant plus, s'arrêtèrent; et on ouvrit une fenêtre.

Le grand jour entra, avec la fraîcheur du matin. Il y eut une exclamation d'étonnement, puis un silence. Les flammes jaunes des bougies vacillaient, en faisant de temps à autre éclater leurs bobèches; des rubans, des fleurs et des perles jonchaient le parquet; des taches de punch et de sirop poissaient les consoles; les tentures étaient salies, les costumes frippés, poudreux; les nattes pendaient sur les épaules; et le maquillage, coulant avec la sueur, découvrait des faces blêmes, dont les paupières rouges clignotaient.

La Maréchale, fraîche comme au sortir d'un bain, avait les joues roses, les yeux brillants. Elle jeta au loin sa perruque; et ses cheveux tombèrent autour d'elle comme une toison, ne laissant voir de tout son vêtement que sa culotte, ce qui produisit un effet à la fois comique et gentil.

Cependant, la Sphinx, dont les dents claquaient de

fièvre, eut besoin d'un châle. Rosanette courut dans sa chambre pour le chercher, et, comme l'autre la suivait, elle lui ferma la porte au nez, vivement.

Le Turc observa, tout haut, qu'on n'avait pas vu sortir M. Oudry. Aucun ne releva cette malice, tant on était fatigué.

Puis, en attendant les voitures, on s'embobelina dans les capelines et les manteaux. Sept heures sonnèrent. L'Ange était toujours dans la salle, attablée devant une compote de beurre et de sardines; et la Poissarde, près d'elle, fumait des cigarettes, tout en lui donnant des conseils sur l'existence.

Enfin, les fiacres étant survenus, les invités s'en allèrent. Hussonnet, employé dans une correspondance pour la province, devait lire avant son déjeuner cinquante-trois journaux; la Sauvagesse avait une répétition à son théâtre, Pellerin un modèle, l'Enfant de chœur trois rendez-vous. Mais l'Ange, envahie par les premiers symptômes d'une indigestion, ne put se lever. Le Baron moyen âge la porta jusqu'au fiacre.

— « Prends garde à ses ailes! » cria par la fenêtre la Débardeuse.

On était sur le palier quand Mlle Vatnaz dit à Rosanette :

— « Adieu, chère! C'était très-bien, ta soirée. »

Puis, se penchant à son oreille :

— « Garde-le! »

— « Jusqu'à des temps meilleurs, » reprit la Maréchale en tournant le dos, lentement.

Arnoux et Frédéric s'en revinrent ensemble, comme ils étaient venus. Mais le marchand de faïence avait un air tellement sombre, que son compagnon le crut indisposé.

— « Moi? pas du tout! »

Cependant, il se mordait la moustache, fronçait les sourcils, et Frédéric lui demanda si ce n'étaient pas ses affaires qui le tourmentaient.

— « Nullement! »

Puis tout à coup :

— « Vous le connaissiez, n'est-ce pas, le père Oudry? »

Et, avec une expression de rancune :

— « Il est riche, le vieux gredin! »

Ensuite, Arnoux parla d'une cuisson importante que l'on devait finir aujourd'hui, à sa fabrique. Il voulait la voir. Le train partait dans une heure.

— « Il faut cependant que j'aille embrasser ma femme. »

— « Ah! sa femme! » pensa Frédéric.

Puis il se coucha, avec une douleur intolérable à l'occiput; et il but une carafe d'eau, pour calmer sa soif.

Une autre soif lui était venue, celle des femmes, du luxe et de tout ce que comporte l'existence parisienne. Il se sentait quelque peu étourdi, comme un homme qui descend d'un vaisseau; et, dans l'hallucination du premier sommeil, il voyait passer et repasser continuellement les épaules de la Poissarde, les reins de la Débardeuse, les mollets de la Polonaise, la chevelure de la Sauvagesse; puis deux grands yeux noirs, qui n'étaient pas dans le bal, parurent; et, légers comme des papillons, ardents comme des torches, ils allaient, venaient, vibraient, montaient dans la corniche, descendaient jusqu'à sa bouche. Frédéric s'acharnait à reconnaître ces yeux sans y parvenir. Mais déjà le rêve l'avait pris; il lui semblait qu'il était attelé près d'Arnoux, au timon d'un fiacre, et que la Maréchale, à califourchon sur lui, l'éventrait avec ses éperons d'or.

I

Frédéric trouva, au coin de la rue Rumfort, un petit hôtel, et il s'acheta, tout à la fois, le coupé, le cheval, les meubles, et deux jardinières prises chez Arnoux, pour mettre aux deux coins de la porte dans son salon. Derrière cet appartement étaient une chambre et un cabinet. L'idée lui vint d'y loger Deslauriers. Mais comment la recevrait-il, *elle*, sa maîtresse future? La présence d'un ami serait une gêne. Il abattit le refend pour agrandir le salon, et fit du cabinet un fumoir.

Il s'acheta ensuite tous les poëtes qu'il aimait, des Voyages, des Atlas, des Dictionnaires, car il avait des plans de travail sans nombre; il pressait les ouvriers, courait les magasins, et, dans son impatience de jouir, emportait tout sans marchander.

Mais, d'après les notes des fournisseurs, Frédéric

s'aperçut qu'il aurait à débourser prochainement une quarantaine de mille francs, non compris les droits de succession, lesquels dépasseraient trente sept mille; or, comme sa fortune était en biens territoriaux, il écrivit au notaire du Havre d'en vendre ou d'en hypothéquer une partie, pour se libérer de ses dettes et avoir quelque argent à sa disposition. Puis, voulant connaître enfin cette chose vague, miroitante et indéfinissable qu'on appelle le monde, il demanda par un billet aux Dambreuse s'ils pouvaient le recevoir. Madame répondit qu'elle espérait sa visite le lendemain.

C'était jour de réception. Des voitures stationnaient dans la cour. Deux valets se précipitèrent sous la marquise, et un troisième, au haut de l'escalier, se mit à marcher devant lui.

Il traversa une antichambre, une seconde pièce, puis un grand salon à hautes fenêtres, et dont la cheminée monumentale supportait une pendule en forme de sphère, avec deux vases de porcelaine monstrueux où se hérissaient, comme deux buissons d'or, deux faisceaux de bobèches. Des tableaux dans la manière de l'Espagnolet étaient appendus contre les murs; les lourdes portières en tapisserie tombaient majestueusement, et les fauteuils, les consoles, les tables, tout le mobilier, qui était de style Empire, avait quelque chose d'imposant et de diplomatique. On se sentait là très-loin de la foule, et plus séparé d'elle que dans une forteresse. Frédéric souriait de plaisir, malgré lui.

Enfin il arriva dans un appartement ovale, lambrissé de bois de rose, bourré de meubles mignons, et qu'éclairait une seule glace donnant sur un jardin. Mme Dambreuse était auprès du feu, une douzaine de personnes formant cercle autour d'elle ; avec un mot aimable, elle lui fit signe de s'asseoir, mais sans paraître surprise de ne l'avoir pas vu depuis longtemps.

On vantait, quand il entra, l'éloquence de l'abbé Cœur. Puis on déplora l'immoralité des domestiques, à propos d'un vol commis par un valet de chambre, et les cancans se déroulèrent. La vieille dame de Sommery avait un rhume, Mlle de Tourvisot se mariait, les Montcharron ne reviendraient pas avant la fin de janvier, les Bretancourt non plus, maintenant on restait tard à la campagne ; et la misère des propos se trouvait comme renforcée par le luxe des choses ambiantes ; mais ce qu'on disait était moins stupide que la manière de causer, sans but, sans suite et sans animation. Il y avait là, cependant, des hommes versés dans la vie, un ancien ministre, le curé d'une grande paroisse, deux ou trois hauts fonctionnaires du gouvernement ; ils s'en tenaient aux lieux communs les plus rebattus. Quelques-uns ressemblaient à des douairières fatiguées, d'autres avaient des tournures de maquignon; et des vieillards accompagnaient leurs femmes, dont ils auraient pu se faire passer pour les grands-pères.

Mme Dambreuse les recevait tous avec grâce. Dès qu'on parlait d'un malade, elle fronçait les sourcils douloureusement, et prenait un air joyeux s'il était question de bals ou de soirées. Elle serait bientôt contrainte de s'en priver, car elle allait faire sortir de pension une nièce de son mari, une orpheline, trop jeune encore pour la mener dans le monde. On exalta son dévouement; c'était se conduire en véritable mère de famille.

Frédéric l'observait. La peau mate de son visage paraissait tendue, et d'une fraîcheur sans éclat, comme celle d'un fruit conservé. Mais ses cheveux, tirebouchonnés à l'anglaise, étaient plus fins que de la soie, ses yeux d'un azur brillant, et tous ses gestes délicats. Assise au fond, sur la causeuse, elle caressait les floches rouges d'un écran japonais, pour faire valoir ses mains, sans doute, de longues mains étroites, un peu maigres, avec des doigts retroussés par le bout. Elle portait une robe de moire grise, à corsage montant, comme une puritaine.

Frédéric lui demanda si elle ne viendrait pas cette année à la Fortelle. Mme Dambreuse n'en savait rien. Il concevait cela, du reste : Nogent devait l'ennuyer. Mais les visites augmentaient. C'était un bruissement continu de robes sur le tapis ; les dames, posées au bord des chaises, poussaient de petits ricanements, articulaient deux ou trois mots, et, au bout de cinq minutes, partaient avec leurs jeunes filles. Bientôt la conversation fut impossible à suivre, et Frédéric se retirait quand Mme Dambreuse lui dit :

— « Tous les mercredis, n'est-ce pas, monsieur Moreau? » rachetant par cette seule phrase ce qu'elle avait montré d'indifférence.

Il était content. Néanmoins, il huma dans la rue une large bouffée d'air; et, par besoin, sans doute, d'un milieu moins artificiel, Frédéric se ressouvint qu'il devait une visite à la Maréchale.

La porte de l'antichambre était ouverte. Deux bichons havanais accoururent. Une voix cria :

— « Delphine! Delphine ! — Est-ce vous, Félix ? »

Il se tenait sans avancer; les deux petits chiens jappaient toujours. Enfin Rosanette parut, enveloppée dans une sorte de peignoir en mousseline blanche garnie de dentelles, et pieds nus dans des babouches.

— « Ah ! pardon, monsieur! Je vous prenais pour le coiffeur. Une minute ! je reviens ! »

Et il resta seul dans la salle à manger.

Les persiennes en étaient closes. Frédéric la parcourait des yeux en se rappelant le tapage de l'autre nuit, lorsqu'il remarqua au milieu, sur la table, un chapeau d'homme, un vieux feutre bossué, gras, immonde. A qui donc ce chapeau? Montrant impudemment sa coiffe décousue, il semblait dire : « Je m'en moque, après tout! Je suis le maître... »

La Maréchale survint. Elle le prit, ouvrit la serre, l'y jeta, referma la porte (d'autres portes, en même temps, s'ouvraient et se refermaient), et, ayant fait passer Frédéric par la cuisine, elle l'introduisit dans son cabinet de toilette.

On voyait, tout de suite, que c'était l'endroit de la maison le plus hanté, et comme son vrai centre moral. Une perse à grands feuillages tapissait les murs, les fauteuils et un vaste divan élastique; sur une table de marbre blanc s'espaçaient deux larges cuvettes en faïence bleue; des planches de cristal formant étagère au-dessus étaient encombrées par des fioles, des brosses, des peignes, des bâtons de cosmétique, des boites à poudre; le feu se mirait dans une haute psyché, un drap pendait en dehors d'une baignoire et des senteurs de pâte d'amandes et de benjoin s'exhalaient.

— « Vous excuserez le désordre! Ce soir, je dîne en ville. »

Et, comme elle tournait sur ses talons, elle faillit écraser un des petits chiens. Frédéric les déclara charmants. Elle les souleva tous les deux, et, haussant jusqu'à lui leur museau noir :

— « Voyons, faites une risette, baisez le monsieur. »

Un homme, habillé d'une sale redingote à collet de fourrure, entra brusquement.

— « Félix, mon brave, » dit-elle, « vous aurez votre affaire dimanche prochain, sans faute. »

Et l'homme se mit à la coiffer.

Il lui apprenait des nouvelles de ses amies, Mme de Rochegune, Mme de Saint-Florentin, Mme de Liébard, toutes étant nobles comme à l'hôtel Dambreuse. Puis il causa théâtres; on donnait le soir à l'Ambigu une représentation extraordinaire.

— « Irez-vous? »

— « Ma foi, non! Je reste chez moi. »

Delphine parut. Tout de suite, elle la gronda pour être sortie sans sa permission. L'autre jura qu'elle « rentrait du marché ».

— « Eh bien, apportez-moi votre livre! — Vous permettez, n'est-ce pas? »

Et, lisant à demi-voix le cahier, Rosanette faisait des observations sur chaque article. L'addition était fausse.

— « Rendez-moi quatre sous. »

Delphine les rendit, et, quand elle l'eut congédiée :

— « Ah! Sainte Vierge! est-on assez malheureux avec ces gens-là ! »

Frédéric fut choqué de cette récrimination. Elle lui rappelait trop les autres, et établissait entre les deux maisons une sorte d'égalité fâcheuse.

Mais Delphine, étant revenue, s'approcha de la Maréchale pour chuchoter un mot à son oreille.

— « Eh non ! je n'en veux pas ! »

Delphine se présenta de nouveau.

— « Madame, elle insiste. »

— « Ah ! quel embêtement ! Flanque-la dehors ! »

Au même instant, une vieille dame habillée de noir poussa la porte. Frédéric n'entendit rien, ne vit rien; Rosanette s'était précipitée dans la chambre, à sa rencontre.

Quand elle reparut, elle avait les pommettes rouges, et elle s'assit dans un des fauteuils, sans parler. Une larme tomba sur sa joue; puis, se tournant vers le jeune homme, doucement :

— « Quel est votre petit nom? »

— « Frédéric. »

— « Ah! Federico! ça ne vous gêne pas que je vous appelle comme ça? »

Et elle le regardait d'une façon câline, presque amoureuse. Tout à coup, elle poussa un cri de joie à la vue de Mlle Vatnaz.

La femme artiste n'avait pas de temps à perdre, devant, à six heures juste, présider sa table d'hôte; et elle haletait, n'en pouvait plus. D'abord, elle retira de son cabas une chaîne de montre avec un papier, puis différents objets, des acquisitions.

— « Tu sauras qu'il y a, rue Joubert, des gants de

Suède à trente-six sous, magnifiques! Ton teinturier demande encore huit jours. Pour la guipure, j'ai dit qu'on repasserait. Bugneaux a reçu l'à-compte. Voilà tout, il me semble? C'est cent quatre-vingt-cinq francs que tu me dois! »

Rosanette alla prendre dans un tiroir dix napoléons. Aucune des deux n'avait de monnaie, Frédéric en offrit.

— « Je vous les rendrai, » dit la Vatnaz, en fourrant les quinze francs dans son sac. « Mais vous êtes un vilain. Je ne vous aime plus, vous ne m'avez pas fait danser, une seule fois, l'autre jour! — Ah! ma chère, j'ai découvert, quai Voltaire, à une boutique, un cadre d'oiseaux-mouches empaillés qui sont des amours. A ta place, je me les donnerais. Tiens! Comment trouves-tu? »

Et elle exhiba un vieux coupon de soie rose, qu'elle avait acheté au Temple pour faire un pourpoint moyen âge à Delmar.

— « Il est venu aujourd'hui, n'est-ce pas? »

— « Non! »

— « C'est singulier! »

Et, une minute après:

— « Où vas-tu, ce soir? »

— « Chez Alphonsine, » dit Rosanette; ce qui était la troisième version sur la manière dont elle devait passer la soirée.

Mlle Vatnaz reprit :

— « Et le vieux de la Montagne, quoi de neuf ? »

Mais, d'un brusque clin d'œil, la Maréchale lui commanda de se taire, et elle reconduisit Frédéric jusque dans l'antichambre, pour savoir s'il verrait bientôt Arnoux.

— « Priez-le donc de venir ; pas devant son épouse, bien entendu ! »

Au haut des marches, un parapluie était posé contre le mur, près d'une paire de socques.

— « Les caoutchoucs de la Vatnaz, » dit Rosanette. « Quel pied, hein ? Elle est forte, ma petite amie ! »

Et, d'un ton mélodramatique, en faisant rouler la dernière lettre du mot :

— « Ne pas s'y fierrr ! »

Frédéric, enhardi par cette espèce de confidence, voulut la baiser sur le col. Elle dit froidement :

— « Oh ! faites ! ça ne coûte rien ! »

Il était léger en sortant de là, ne doutant pas que la Maréchale ne devînt bientôt sa maîtresse. Ce désir en éveilla un autre ; et, malgré l'espèce de rancune qu'il lui gardait, il eut envie de voir Mme Arnoux.

D'ailleurs, il devait y aller pour la commission de Rosanette.

— « Mais, à présent, » songea-t-il (six heures sonnaient), « Arnoux est chez lui, sans doute. »

Il ajourna sa visite au lendemain.

Elle se tenait dans la même attitude que le premier jour, car elle cousait une chemise d'enfant. Le petit garçon, à ses pieds, jouait avec une ménagerie de bois, et Berthe, un peu plus loin, écrivait.

Il commença par la complimenter de ses enfants. Elle répondit sans aucune exagération de bêtise maternelle.

La chambre avait un aspect tranquille. Un beau soleil passait par les carreaux, les angles des meubles reluisaient, et, comme Mme Arnoux était assise auprès de la fenêtre, un grand rayon, frappant les accroche-cœurs de sa nuque, pénétrait d'un fluide d'or sa peau ambrée. Alors, il dit :

— « Voilà une jeune personne qui est devenue bien grande depuis trois ans ! — Vous rappelez-vous, Mademoiselle, quand vous dormiez sur mes genoux, dans la voiture ? » Berthe ne se rappelait pas. « Un soir, en revenant de Saint-Cloud ? »

Mme Arnoux eut un regard singulièrement triste. Était-ce pour lui défendre toute allusion à leur souvenir commun ?

Ses beaux yeux noirs, dont la sclérotique brillait, se mouvaient doucement sous leurs paupières un peu lourdes, et il y avait dans la profondeur de ses prunelles comme une bonté infinie. Il fut ressaisi par un amour plus fort que jamais, immense : c'était une contemplation qui l'engourdissait, il la secoua pourtant. Mais comment se faire valoir? par quels moyens? Et, ayant bien cherché, Frédéric ne trouva rien de mieux que l'argent. Il se mit à parler du temps, lequel était moins froid qu'au Havre.

— « Vous y avez été? »

— « Oui, pour une affaire... de famille... un héritage. »

— « Ah! j'en suis bien contente, » reprit-elle avec un air de plaisir tellement vrai, qu'il en fut touché comme d'un grand service.

Puis elle lui demanda ce qu'il voulait faire, un homme devant s'employer à quelque chose.

Il se rappela son mensonge et dit qu'il espérait parvenir au conseil d'État, grâce à M. Dambreuse, le député.

— « Vous le connaissez peut-être? »

— « De nom, seulement. »

Puis, d'une voix basse :

— « *Il* vous a mené au bal, l'autre jour, n'est-ce pas? »

Frédéric se taisait.

— « C'est ce que je voulais savoir, merci. »

Ensuite, elle lui fit deux ou trois questions discrètes sur sa famille et sa province. C'était bien aimable, d'être resté là-bas si longtemps, sans les oublier.

— « Mais..., le pouvais-je? » reprit-il. « En doutiez-vous? »

Alors, Mme Arnoux se leva.

— « Je crois que vous nous portez une bonne et solide affection. — Adieu,... au revoir ! »

Et elle tendit sa main d'une manière franche et virile.

N'était-ce pas un engagement, une promesse? Frédéric se sentait tout joyeux de vivre; il se retenait pour ne pas chanter, il avait besoin de se répandre, de faire des générosités et des aumônes. Il regarda autour de lui s'il n'y avait personne à secourir. Aucun misérable ne passait, et sa velléité de dévouement s'évanouit, car il n'était pas homme à en chercher au loin les occasions.

Puis il se ressouvint de ses amis. Le premier auquel il songea fut Hussonnet, le second Pellerin. La position infime de Dussardier commandait naturellement des égards; quant à Cisy, il se réjouissait de lui faire voir un peu sa fortune. Il écrivit donc à tous les quatre de venir pendre la crémaillère le dimanche suivant, à onze heures juste, et il chargea Deslauriers d'amener Sénécal.

Le répétiteur avait été congédié de son troisième pensionnat pour n'avoir point voulu de distribution de prix, usage qu'il regardait comme funeste à l'égalité. Il était maintenant chez un constructeur de machines, et n'habitait plus avec Deslauriers depuis six mois.

Leur séparation n'avait eu rien de pénible. Sénécal, dans les derniers temps, recevait des hommes en blouse, tous patriotes, tous travailleurs, tous braves gens, mais dont la compagnie semblait fastidieuse à l'avocat. D'ailleurs, certaines idées de son ami, excellentes comme armes de guerre, lui déplaisaient. Il s'en taisait par ambition, tenant à le ménager pour le conduire, car il attendait avec impatience un grand bouleversement où il comptait bien faire son trou, avoir sa place.

Les convictions de Sénécal étaient plus désintéressées.

Chaque soir, quand sa besogne était finie, il regagnait sa mansarde, et il cherchait dans les livres de quoi justifier ses rêves. Il avait annoté le *Contrat social*. Il se bourrait de la *Revue Indépendante*. Il connaissait Mably, Morelly, Fourier, Saint-Simon, Comte, Cabet, Louis Blanc, la lourde charretée des écrivains socialistes, ceux qui réclament pour l'humanité le niveau des casernes, ceux qui voudraient la divertir dans un lupanar ou la plier sur un comptoir; et, du mélange de tout cela, il s'était fait un idéal de démocratie vertueuse, ayant le double aspect d'une métairie et d'une filature, une sorte de Lacédémone américaine où l'individu n'existerait que pour servir la société, plus omnipotente, absolue, infaillible et divine que les Grands Lamas et les Nabuchodonosors. Il n'avait pas un doute sur l'éventualité prochaine de cette conception; et tout ce qu'il jugeait lui être hostile, Sénécal s'acharnait dessus, avec des raisonnements de géomètre et une bonne foi d'inquisiteur. Les titres nobiliaires, les croix, les panaches, les livrées, surtout, et même les réputations trop sonores le scandalisaient, — ses études comme ses souffrances avivant chaque jour sa haine essentielle de toute distinction ou supériorité quelconque.

Quand Deslauriers lui communiqua le billet de Frédéric, il répondit :

— « Qu'est-ce que je dois à ce monsieur pour lui faire des politesses? S'il voulait de moi, il pouvait venir! »

Deslauriers l'entraîna.

Ils trouvèrent leur ami dans sa chambre à coucher. Stores et doubles rideaux, glace de Venise, rien n'y manquait ; et Frédéric, en veste de velours, était renversé dans une bergère, où il fumait des cigarettes de tabac turc.

Sénécal se rembrunit, comme les cagots amenés dans les réunions de plaisir; Deslauriers embrassa tout d'un seul coup d'œil; puis, le saluant très-bas :

— « Monseigneur! je vous présente mes respects! »

Dussardier lui sauta au cou.

— « Vous êtes donc riche, maintenant? Ah! tant mieux, nom d'un chien, tant mieux! »

Cisy parut, avec un crêpe à son chapeau. Depuis la mort de sa grand'mère, il jouissait d'une fortune considérable, et tenait moins à s'amuser qu'à se distinguer des autres, à n'être pas comme tout le monde, enfin à « avoir du cachet ». C'était son mot.

Il était midi cependant, et tous bâillaient; Frédéric attendait quelqu'un.

Au nom d'Arnoux, Pellerin fit la grimace. Il le considérait comme un renégat depuis qu'il avait abandonné les arts.

— « Si l'on se passait de lui? qu'en dites-vous? »

Tous approuvèrent.

Un domestique en longues guêtres ouvrit la porte, et l'on aperçut la salle à manger avec sa haute plinthe en chêne relevé de filets d'or et ses deux dressoirs chargés de vaisselle. Les bouteilles de vin chauffaient sur le poêle; les lames des couteaux neufs miroitaient près des huîtres; il y avait dans le ton laiteux des verres-mousseline comme une douceur engageante, et la table disparaissait sous du gibier, des fruits, des choses extraordinaires. Ces attentions furent perdues pour Sénécal.

Il commença par demander du pain de ménage (le plus ferme possible), et, à ce propos, parla des meurtres de Buzançais et de la crise des subsistances.

Rien de tout cela ne serait survenu si on protégeait mieux l'agriculture, si tout n'était pas livré à la concurrence, à l'anarchie, à la déplorable maxime du « laissez faire, laissez passer » ! Voilà comme se constituait la féodalité de l'argent, pire que l'autre ! mais qu'on y prenne garde! le peuple, à la fin, se lassera, et pourrait faire payer ses souffrances aux détenteurs du capital, soit par de sanglantes proscriptions ou par le pillage de leurs hôtels.

Frédéric entrevit, dans un éclair, un flot d'hommes aux bras nus envahissant le grand salon de Mme Dambreuse, cassant les glaces à coups de pique.

Sénécal continuait; l'ouvrier, vu l'insuffisance des salaires, était plus malheureux que l'ilote, le nègre et le paria, s'il a des enfants surtout.

— « Doit-il s'en débarrasser par l'asphyxie, comme le lui conseille je ne sais plus quel docteur anglais, issu de Malthus? »

Et, se tournant vers Cisy :

— « En serons-nous réduits aux conseils de l'infâme Malthus? »

Cisy, qui ignorait l'infamie et même l'existence de Malthus, répondit qu'on secourait pourtant beaucoup de misères et que les classes élevées...

— « Ah! les classes élevées! » dit, en ricanant, le socialiste. « D'abord, il n'y a pas de classes élevées!

on n'est élevé que par le cœur! Nous ne voulons pas d'aumônes, entendez-vous! mais l'égalité, la juste répartition des produits. »

Ce qu'il demandait, c'est que l'ouvrier pût devenir capitaliste, comme le soldat colonel. Les jurandes, au moins, en limitant le nombre des apprentis, empêchaient l'encombrement des travailleurs, et le sentiment de la fraternité se trouvait entretenu par les fêtes, les bannières.

Hussonnet, comme poëte, regrettait les bannières; Pellerin aussi, prédilection qui lui était venue au café Dagneaux, en écoutant causer des phalanstériens. Il déclara Fourier un grand homme.

— « Allons donc! » dit Deslauriers. « Une vieille bête! qui voit dans les bouleversements d'empires des effets de la vengeance divine! C'est comme le sieur Saint-Simon et son Église, avec sa haine de la Révolution française : un tas de farceurs qui voudraient nous refaire le catholicisme! »

Alors, M. de Cisy, pour s'éclairer, sans doute, ou donner de lui une bonne opinion, se mit à dire doucement :

— « Ces deux savants ne sont donc pas de l'avis de Voltaire? »

— « Celui-là, je vous l'abandonne! » reprit Sénécal.

— « Comment? moi, je croyais... »

— « Eh non! il n'aimait pas le peuple! »

Puis la conversation descendit aux événements contemporains : les mariages espagnols, les dilapidations de Rochefort, le nouveau chapitre de Saint-Denis, ce qui amènerait un redoublement d'impôts. Selon Sénécal, on en payait assez, cependant!

— « Et pourquoi, mon Dieu? pour élever des palais aux singes du Muséum, faire parader sur nos places de brillants états-majors, ou soutenir, parmi les valets du château, une étiquette gothique! »

— « J'ai lu dans *la Mode*, » dit Cisy, « qu'à la Saint-Ferdinand, au bal des Tuileries, tout le monde était déguisé en chicards. »

— « Si ce n'est pas pitoyable! » fit le socialiste en haussant de dégoût les épaules.

— « Et le musée de Versailles! » s'écria Pellerin. « Parlons-en! Ces imbéciles-là ont raccourci un Delacroix et rallongé un Gros! Au Louvre, on a si bien restauré, gratté et tripoté toutes les toiles, que, dans dix ans, peut-être pas une ne restera. Quant aux erreurs du catalogue, un Allemand a écrit dessus tout un livre. Les étrangers, ma parole, se fichent de nous! »

— « Oui, nous sommes la risée de l'Europe, » dit Sénécal.

— « C'est parce que l'art est inféodé à la couronne. »

— « Tant que vous n'aurez pas le suffrage universel... »

— « Permettez! » car l'artiste refusé, depuis vingt ans, à tous les Salons était furieux contre le pouvoir. « Eh ! qu'on nous laisse tranquilles. Moi, je ne demande rien! seulement, les Chambres devraient statuer sur les intérêts de l'Art. Il faudraït établir une chaire d'esthétique, et dont le professeur, un homme à la fois praticien et philosophe, parviendrait, j'espère, à grouper la multitude. — Vous feriez bien, Hussonnet, de toucher un mot de ça dans votre journal ? »

— « Est-ce que les journaux sont libres ? est-ce que nous le sommes ? » dit Deslauriers avec emportement. « Quand on pense qu'il peut y avoir jusqu'à vingt-huit formalités pour établir un batelet sur une rivière, ça me donne envie d'aller vivre chez les anthropophages ! Le Gouvernement nous dévore ! Tout est à lui, la philosophie, le droit, les arts, l'air du ciel; et la France râle, énervée, sous la botte du gendarme et la soutane du calotin! »

Le futur Mirabeau épanchait ainsi sa bile, largement. Enfin, il prit son verre, se leva, et, le poing sur la hanche, l'œil allumé :

— « Je bois à la destruction complète de l'ordre

actuel, c'est-à-dire de tout ce qu'on nomme Privilége, Monopole, Direction, Hiérarchie, Autorité, État! » et, d'une voix plus haute : « que je voudrais briser comme ceci! » en lançant sur la table le beau verre à patte, qui se fracassa en mille morceaux.

Tous applaudirent, et Dussardier principalement. Le spectacle des injustices lui faisait bondir le cœur. Il s'inquiétait de Barbès; il était de ceux qui se jettent sous les voitures, pour porter secours aux chevaux tombés. Son érudition se bornait à deux ouvrages, l'un intitulé *Crimes des Rois*, l'autre *Mystères du Vatican*. Il avait écouté l'avocat, bouche béante, avec délices. Enfin, n'y tenant plus :

— « Moi, ce que je reproche à Louis-Philippe, c'est d'abandonner les Polonais. »

— « Un moment! » dit Hussonnet. « D'abord, la Pologne n'existe pas; c'est une invention de Lafayette! Les Polonais, règle générale, sont tous du faubourg Saint-Marceau, les véritables s'étant noyés avec Poniatowski.» Bref, « il ne donnait plus là dedans, » il était « revenu de tout ça! » C'était comme le serpent de mer, la révocation de l'édit de Nantes et « cette vieille blague de la Saint-Barthélemy »!

Sénécal, sans défendre les Polonais, releva les derniers mots de l'homme de lettres. On avait calomnié les papes, qui, après tout, défendaient le peuple; et il appelait la Ligue « l'aurore de la Démocratie, un grand mouvement égalitaire contre l'individualisme des protestants ».

Frédéric était un peu surpris par ces idées. Elles ennuyaient Cisy, probablement, car il mit la conversation sur les tableaux vivants du Gymnase, qui attiraient alors beaucoup de monde.

Sénécal s'en affligea. De tels spectacles corrompaient les filles du prolétaire; puis on les voyait étaler un luxe insolent. Aussi approuvait-il les étudiants bavarois qui avaient outragé Lola Montès. A l'instar de Rousseau, il faisait plus de cas de la femme d'un charbonnier que de la maîtresse d'un roi.

— « Vous blaguez les truffes! » répliqua majestueusement Hussonnet.

Et il prit la défense de ces dames, en faveur de Rosanette. Puis, comme il parlait de son bal et du costume d'Arnoux :

— « On prétend qu'il branle dans le manche? » dit Pellerin.

Le marchand de tableaux venait d'avoir un procès pour ses terrains de Belleville, et il était actuellement dans une compagnie de kaolin bas breton avec d'autres farceurs de son espèce.

Dussardier en savait davantage; car, son patron,

à lui, M. Moussinot, ayant été aux informations sur Arnoux près du banquier Oscar Lefebvre, celui-ci avait répondu qu'il le jugeait peu solide, connaissant quelques-uns de ses renouvellements.

Mais le dessert était fini; on passa dans le salon, tendu, comme celui de la Maréchale, en damas jaune, et de style Louis XVI.

Pellerin blâma Frédéric de n'avoir pas choisi, plutôt, le style néo-grec; Sénécal frotta des allumettes contre les tentures; Deslauriers ne fit aucune observation.

Il en fit dans la bibliothèque, qu'il appela une bibliothèque de petite fille. La plupart des littérateurs contemporains s'y trouvaient. Mais, il fut impossible de parler de leurs ouvrages, car Hussonnet, immédiatement, contait des anecdotes sur leurs personnes, critiquait leurs figures, leurs mœurs, leur costume, exaltant les esprits de quinzième ordre, dénigrant ceux du premier, et déplorant, bien entendu, la décadence moderne. Telle chansonnette de villageois contenait, à elle seule, plus de poésie que tous les lyriques du XIXe siècle, Balzac était surfait, Byron démoli, Hugo n'entendait rien au théâtre, etc.

— « Pourquoi donc, » dit Sénécal, « n'avez-vous pas les volumes de nos poëtes-ouvriers? »

Et M. de Cisy, qui s'occupait de littérature, s'étonna de ne pas voir sur la table de Frédéric

« quelques-unes de ces physiologies nouvelles, physiologie du fumeur, du pêcheur à la ligne, de l'employé de barrière ».

Enfin ils arrivèrent à l'agacer tellement, qu'il eut envie de les pousser dehors, par les épaules. « Mais je deviens bête! » Et, prenant Dussardier à l'écart, il lui demanda s'il pouvait le servir en quelque chose.

Le brave garçon fut attendri. Avec sa place de caissier, il n'avait besoin de rien.

Ensuite, Frédéric emmena Deslauriers dans sa chambre, et, tirant de son secrétaire deux mille francs :

— « Tiens, mon brave, empoche! C'est le reliquat de mes vieilles dettes. »

— « Mais... et le journal? » dit l'avocat. « J'en ai parlé à Hussonnet, tu sais bien. »

Et, Frédéric ayant répondu qu'il se trouvait « un peu gêné, maintenant », l'autre eut un mauvais sourire.

Après les liqueurs, on but de la bière; après la bière, des grogs; on refuma des pipes. Enfin, à cinq heures du soir, tous s'en allèrent; et ils marchaient les uns près des autres, sans parler, quand Dussardier se mit à dire que Frédéric les avait reçus parfaitement.

Tous en convinrent.

Cependant, Hussonnet déclara son déjeuner un peu trop lourd.

Alors, Sénécal critiqua la futilité de son intérieur. Cisy pensait de même. Cela manquait de « cachet », absolument.

— « Moi, je trouve, » dit Pellerin, « qu'il aurait bien pu me commander un tableau. »

Deslauriers se taisait, en tenant dans la poche de son pantalon ses billets de banque.

Frédéric était resté seul. Il pensait à ses amis, et sentait entre eux et lui comme un grand fossé plein d'ombre qui les séparait. Il leur avait tendu la main cependant, et ils n'avaient pas répondu à la franchise de son cœur.

Puis il se rappela les mots de Pellerin et de Dussardier sur Arnoux. C'était une invention, une calomnie sans doute? Mais pourquoi? Et il aperçut Mme Arnoux, ruinée, pleurant, vendant ses meubles. Cette idée le tourmenta toute la nuit; le lendemain, il se présenta chez elle.

Ne sachant comment s'y prendre pour communiquer ce qu'il savait, il lui demanda, en manière de conversation, si Arnoux avait toujours ses terrains de Belleville.

— « Oui, toujours. »

— « Il est maintenant dans une compagnie pour du kaolin de Bretagne, je crois? »

— « C'est vrai. »

— « Sa fabrique marche très-bien, n'est-ce pas? »

— « Mais... je le suppose. »

Et, comme il hésitait :

— « Qu'avez-vous donc? vous me faites peur! »

Alors, il lui apprit l'histoire des renouvellements. Elle baissa la tête, et dit :

— « Je m'en doutais! »

En effet, Arnoux, pour faire une bonne spéculation, s'était refusé à vendre ses terrains, avait emprunté dessus largement; puis, ne trouvant point d'acquéreurs, avait cru se rattraper par l'établissement d'une manufacture. Les frais avaient dépassé les devis. Elle n'en savait pas davantage ; il éludait toute question et affirmait continuellement que « ça allait très-bien ».

Frédéric tâcha de la rassurer. C'étaient peut-être des embarras momentanés. Du reste, s'il apprenait quelque chose, il lui en ferait part.

— « Oh! oui! n'est-ce pas? » dit-elle en joignant ses deux mains, avec un air de supplication charmant.

Il pouvait donc lui être utile. Le voilà qui entrait dans son existence, dans son cœur!

Arnoux parut.

— « Ah ! comme c'est gentil, de venir me prendre pour dîner ! »

Frédéric en resta muet.

Arnoux parla de choses indifférentes, puis avertit sa femme qu'il rentrerait fort tard, ayant un rendez-vous avec M. Oudry.

— « Chez lui ? »

— « Mais certainement, chez lui. »

Il avoua, tout en descendant l'escalier, que, la Maréchale se trouvant libre, ils allaient faire ensemble une partie fine au Moulin-Rouge ; et, comme il lui fallait toujours quelqu'un pour recevoir ses épanchements, il se fit conduire par Frédéric jusqu'à la porte.

Au lieu d'entrer, il se promena sur le trottoir, en observant les fenêtres du second étage. Tout à coup les rideaux s'écartèrent.

— « Ah ! bravo ! le père Oudry n'y est plus. Bonsoir ! »

C'était donc le père Oudry qui l'entretenait ? Frédéric ne savait que penser maintenant.

A partir de ce jour-là, Arnoux fut encore plus cordial qu'auparavant ; il l'invitait à dîner chez sa maîtresse, et bientôt Frédéric hanta tout à la fois les deux maisons.

Celle de Rosanette l'amusait. On venait là, le soir, en sortant du club ou du spectacle ; on prenait une tasse de thé, on faisait une partie de loto, le dimanche, on jouait des charades; et Rosanette, plus turbulente que les autres, se distinguait par des inventions drolatiques, comme de courir à quatre pattes ou de s'affubler d'un bonnet de coton. Pour regarder les passants par la croisée, elle avait un chapeau de cuir bouilli, elle fumait des chibouques, elle chantait des tyroliennes. L'après-midi, par désœuvrement, elle découpait des fleurs dans un morceau de toile perse, les collait elle-même sur ses carreaux, barbouillait de fard ses deux petits chiens, faisait brûler des pastilles, ou se tirait la bonne aventure. Incapable de résister à une envie, elle s'engouait d'un bibelot qu'elle avait vu, n'en dormait pas, courait l'acheter, le troquait contre un autre, et gâchait les étoffes, perdait ses bijoux, gaspillait l'argent, aurait vendu sa chemise pour une loge d'avant-scène. Souvent, elle demandait à Frédéric l'explication d'un mot qu'elle avait lu, mais n'écoutait pas sa réponse, car elle sautait vite à une autre idée, en multipliant les questions. Après des spasmes de gaieté, c'étaient des colères enfantines; ou bien elle rêvait, assise par terre, devant le feu, la tête basse et le genou dans ses deux mains, plus inerte qu'une couleuvre engourdie. Sans y prendre garde, elle s'habillait devant lui, tirait avec lenteur ses bas de soie, puis se lavait à grande eau le visage, en se renversant la taille comme une naïade qui frissonne; et le rire de ses dents blanches, les étincelles de ses yeux, sa beauté, sa gaieté éblouissaient Frédéric et lui fouettaient les nerfs.

Presque toujours, il trouvait Mme Arnoux montrant à lire à son bambin, ou derrière la chaise de Berthe qui faisait des gammes sur son piano; et, quand elle travaillait à un ouvrage de couture, c'était pour lui un grand bonheur que de ramasser, quelquefois, ses ciseaux. Tous ses mouvements étaient d'une majesté tranquille; ses petites mains semblaient faites pour épandre des aumônes, pour essuyer des pleurs, et sa voix, un peu sourde naturellement, avait des intonations caressantes et comme des légèretés de brise.

Elle ne s'exaltait point pour la littérature, mais son esprit charmait par des mots simples et pénétrants. Elle aimait les voyages, le bruit du vent dans les bois, et à se promener tête nue sous la pluie. Frédéric écoutait ces choses délicieusement, croyant voir un abandon d'elle-même qui commençait.

Ainsi, la fréquentation de ces deux femmes faisait dans sa vie comme deux musiques : l'une folâtre, emportée, divertissante, l'autre grave et presque religieuse; et, vibrant à la fois, elles augmentaient toujours, et peu à peu se mêlaient; — car, si Mme Arnoux venait à l'effleurer du doigt seulement, l'image de l'autre, tout de suite, se présentait à son désir, parce qu'il avait, de ce côté-là, une chance moins lointaine ; — et, dans la compagnie de Rosanette, quand il lui arrivait d'avoir le cœur ému, il se rappelait immédiatement son grand amour.

Cette confusion était provoquée par des similitudes entre les deux logements. Un des bahuts, que l'on voyait autrefois boulevard Montmartre, ornait à présent la salle à manger de Rosanette, l'autre le salon de Mme Arnoux. Dans les deux maisons, les services de table étaient pareils, et l'on retrouvait jusqu'à la même calotte de velours traînant sur les bergères; puis une foule de petits cadeaux, des écrans, des boîtes, des éventails allaient et venaient de chez la maîtresse chez l'épouse; car, sans la moindre gêne, Arnoux souvent reprenait à l'une ce qu'il lui avait donné pour l'offrir à l'autre.

La Maréchale riait avec Frédéric de ses mauvaises façons. Un dimanche après dîner, elle l'emmena derrière la porte, et lui fit voir dans son paletot un sac de gâteaux, qu'il venait d'escamoter sur la table, afin d'en régaler, sans doute, sa petite famille. M. Arnoux se livrait même à des espiègleries côtoyant la turpitude. C'était pour lui un devoir que de frauder l'octroi; il n'allait jamais au spectacle en payant, avec un billet de secondes prétendait toujours se pousser aux premières, et racontait comme une farce excellente qu'il avait coutume, aux bains froids, de mettre dans le tronc du garçon un bouton de culotte pour une pièce de dix sous, ce qui n'empêchait point la Maréchale de l'aimer.

Un jour, cependant, elle dit, en parlant de lui :

— « Ah ! il m'embête, à la fin ! J'en ai assez ! Ma foi, tant pis, j'en trouverai un autre ! »

Frédéric croyait « l'autre » déjà trouvé et qu'il s'appelait M. Oudry.

— « Eh bien, » dit Rosanette, « qu'est-ce que cela fait ? »

Puis, avec des larmes dans la voix :

— « Je lui demande bien peu de chose, pourtant ! et il ne veut pas, l'animal ! il ne veut pas ! Quant à ses promesses, oh ! c'est différent. »

Il lui avait même promis un quart de ses bénéfices dans les fameuses mines de kaolin ; mais aucun bénéfice ne se montrait, pas plus que le cachemire dont il la leurrait depuis six mois.

Frédéric pensa, immédiatement, à lui en faire cadeau. Arnoux pouvait prendre cela pour une leçon et se fâcher.

Il était bon cependant, sa femme elle-même le disait. Mais si fou ! au lieu d'amener tous les jours du monde à dîner chez lui, à présent il traitait ses connaissances chez le restaurateur. Il achetait des choses complétement inutiles, telles que des chaînes d'or, des pendules, des articles de ménage. Mme Arnoux montra même à Frédéric, dans le couloir, une énorme provision de bouillottes, chaufferettes et samovars. Enfin, un jour, elle avoua ses inquiétudes : Arnoux lui avait fait signer un billet, souscrit à l'ordre de M. Dambreuse.

Cependant, Frédéric conservait ses projets littéraires, par une sorte de point d'honneur vis-à-vis de lui-même. Il voulut écrire une histoire de l'esthétique, résultat de ses conversations avec Pellerin, puis mettre en drames différentes époques de la Révolution française et composer une grande comédie, par l'influence indirecte de Deslauriers et d'Hussonnet. Mais, au milieu de son travail, souvent le visage de l'une ou de l'autre passait devant lui ; il luttait contre l'envie de la voir, ne tardait pas à y céder, et il était plus triste en revenant de chez Mme Arnoux.

Un matin qu'il ruminait sa mélancolie au coin de son feu, Deslauriers entra.

Les discours incendiaires de Sénécal avaient inquiété son patron, et, une fois de plus, il se trouvait sans ressources.

— « Que veux-tu que j'y fasse ? » dit Frédéric.

— « Rien ! tu n'as pas d'argent, je le sais. Mais ça ne te gênerait guère de lui découvrir une place, soit par M. Dambreuse ou bien Arnoux ? »

Celui-ci devait avoir besoin d'ingénieurs dans son établissement.

Frédéric eut une inspiration : Sénécal pourrait l'avertir des absences du mari, porter des lettres, l'aider enfin dans mille occasions qui se présenteraient. D'homme à homme, on se rend toujours ces services-là. D'ailleurs, il trouverait moyen de l'employer sans qu'il s'en doutât. Le hasard lui offrait un auxiliaire, c'était de bon augure, il fallait le saisir ; et, affectant de l'indifférence, il répondit que la chose peut-être était faisable, et qu'il s'en occuperait.

Il s'en occupa tout de suite.

Arnoux se donnait beaucoup de peine dans sa fabrique. Il cherchait le rouge de cuivre des Chinois; mais ses couleurs se volatilisaient par la cuisson. Afin d'éviter les gerçures de ses faïences, il mêlait de la chaux à son argile; mais les pièces se brisaient pour la plupart, l'émail de ses peintures sur cru bouillonnait, ses grandes plaques gondolaient; et, attribuant ces mécomptes au mauvais outillage de sa fabrique, il voulait se faire faire d'autres moulins à broyer, d'autres séchoirs. Frédéric se rappela quelques-unes de ces choses; et il l'aborda en annonçant qu'il avait découvert un homme très-fort, capable de trouver son fameux rouge.

Arnoux en fit un bond, puis, l'ayant écouté, répondit qu'il n'avait besoin de personne.

Frédéric exalta les connaissances prodigieuses de Sénécal tout à la fois ingénieur, chimiste et comptable, étant un mathématicien de première force.

Le faïencier consentit à le voir.

Tous deux se chamaillèrent sur les émoluments. Frédéric s'interposa, et parvint, au bout de la semaine, à leur faire conclure un arrangement.

Mais, l'usine étant située à Creil, Sénécal ne pouvait en rien l'aider. Cette réflexion, très-simple, abattit son courage comme une mésaventure.

Puis il songea que plus Arnoux serait détaché de sa femme, plus il aurait de chance auprès d'elle. Alors, il se mit à faire l'apologie de Rosanette, continuellement; il lui représenta tous ses torts à son endroit, conta les vagues menaces de l'autre jour, et même parla du cachemire, sans taire qu'elle l'accusait d'avarice.

Arnoux, piqué du mot (et, d'ailleurs, concevant des inquiétudes), apporta le cachemire à Rosanette, mais la gronda de s'être plainte à Frédéric, et, comme elle disait lui avoir cent fois rappelé sa promesse, il prétendit qu'il ne s'en était pas souvenu, ayant trop d'occupations.

Le lendemain, Frédéric se présenta chez elle. Bien qu'il fût deux heures, la Maréchale était encore couchée, et, à son chevet, Delmar, installé devant un guéridon, finissait une tranche de foie gras. Elle cria de loin : « Je l'ai, je l'ai ; » puis, le prenant par les oreilles, elle l'embrassa au front, le remercia beaucoup, le tutoya, et même voulut le faire asseoir sur son lit. Ses jolis yeux tendres pétillaient, sa bouche humide souriait, ses deux bras ronds sortaient de sa chemise qui n'avait pas de manches ; et, de temps à autre, il sentait, à travers la batiste, les fermes contours de son corps.

Delmar, pendant ce temps-là, roulait ses prunelles.

— « Mais, véritablement, mon amie ! ma chère amie !... »

Il en fut de même les fois suivantes. Dès que Frédéric entrait, elle montait debout sur un coussin, pour qu'il l'embrassât mieux, l'appelait un mignon, un chéri, mettait une fleur à sa boutonnière, arrangeait sa cravate ; ces gentillesses redoublaient toujours lorsque Delmar se trouvait là.

Étaient-ce des avances ? Frédéric le crut. Quant à tromper un ami, Arnoux, à sa place, ne s'en gênerait guère ! et il avait bien le droit de n'être pas vertueux avec sa maîtresse, l'ayant toujours été avec sa femme ; car il croyait l'avoir été, ou plutôt il aurait voulu se le faire accroire, pour la justification de sa prodigieuse couardise. Il se trouvait stupide cependant, et résolut de s'y prendre avec la Maréchale carrément.

Donc, une après-midi, comme elle se baissait devant sa commode, il s'approcha d'elle et eut un geste d'une éloquence si peu ambiguë, qu'elle se redressa tout empourprée. Il recommença de suite; alors, elle fondit en larmes, disant qu'elle était bien malheureuse et que ce n'était pas une raison pour qu'on la méprisât.

Il réitéra ses tentatives. Alors, elle prit un autre genre, qui fut de rire toujours. Il crut malin de riposter par le même ton, et en l'exagérant. Mais il se montrait trop gai pour qu'elle le crût sincère; et leur camaraderie faisait obstacle à l'épanchement de toute émotion sérieuse. Enfin, un jour, elle répondit qu'elle n'acceptait pas les restes d'une autre.

— « Quelle autre? »

— « Eh oui! va retrouver madame Arnoux! »

Car Frédéric en parlait souvent. Arnoux, de son côté, avait la même manie. Elle s'impatientait, à la fin, d'entendre toujours vanter cette femme! et son imputation était une espèce de vengeance.

Frédéric lui en garda rancune.

Elle commençait, du reste, à l'agacer fortement. Quelquefois, se posant comme expérimentée, elle disait du mal de l'amour avec un rire sceptique qui donnait des démangeaisons de la gifler. Un quart d'heure après, c'était la seule chose qu'il y eût au monde, et, croisant ses bras sur sa poitrine, comme pour serrer quelqu'un, elle murmurait : « Oh! oui, c'est bon! c'est si bon! » les paupières entre-closes et à demi pâmée d'ivresse. Il était impossible de la connaître, de savoir, par exemple, si elle aimait Arnoux, car elle se moquait de lui et en paraissait jalouse. De même pour la Vatnaz, qu'elle appelait une misérable, d'autres fois sa meilleure amie. Elle avait, enfin, sur toute sa personne et jusque dans le retroussement de son chignon, quelque chose d'inexprimable qui ressemblait à un défi; — et il la désirait, pour le plaisir surtout de la vaincre, et de la dominer.

Mais comment faire? car souvent elle le renvoyait sans nulle cérémonie, apparaissant une minute entre deux portes pour chuchoter : « Je suis occupée; à ce soir! » ou bien il la trouvait au milieu de douze personnes; et, quand ils étaient seuls, on aurait juré une gageure, tant les empêchements se succédaient. Il l'invitait à dîner, elle refusait toujours; une fois, elle accepta, mais ne vint pas.

Enfin, une idée machiavélique surgit dans sa cervelle.

Connaissant par Dussardier les récriminations de Pellerin sur son compte, il imagina de lui commander le portrait de la Maréchale, un portrait grandeur nature, qui exigerait beaucoup de séances; il n'en manquerait pas une seule; l'inexactitude habituelle de l'artiste faciliterait les tête-à-tête. Il engagea donc Rosanette à se faire peindre, pour offrir son visage au cher Arnoux. Elle accepta, car elle se voyait au milieu du grand salon, à la place d'honneur, avec une foule devant elle, et les journaux en parleraient, ce qui « la lancerait » tout à coup.

Quant à Pellerin, il saisit la proposition avidement.

Ce portrait devait le poser en grand homme, être un chef-d'œuvre.

Il passa en revue dans sa mémoire tous les portraits de maître qu'il connaissait, et se décida finalement pour un Titien, lequel serait rehaussé d'ornements à la Véronèse. Donc, il exécuterait son tableau, sans ombres factices, dans une lumière franche éclairant les chairs d'un seul ton, et faisant étinceler les accessoires.

— « Si je lui mettais, » pensa-t-il, « une robe de soie rose, avec un burnous oriental? oh non! canaille le burnous! ou plutôt si je l'habillais de velours bleu, sur un fond gris, très-coloré? On pourrait lui donner, également, une collerette de guipure blanche, avec un éventail noir et un rideau d'écarlate par derrière? »

Et, cherchant ainsi, il élargissait chaque jour sa conception et s'en émerveillait.

Il eut un battement de cœur quand Rosanette, accompagnée de Frédéric, arriva chez lui pour la première séance.

Il la posa debout, sur une manière d'estrade, au milieu de l'appartement; et, en se plaignant du jour et regrettant son autre atelier, il la fit d'abord s'accouder contre un piédestal, puis asseoir dans un fauteuil, et tour à tour s'éloignant d'elle et s'en rapprochant pour corriger d'une chiquenaude les plis de sa robe, il la regardait les paupières entre-closes, et consultait d'un mot Frédéric.

— « Eh bien, non ! » s'écria-t-il. « J'en reviens à mon idée ! Je vous flanque en Vénitienne ! »

Elle aurait une robe de velours ponceau avec une ceinture d'orfévrerie, et sa large manche doublée d'hermine laisserait voir son bras nu qui toucherait à la balustrade d'un escalier montant derrière elle. A sa gauche, une grande colonne irait jusqu'au haut de la toile rejoindre des architectures, décrivant un arc. On apercevrait en dessous, vaguement, des massifs d'orangers presque noirs, où se découperait un ciel bleu, rayé de nuages blancs. Sur le balustre couvert d'un tapis, il y aurait, dans un plat d'argent, un bouquet de fleurs, un chapelet d'ambre, un poignard et un coffret de vieil ivoire un peu jaune dégorgeant des sequins d'or; quelques-uns même, tombés par terre çà et là, formeraient une suite d'éclaboussures brillantes, de manière à conduire l'œil vers la pointe de son pied, car elle serait posée sur l'avant-dernière marche, dans un mouvement naturel et en pleine lumière.

Il alla chercher une caisse à tableaux, qu'il mit sur l'estrade pour figurer la marche; puis il disposa comme accessoires sur un tabouret en guise de balustrade, sa vareuse, un bouclier, une boîte de sardines, un paquet de plumes, un couteau, et, quand il eut jeté devant Rosanette une douzaine de gros sous, il lui fit prendre sa pose.

— « Imaginez-vous que ces choses-là sont des richesses, des présents splendides. La tête un peu à droite! Parfait! et ne bougez plus! Cette attitude majestueuse va bien à votre genre de beauté! »

Elle avait une robe écossaise avec un gros manchon et se retenait pour ne pas rire.

— « Quant à la coiffure, nous la mêlerons à un tortis de perles : cela fait toujours bon effet dans les cheveux rouges. »

La Maréchale se récria, disant qu'elle n'avait pas les cheveux rouges.

— « Laissez donc! le rouge des peintres n'est pas celui des bourgeois! »

Il commença à esquisser la position des masses; et il était si préoccupé des grands artistes de la renaissance, qu'il en parlait. Pendant une heure, il rêva tout haut à ces existences magnifiques.

pleines de génie, de gloire et de somptuosités avec des entrées triomphales dans les villes, et des galas à la lueur des flambeaux, entre des femmes à moitié nues, belles comme des déesses.

— « Vous étiez faite pour vivre dans ce temps-là. Une créature de votre calibre aurait mérité un monseigneur! »

Rosanette trouvait ses compliments fort gentils. On fixa le jour de la séance prochaine. Frédéric se chargeait d'apporter les accessoires.

Mais, comme la chaleur du poêle l'avait étourdie quelque peu, ils s'en retournèrent à pied par la rue du Bac et arrivèrent sur le pont Royal.

Il faisait un beau temps, âpre et splendide. Le soleil s'abaissait; quelques vitres de maison, dans la Cité, brillaient au loin comme des plaques d'or, tandis que, par derrière, à droite, les tours de Notre-Dame se profilaient en noir sur le ciel bleu, mollement baigné à l'horizon dans des vapeurs grises. Puis le vent souffla; et Rosanette, ayant déclaré qu'elle avait faim, ils entrèrent à la Pâtisserie anglaise.

Des jeunes femmes, avec leurs enfants, mangeaient debout contre le buffet de marbre, où se pressaient, sous des cloches de verre, les assiettes de petits gâteaux. Rosanette avala deux tartes à la crème. Le sucre en poudre faisait des moustaches au coin de sa bouche. De temps à autre, pour l'essuyer, elle tirait son mouchoir de son manchon; et sa figure ressemblait, sous sa capote de soie verte, à une rose épanouie entre ses feuilles.

Puis ils se remirent en marche; dans la rue de la Paix, elle s'arrêta, devant la boutique d'un orfévre, à considérer un bracelet. Frédéric voulut lui en faire cadeau.

— « Non, » dit-elle, « garde ton argent. »

Il fut blessé de cette parole.

— « Qu'a donc le mimi? on est triste? »

Et, la conversation s'étant renouée, il en vint, comme d'habitude, à des protestations d'amour.

— « Tu sais bien que c'est impossible! »

— « Pourquoi ? »

— « Ah! parce que... »

Ils allaient côte à côte, elle appuyée sur son bras, et les volants de sa robe lui battaient contre les jambes. Alors, il se rappela un crépuscule d'hiver, où, sur le même trottoir, Mme Arnoux marchait ainsi à son côté; et ce souvenir, bientôt, l'absorba tellement, qu'il ne s'apercevait plus de Rosanette et n'y songeait pas.

Elle regardait, au hasard, devant elle, tout en se laissant un peu traîner, comme un enfant paresseux. C'était l'heure où l'on rentrait de la promenade, et des équipages défilaient au grand trot sur le pavé sec. Mais, les flatteries de Pellerin lui revenant, sans doute, à la mémoire, elle poussa un soupir.

— « Ah! il y en a qui sont heureuses! Je suis faite pour un homme riche, décidément. »

Il répliqua d'un ton brutal :

— « Vous en avez un, cependant! » car M. Oudry passait pour trois fois millionnaire.

Elle ne demandait pas mieux que de s'en débarrasser.

— « Qui vous en empêche? »

Et il exhala d'amères plaisanteries sur ce vieux bourgeois à perruque, lui montrant qu'une pareille liaison était indigne, et qu'elle devait la rompre!

— « Oui, » répondit la Maréchale, comme se parlant à elle-même. « C'est ce que je finirai par faire, sans doute! »

Frédéric fut charmé de ce désintéressement.

Elle se ralentissait, il la crut fatiguée. Elle s'obstina à ne pas vouloir de voiture et elle le congédia devant sa porte, en lui envoyant un baiser du bout des doigts.

— « Ah! quel dommage! et songer que des imbéciles me trouvent riche! »

Il était sombre en arrivant chez lui.

Hussonnet et Deslauriers l'attendaient.

Le bohème, assis devant sa table, dessinait des

têtes de Turcs, et l'avocat, en bottes crottées, sommeillait sur le divan.

— « Ah ! enfin » s'écria-t-il « Mais quel air farouche ! Peux-tu m'écouter ? »

Sa vogue comme répétiteur diminuait, car il bourrait ses élèves de théories défavorables pour leurs examens. Il avait plaidé deux ou trois fois, avait perdu, et chaque déception nouvelle le rejetait plus fortement vers son vieux rêve : un journal où il pourrait s'étaler, se venger, cracher sa bile et ses idées. Fortune et réputation, d'ailleurs, s'ensuivraient. C'était dans cet espoir qu'il avait circonvenu le bohème, Hussonnet possédant une feuille.

A présent, il la tirait sur papier rose ; il inventait des canards, composait des rébus, tâchait d'engager des polémiques, et même (en dépit du local) voulait monter des concerts ! L'abonnement d'un an « donnait droit à une place d'orchestre dans un des principaux théâtres de Paris ; de plus, l'administration se chargeait de fournir à MM. les étrangers tous les renseignements désirables, artistiques, et autres. » Mais l'imprimeur faisait des menaces, on devait trois termes au propriétaire, toute sorte d'embarras surgissaient ; et Hussonnet aurait laissé périr *l'Art*, sans les exhortations de l'avocat, qui lui chauffait le moral quotidiennement. Il l'avait pris, afin de donner plus de poids à sa démarche.

— « Nous venons pour le journal, » dit-il.

— « Tiens, tu y penses encore! » répondit Frédéric, d'un ton distrait.

— « Certainement j'y pense!... »

Et il exposa de nouveau son plan.

Par des comptes rendus de la Bourse, ils se mettraient en relations avec des financiers, et obtiendraient ainsi les cent mille francs de cautionnement indispensables. « On ne te les demande pas! note bien. » Mais, pour que la feuille pût être transformée en journal politique, il fallait auparavant avoir une large clientèle, et, pour cela, se résoudre à quelques dépenses, tant pour les frais de papeterie, d'imprimerie, de bureau, bref une somme de quinze mille francs.

— « Je n'ai pas de fonds, » dit Frédéric.

— « Et nous donc! » fit Deslauriers en croisant ses deux bras.

Frédéric, blessé du geste, répliqua :

— « Est-ce ma faute?... »

— « Ah! très-bien! Ils ont du bois dans leur cheminée, des truffes sur leur table, un bon lit, une bibliothèque, une voiture, toutes les douceurs! Mais qu'un autre grelotte sous les ardoises, dîne à vingt sous, travaille comme un forçat et patauge dans la misère! est-ce leur faute? »

Et il répétait « Est-ce leur faute? » avec une

ironie cicéronienne qui sentait le Palais. Frédéric voulait parler.

— « Du reste je comprends, on a des besoins... aristocratiques; car sans doute... quelque femme... »

— « Eh bien, quand cela serait? Ne suis-je pas libre?... »

— « Oh! très-libre! »

Et, après une minute de silence :

— « C'est si commode, les promesses! »

— « Mon Dieu! je ne les nie pas! » dit Frédéric.

L'avocat continuait :

— « Au collége, on fait des serments, on constituera une phalange, on imitera *les Treize* de Balzac! Puis, quand on se retrouve : Bonsoir, mon vieux, va te promener! Car celui qui pourrait servir l'autre retient précieusement tout, pour lui seul. »

— « Comment? »

— « Oui, tu ne nous as pas même présenté chez les Dambreuse! »

Frédéric le regarda; et, avec sa pauvre redingote, ses lunettes dépolies et sa figure blême, l'avocat lui parut un tel cuistre, qu'il ne put empêcher sur ses lèvres un sourire dédaigneux. Deslauriers l'aperçut, et rougit.

Il avait déjà son chapeau pour s'en aller. Hussonnet, plein d'inquiétude, tâchait de l'adoucir par des regards suppliants, et, comme Frédéric lui tournait le dos :

— « Voyons, mon petit père! soyez mon Mécène! Protégez les arts!... »

Frédéric, dans un brusque mouvement de résignation, prit une feuille de papier, et, ayant griffonné dessus quelques lignes, la lui tendit. Alors, le visage du bohème s'illumina. Puis, repassant la lettre à Deslauriers :

— « Faites des excuses, seigneur! »

Leur ami conjurait son notaire de lui envoyer, au plus vite, quinze mille francs.

— « Ah! je te reconnais là! » dit Deslauriers.

— « Foi de gentilhomme! » ajouta le bohème, « vous êtes un brave! on vous mettra dans la galerie des hommes utiles! »

L'avocat reprit :

— « Tu n'y perdras rien, la spéculation est excellente. »

— « Parbleu! » s'écria Hussonnet, « j'en fourrerais ma tête sur l'échafaud. »

Et il débita tant de sottises et promit tant de merveilles (auxquelles il croyait peut-être), que Frédéric ne savait pas si c'était pour se moquer des autres ou de lui-même.

Ce soir-là, il reçut une lettre de sa mère.

Elle s'étonnait de ne pas le voir encore ministre, tout en le plaisantant quelque peu. Puis elle parlait de sa santé, et lui apprenait que M. Roque venait maintenant chez elle. « Depuis qu'il est veuf, j'ai cru sans inconvénient de le recevoir. Louise est très-changée à son avantage. » Et, en post-scriptum : « Tu ne me dis rien de ta belle connaissance, M. Dambreuse; à ta place, je l'utiliserais. »

En effet, pourquoi pas? Ses ambitions intellectuelles l'avaient quitté, et sa fortune (il s'en apercevait) était insuffisante; car, ses dettes payées et la somme convenue remise aux deux autres, son revenu serait diminué de quatre mille francs, pour le moins! D'ailleurs, il sentait le besoin de sortir de cette existence, de se raccrocher à quelque chose. Aussi, le lendemain, en dînant chez Mme Arnoux, il dit que sa mère le tourmentait pour qu'il embrassât une profession.

— « Mais je croyais, » reprit-elle, « que M. Dambreuse devait vous faire entrer au conseil d'État? Cela vous irait très-bien. »

Elle le voulait donc. Il obéit.

Le banquier, comme la première fois, était assis à son bureau, et d'un geste le pria d'attendre quelques minutes, car un monsieur, tournant le dos à la porte, l'entretenait de matières graves. Il s'agissait de charbons de terre et d'une fusion à opérer entre diverses compagnies.

Les portraits du général Foy et de Louis-Philippe se faisaient pendant de chaque côté de la glace ; des cartonniers montaient contre le lambris jusqu'au plafond, et il y avait six chaises de paille, M. Dambreuse n'ayant pas besoin pour ses affaires d'un appartement plus beau. C'était comme ces sombres cuisines où s'élaborent de grands festins. Frédéric observa surtout deux coffres monstrueux, dressés dans les encoignures. Il se demandait combien de millions y pouvaient tenir. Mais le banquier en ouvrit un, et la planche de fer tourna, ne laissant voir à l'intérieur que des cahiers de papier bleu.

Enfin l'individu passa devant Frédéric. C'était le père Oudry. Tous deux se saluèrent en rougissant, ce qui parut étonner M. Dambreuse.

Du reste, il se montra fort aimable. Rien n'était plus facile que de recommander son jeune ami au garde des sceaux. On serait trop heureux de l'avoir; et il termina ses politesses en l'invitant à une soirée qu'il donnait dans quelques jours.

Frédéric montait en coupé pour s'y rendre quand arriva un billet de la Maréchale. A la lueur des lanternes, il lut :

« Cher, J'ai suivi vos conseils. Je viens d'expulser enfin mon Osage. A partir de demain soir, liberté! Dites que je ne suis pas brave. »

Rien de plus! mais c'était le convier à la place vacante. Il poussa une exclamation, serra le billet dans sa poche et partit.

Deux municipaux à cheval stationnaient dans la rue. Une file de lampions brûlaient sur les deux portes cochères, et les domestiques, dans la cour, criaient, pour faire avancer les voitures jusqu'au bas du perron sous la marquise. Puis, tout à coup, le bruit cessait dans le vestibule.

De grands arbustes emplissaient la cage de l'escalier; les globes de porcelaine versaient une lumière qui ondulait comme des moires de satin blanc sur les murailles. Frédéric monta les marches, allégrement. Un huissier lança son nom; M. Dambreuse lui tendit la main; presque aussitôt, Mme Dambreuse parut.

Elle avait une robe mauve garnie de dentelles, les boucles de sa coiffure plus abondantes qu'à l'ordinaire, et pas un seul bijou.

Elle se plaignit de ses rares visites, trouva moyen de dire quelque chose. Les invités arrivaient; en manière de salut, ils jetaient leur torse de côté, ou se courbaient en deux, ou baissaient la figure seulement; puis un couple conjugal, une famille passait, et tous se dispersaient dans le salon déjà plein.

Sous le lustre, au milieu, un pouf énorme supportait une jardinière dont les fleurs, s'inclinant comme des panaches, surplombaient la tête des femmes assises en rond, tout autour, tandis que d'autres occupaient les bergères formant deux lignes droites interrompues symétriquement par les grands rideaux des fenêtres en velours nacarat et les hautes baies des portes à linteau doré.

La foule des hommes qui se tenaient debout sur le parquet, avec leur chapeau à la main, faisait de loin une seule masse noire où les rubans des boutonnières mettaient des points rouges çà et là, et que rendait plus sombre la monotone blancheur des cravates. Sauf de petits jeunes gens à barbe naissante, tous paraissaient s'ennuyer; et quelques dandys, d'un air maussade, se balançaient sur leurs talons. Les têtes grises, les perruques étaient nombreuses; de place en place, un crâne chauve luisait; et les visages, ou empourprés ou très-blêmes, laissaient voir dans leur flétrissure la trace d'immenses fatigues, les gens qu'il y avait là appartenant à la politique ou aux affaires. M. Dambreuse avait aussi invité plusieurs savants, des magistrats, deux ou trois médecins illustres, et il repoussait avec d'humbles attitudes les éloges qu'on lui faisait sur sa soirée et les allusions à sa richesse.

Partout, une valetaille à larges galons d'or circulait. Les grandes torchères, comme des bouquets de feu, s'épanouissaient sur les tentures; elles se répétaient dans les glaces; et, au fond de la salle à manger, que tapissait un treillage de jasmin, le buffet ressemblait à un maître-autel de cathédrale ou à une exposition d'orfévrerie, tant il y avait de plats, de cloches, de couverts et de cuillers en argent et en vermeil, au milieu des cristaux à facettes qui entre-croisaient, par-dessus les viandes, des lueurs irisées. Les trois autres salons regorgeaient d'objets d'art : paysages de maîtres contre les murs, ivoires et porcelaines au bord des tables, chinoiseries sur les consoles; des paravents de laque se développaient devant les fenêtres, des touffes de camellias montaient dans les cheminées, et une musique légère vibrait, au loin, comme un bourdonnement d'abeilles.

Les quadrilles cependant n'étaient pas nombreux; et les danseurs, à la manière nonchalante dont ils traînaient leurs escarpins, semblaient s'acquitter d'un devoir. Frédéric entendait des phrases comme celles-ci :

— « Avez-vous été à la dernière fête de charité de l'hôtel Lambert, Mademoiselle? »

— « Non, Monsieur! »

— « Il va faire, tout à l'heure, une chaleur! »

— « Oh! c'est vrai, étouffante! »

— « De qui donc cette polka? »

— « Mon Dieu ! je ne sais pas, Madame ! »

Et, derrière lui, trois roquentins, postés dans une embrasure, chuchotaient des remarques obscènes; d'autres causaient chemins de fer, libre échange; un sportman contait une histoire de chasse; un légitimiste et un orléaniste discutaient.

En errant de groupe en groupe, il arriva dans le salon des joueurs, où, dans un cercle de gens graves, il reconnut Martinon, « attaché maintenant au parquet de la capitale ».

Sa grosse face couleur de cire emplissait convenablement son collier, lequel était une merveille, tant les poils noirs se trouvaient bien égalisés; et, gardant un juste milieu entre l'élégance voulue par son âge et la dignité que réclamait sa profession, il accrochait son pouce dans son aisselle suivant l'usage des beaux, puis mettait son bras dans son gilet à la façon des doctrinaires. Bien qu'il eût des bottes extra-vernies, il portait les tempes rasées, pour se faire un front de penseur.

Après quelques mots débités froidement, il se retourna vers son conciliabule. Un propriétaire disait :

— « C'est une classe d'hommes qui rêve le bouleversement de la société ! »

— « Ils demandent l'organisation du travail ! » reprit un autre. « Conçoit-on cela? »

— « Que voulez-vous! » fit un troisième, « quand on voit M. de Genoude donner la main au *Siècle!* »

— « Et des conservateurs, eux-mêmes, s'intituler progressifs! Pour nous amener, quoi? la République! comme si elle était possible en France! »

Tous déclarèrent que la République était impossible en France.

— « N'importe, » remarqua tout haut un monsieur. « On s'occupe trop de la Révolution; on publie là-dessus un tas d'histoires, de livres!... »

— « Sans compter, » dit Martinon, « qu'il y a, peut-être, des sujets d'étude plus sérieux! »

Un ministériel s'en prit aux scandales du théâtre :

— « Ainsi, par exemple, ce nouveau drame *la Reine Margot* dépasse véritablement les bornes! Où était le besoin qu'on nous parlât des Valois? Tout cela montre la royauté sous un jour défavorable! C'est comme votre Presse! Les lois de septembre, on a beau dire, sont infiniment trop douces! moi, je voudrais des cours martiales pour bâillonner les journalistes! à la moindre insolence, traînés devant un conseil de guerre! et allez donc! »

— « Oh! prenez garde, Monsieur, prenez garde!» dit un professeur, « n'attaquez pas nos précieuses conquêtes de 1830! respectons nos libertés. Il fallait décentraliser plutôt, répartir l'excédant des villes dans les campagnes. »

— « Mais elles sont gangrenées! » s'écria un catholique. « Faites qu'on raffermisse la Religion! »

Martinon s'empressa de dire :

— « Effectivement, c'est un frein! »

Tout le mal gisait dans cette envie moderne de s'élever au-dessus de sa classe, d'avoir du luxe.

— « Cependant, » objecta un industriel, « le luxe favorise le commerce. Aussi j'approuve le duc de Nemours d'exiger la culotte courte à ses soirées. »

— « M. Thiers y est venu en pantalon. Vous connaissez son mot? »

— « Oui, charmant! mais il tourne au démagogue, et son discours dans la question des incompatibilités n'a pas été sans influence sur l'attentat du 12 mai. »

— « Ah! bah! »

— « Eh! eh! »

Le cercle fut contraint de s'entr'ouvrir pour livrer passage à un domestique portant un plateau, et qui tâchait d'entrer dans le salon des joueurs.

Sous l'abat-jour vert des bougies, des rangées de cartes et de pièces d'or couvraient les tables. Frédéric s'arrêta devant une d'elles, perdit les quinze napoléons qu'il avait dans sa poche, fit une pirouette, et se trouva au seuil du boudoir où était alors Mme Dambreuse.

Des femmes le remplissaient, les unes près des autres, sur des siéges sans dossier. Leurs longues jupes, bouffant autour d'elles, semblaient des flots d'où leur taille émergeait, et les seins s'offraient aux regards dans l'échancrure des corsages. Presque toutes portaient un bouquet de violettes à la main. Le ton mat de leurs gants faisait ressortir la blancheur humaine de leurs bras; des effilés, des herbes, leur pendaient sur les épaules, et on croyait quelquefois, à certains frissonnements, que la robe allait tomber. Mais la décence des figures tempérait les provocations du costume; plusieurs même avaient une placidité presque bestiale, et ce rassemblement de femmes demi-nues faisait songer à un intérieur de harem; il vint à l'esprit du jeune homme une comparaison plus grossière. En effet, toute sorte de beautés se trouvaient là : des Anglaises à profil de keepsake, une Italienne dont les yeux noirs fulguraient comme un Vésuve, trois sœurs habillées de bleu, trois Normandes fraîches comme des pommiers d'avril, une grande rousse avec une parure d'améthystes; — et les blanches scintillations des diamants qui tremblaient en aigrettes dans les chevelures, les taches lumineuses des pierreries étalées sur les poitrines, et l'éclat doux des perles accompagnant les visages se mêlaient aux miroitements des anneaux d'or, aux dentelles, à la poudre, aux plumes, au vermillon des petites bouches, à la nacre des dents. Le plafond, arrondi en coupole, donnait au boudoir la forme d'une corbeille, et un courant d'air parfumé circulait sous le battement des éventails.

Frédéric, campé derrière elles avec son lorgnon dans l'œil, ne jugeait pas toutes les épaules irréprochables ; puis il songeait à la Maréchale, ce qui refoulait ses tentations, ou l'en consolait.

Il regardait cependant Mme Dambreuse, et il la trouvait charmante, malgré sa bouche un peu longue et ses narines trop ouvertes. Mais sa grâce était particulière. Les boucles de sa chevelure avaient comme une langueur passionnée, et son front couleur d'agate semblait contenir beaucoup de choses et dénotait un maître.

Elle avait mis près d'elle la nièce de son mari, jeune personne assez laide. De temps à autre, elle se dérangeait pour recevoir celles qui entraient; et le murmure des voix féminines, augmentant, faisait comme un caquetage d'oiseaux.

Il était question des ambassadeurs tunisiens et de leurs costumes. Une dame avait assisté à la dernière réception de l'Académie; une autre parla du *Don Juan* de Molière, représenté nouvellement aux Français. Mais, désignant sa nièce d'un coup d'œil, Mme Dambreuse posa un doigt contre sa bouche, et un sourire qui lui échappa démentait cette austérité.

Tout à coup, Martinon apparut, en face, sous l'autre porte. Elle se leva. Il lui offrit son bras. Frédéric, pour le voir continuer ses galanteries, traversa les tables de jeu et les rejoignit dans le grand salon; Mme Dambreuse quitta aussitôt son cavalier, et l'entretint familièrement.

Elle comprenait qu'il ne jouât pas, ne dansât pas. « Dans la jeunesse on est triste! » Puis, enveloppant le bal d'un seul regard :

— « D'ailleurs, tout cela n'est pas drôle! pour certaines natures du moins! »

Et elle s'arrêtait devant la rangée des fauteuils, distribuant çà et là des mots aimables, tandis que des vieux, qui avaient des binocles à deux branches, venaient lui faire la cour. Elle présenta Frédéric à quelques-uns. M. Dambreuse le toucha au coude légèrement, et l'emmena dehors, sur la terrasse.

Il avait vu le ministre. La chose n'était pas facile. Avant d'être présenté comme auditeur au Conseil d'État, on devait subir un examen. Frédéric, pris d'une confiance inexplicable, répondit qu'il en savait les matières.

Le financier n'en était pas surpris, d'après tous les éloges que faisait de lui M. Roque.

A ce nom, Frédéric revit la petite Louise, sa maison, sa chambre; et il se rappela des nuits pareilles, où il restait à sa fenêtre, écoutant les rouliers qui passaient. Ce souvenir de ses tristesses amena la pensée de Mme Arnoux; et il se taisait, tout en continuant à marcher sur la terrasse. Les croisées dressaient au milieu des ténèbres de longues plaques rouges; le bruit du bal s'affaiblissait; les voitures commençaient à s'en aller.

— « Pourquoi donc, » reprit M. Dambreuse, « tenez-vous au Conseil d'État? »

Et il affirma, d'un ton de libéral, que les fonctions publiques ne menaient à rien, il en savai quelque chose; les affaires valaient mieux. Frédéric objecta la difficulté de les apprendre.

— « Ah! bah! en peu de temps, je vous y mettrais. »

Voulait-il l'associer à ses entreprises?

Le jeune homme aperçut, comme dans un éclair, une immense fortune qui allait venir.

— « Rentrons », dit le banquier. « Vous soupez avec nous, n'est-ce pas? »

Il était trois heures, on partait. Dans la salle à manger, une table servie attendait les intimes.

M. Dambreuse aperçut Martinon, et, s'approchant de sa femme, d'une voix basse :

— « C'est vous qui l'avez invité? »

Elle répliqua sèchement :

— « Mais oui! »

La nièce n'était plus là. On but très-bien, on rit très-haut, et des plaisanteries hasardeuses ne choquèrent point, tous éprouvant cet allégement qui suit les contraintes un peu longues. Seul, Martinon se montra sérieux; il refusa de boire du vin de Champagne par bon genre, souple d'ailleurs et fort poli, car M. Dambreuse, qui avait la poitrine étroite, se plaignant d'oppression, il s'informa de sa santé à plusieurs reprises; puis il dirigeait ses yeux bleuâtres du côté de Mme Dambreuse.

Elle interpella Frédéric, pour savoir quelles jeunes personnes lui avaient plu. Il n'en avait remarqué aucune, et préférait, d'ailleurs, les femmes de trente ans.

— « Ce n'est peut-être pas bête ! » répondit-elle.

Puis, comme on mettait les pelisses et les paletots, M. Dambreuse lui dit :

— « Venez me voir un de ces matins, nous causerons ! »

Martinon, au bas de l'escalier, alluma un cigare; et il offrait, en le suçant, un profil tellement lourd, que son compagnon lâcha cette phrase :

— « Tu as une bonne tête, ma parole ! »

— « Elle en a fait tourner quelques-unes ! » reprit le jeune magistrat, d'un air à la fois convaincu et vexé.

Frédéric, en se couchant, résuma la soirée. D'abord, sa toilette (il s'était observé dans les glaces plusieurs fois), depuis la coupe de l'habit jusqu'au nœud des escarpins, ne laissait rien à reprendre; il avait parlé à des hommes considérables, avait vu de près des femmes riches, M. Dambreuse s'était montré excellent et Mme Dambreuse presque engageante. Il pesa un à un ses moindres mots, ses regards, mille choses inanalysables et cependant expressives. Ce serait crânement beau d'avoir une pareille maîtresse! Pourquoi non, après tout? Il en valait bien un autre! peut-être qu'elle n'était pas si difficile? Martinon ensuite revint à sa mémoire; et, en s'endormant, il souriait de pitié sur ce brave garçon.

L'idée de la Maréchale le réveilla; ces mots de son billet : « A partir de demain soir, » étaient bien un rendez-vous pour le jour même. Il attendit jusqu'à neuf heures, et courut chez elle.

Quelqu'un, devant lui, qui montait l'escalier, ferma la porte. Il tira la sonnette; Delphine vint ouvrir, et affirma que Madame n'y était pas.

Frédéric insista, pria. Il avait à lui communiquer quelque chose de très-grave, un simple mot. Enfin l'argument de la pièce de cent sous réussit, et la bonne le laissa seul dans l'antichambre.

Rosanette parut. Elle était en chemise, les cheveux dénoués; et, tout en hochant la tête, elle fit de loin, avec les deux bras, un grand geste exprimant qu'elle ne pouvait le recevoir.

Frédéric descendit l'escalier, lentement. Ce capricelà dépassait tous les autres. Il n'y comprenait rien.

Devant la loge du portier, Mlle Vatnaz l'arrêta.

— « Elle vous a reçu? »

— « Non! »

— « On vous a mis à la porte? »

— « Comment le savez-vous? »

— « Ça se voit! Mais venez! sortons! j'étouffe! »

Elle l'emmena dans la rue. Elle haletait. Il sentait son bras maigre trembler sur le sien. Tout à coup, elle éclata.

— « Ah! le misérable! »

— « Qui donc? »

— « Mais c'est lui! lui! Delmar! »

Cette révélation humilia Frédéric; il reprit :

— « En êtes-vous bien sûre? »

— « Mais quand je vous dis que je l'ai suivi! » s'écria la Vatnaz; « je l'ai vu entrer! Comprenez-vous maintenant? Je devais m'y attendre, d'ailleurs; c'est moi, dans ma bêtise, qui l'ai mené chez elle, et si vous saviez, mon Dieu! je l'ai recueilli, je l'ai nourri, je l'ai habillé; et toutes mes démarches dans les journaux! Je l'aimais comme une mère! » Puis, avec un ricanement : « Ah! c'est qu'il faut à Monsieur des robes de velours! une spéculation de sa part, vous pensez bien! Et elle! Dire que je l'ai connue confectionneuse de lingerie! sans moi, plus de vingt fois, elle serait tombée dans la crotte. Mais je l'y plongerai!

oh oui! je veux qu'elle crève à l'hôpital! on saura tout! »

Et, comme un torrent d'eau de vaisselle qui charrie des ordures, sa colère fit passer tumultueusement sous Frédéric les hontes de sa rivale.

— « Elle a couché avec Jumillac, avec Flacourt, avec le petit Allard, avec Bertinaux, avec Saint-Valéry, le grêlé, non! l'autre! ils sont deux frères, n'importe! Et, quand elle avait des embarras, j'arrangeais tout. Qu'est-ce que j'y gagnais? Elle est si avare! Et puis, vous en conviendrez, c'était une jolie complaisance que de la voir, car enfin, nous ne sommes pas du même monde! Est-ce que je suis une fille, moi? est-ce que je me vends? sans compter qu'elle est bête comme un chou! Elle écrit catégorie par un *th*. Au reste, ils vont bien ensemble, ça fait la paire, quoiqu'il s'intitule artiste et se croie du génie! Mais, mon Dieu! s'il avait seulement de l'intelligence, il n'aurait pas commis une infamie pareille! On ne quitte pas une femme supérieure pour une coquine! Je m'en moque, après tout. Il devient laid! je l'exècre! si je le rencontrais, tenez, je lui cracherais à la figure. » Elle cracha. « Oui, voilà le cas que j'en fais, maintenant! Et Arnoux, hein? n'est-ce pas abominable! Il lui a tant de fois pardonné! on n'imagine pas ses sacrifices! Elle devrait baiser ses pieds! il est si généreux, si bon! »

Frédéric jouissait à entendre dénigrer Delmar. Il avait accepté Arnoux. Cette perfidie de Rosanette lui semblait une chose anormale, injuste, et, gagné par l'émotion de la vieille fille, il arrivait à sentir pour lui comme de l'attendrissement. Tout à coup, il se trouva devant sa porte; Mlle Vatnaz, sans qu'il s'en aperçût, lui avait fait descendre le faubourg Poissonnière.

— « Nous y voilà, » dit-elle. « Moi, je ne peux pas monter. Mais vous, rien ne vous empêche? »

— « Pour quoi faire? »

— « Pour lui dire tout, parbleu! »

Frédéric, comme se réveillant en sursaut, comprit l'infamie où on le poussait.

— « Eh bien? » reprit-elle.

Il leva les yeux vers le second étage. La lampe de Mme Arnoux brûlait. Rien effectivement ne l'empêchait de monter.

— « Je vous attends ici. Allez donc! »

Ce commandement acheva de le refroidir, et il dit:

— « Je serai là-haut longtemps. Vous feriez mieux de vous en retourner. J'irai demain chez vous. »

— « Non, non! » répliqua la Vatnaz, en tapant du pied. « Prenez-le! emmenez-le! faites qu'il les surprenne! »

— « Mais Delmar n'y sera plus! »

Elle baissa la tête.

— « Oui, c'est peut-être vrai ? »

Et elle resta sans parler, au milieu de la rue, entre les voitures; puis, fixant sur lui ses yeux de chatte sauvage :

— « Je peux compter sur vous, n'est-ce pas? entre nous deux maintenant, c'est sacré! Faites donc. A demain! »

Frédéric, en traversant le corridor, entendit deux voix qui se répondaient. Celle de Mme Arnoux disait :

— « Ne mens pas! ne mens donc pas! »

Il entra. On se tut.

Arnoux marchait de long en large, et Madame était assise sur la petite chaise près du feu, extrêmement pâle, l'œil fixe.

Frédéric fit un mouvement pour se retirer. Arnoux lui saisit la main, heureux du secours qui lui arrivait.

— « Mais je crains..., » dit Frédéric.

— « Restez donc! » souffla Arnoux dans son oreille.

Madame reprit :

— « Il faut être indulgent, monsieur Moreau! ce sont de ces choses que l'on rencontre parfois dans les ménages. »

— « C'est qu'on les y met, » dit gaillardement

Arnoux. « Les femmes vous ont des lubies! Ainsi, celle-là, par exemple, n'est pas mauvaise. Non, au contraire ! Eh bien, elle s'amuse depuis une heure à me taquiner avec un tas d'histoires. »

— « Elles sont vraies ! » répliqua Mme Arnoux impatientée. « Car, enfin, tu l'as acheté. »

— « Moi ? »

— « Oui, toi-même ! au Persan ! »

— « Le cachemire ! » pensa Frédéric.

Il se sentait coupable et avait peur.

Elle ajouta de suite :

— « C'était l'autre mois, un samedi, le 14. »

— « Ah ! ce jour-là, précisément, j'étais à Creil ! Ainsi, tu vois. »

— « Pas du tout ! Car nous avons dîné chez les Bertin, le 14. »

— « Le 14...? » fit Arnoux, en levant les yeux comme pour chercher une date.

— « Et même, le commis qui t'a vendu était un blond ! »

— « Est-ce que je peux me rappeler le commis ! »

— « Il a cependant écrit, sous ta dictée, l'adresse : 18, rue de Laval. »

— « Comment sais-tu ? » dit Arnoux stupéfait.

Elle leva les épaules.

— « Oh ! c'est bien simple : j'ai été pour faire réparer mon cachemire, et un chef de rayon m'a appris qu'on venait d'en expédier un autre pareil chez Mme Arnoux.

— « Est-ce ma faute, à moi, s'il y a dans la même rue une dame Arnoux? »

— « Oui! mais pas Jacques Arnoux, » reprit-elle.

Alors, il se mit à divaguer, protestant de son innocence. C'était une méprise, un hasard, une de ces choses inexplicables comme il en arrive. On ne devait pas condamner les gens sur de simples soupçons, des indices vagues; et il cita l'exemple de l'infortuné Lesurques.

— « Enfin, j'affirme que tu te trompes! veux-tu que je t'en jure ma parole? »

— « Non. Ce n'est point la peine! »

— « Pourquoi? »

Elle le regarda en face, sans rien dire; puis allongea la main, prit le coffret d'argent sur la cheminée, et lui tendit une facture grande ouverte.

Arnoux rougit jusqu'aux oreilles et ses traits décomposés s'enflèrent.

— « Eh bien? »

— « Mais... » répondit-il lentement, « qu'est-ce que ça prouve? »

— « Ah! » fit-elle, avec une intonation de voix singulière, où il y avait de la douleur et de l'ironie. « Ah! »

Arnoux gardait la note entre ses mains, et la retournait, n'en détachant pas les yeux comme s'il avait dû y découvrir la solution d'un grand problème.

— « Oh! oui, oui, je me rappelle, » dit-il enfin. « C'est une commission. — Vous devez savoir cela, vous, Frédéric? » Frédéric se taisait. « Une commission dont j'étais chargé... par... par le père Oudry. »

— « Et pour qui ? »

— « Pour sa maîtresse! »

— « Pour la vôtre! » s'écria Mme Arnoux, se levant toute droite.

— « Je te jure... »

— « Ne recommencez pas! Je sais tout! »

— « Ah! très-bien! ainsi, on m'espionne! »

Elle répliqua froidement :

— « Cela blesse, peut-être, votre délicatesse? »

— « Ah! du moment qu'on s'emporte, » reprit Arnoux, en cherchant son chapeau, « et qu'il n'y a pas moyen de raisonner! »

Puis, avec un grand soupir :

— « Ne vous mariez pas, mon pauvre ami, non, croyez-moi! »

Et il décampa, ayant besoin de prendre l'air.

Alors, il se fit un grand silence; et tout, dans l'appartement, sembla plus immobile. Un cercle lumineux, au-dessus de la carcel, blanchissait le plafond, tandis que, dans les coins, l'ombre s'étendait comme des gazes noires superposées; on n'entendait que le tic tac de la pendule avec la crépitation du feu.

Mme Arnoux venait de se rasseoir, à l'autre angle de la cheminée dans le fauteuil; elle mordait ses lèvres en grelottant; puis ses deux mains se levèrent, un sanglot lui échappa, elle pleurait.

Il se mit sur la petite chaise; et, d'une voix caressante, comme on fait à une personne malade :

— « Vous ne doutez pas que je ne partage...? »

Elle ne répondit rien. Mais, continuant tout haut ses réflexions :

— « Je le laisse bien libre! Il n'avait pas besoin de mentir! »

— « Certainement, » dit Frédéric.

C'était la conséquence de ses habitudes sans doute, il n'y avait pas songé, et peut-être que, dans des choses plus graves...

— « Que voyez-vous donc de plus grave? »

— « Oh! rien! »

Et Frédéric s'inclina, avec un sourire d'obéissance. Arnoux néanmoins possédait certaines qualités; il aimait ses enfants.

— « Ah! et il fait tout pour les ruiner! »

Cela venait de son humeur trop facile; car, enfin, c'était un bon garçon.

Elle s'écria :

— « Mais qu'est-ce que cela veut dire, un bon garçon? »

Il le défendait ainsi, de la manière la plus vague qu'il pouvait trouver, et, tout en la plaignant, il se réjouissait, se délectait au fond de l'âme. Par vengeance ou besoin d'affection, elle se réfugierait vers lui. Son espoir, démesurément accru, renforçait son amour.

Jamais elle ne lui avait paru si captivante, si profondément belle. De temps à autre, une aspiration soulevait sa poitrine ; ses deux yeux fixes semblaient dilatés par une vision intérieure, et sa bouche demeurait entre-close comme pour donner son âme. Quelquefois, elle appuyait dessus fortement son mouchoir ; il aurait voulu être ce petit morceau de batiste tout trempé de larmes. Malgré lui, il regardait la couche, au fond de l'alcôve, en imaginant sa tête sur l'oreiller; et il voyait cela si bien, qu'il se retenait pour ne pas la saisir dans ses bras. Mais elle ferma les paupières, apaisée, inerte. Alors, il s'approcha de plus près, et, penché sur elle, il examinait avidement sa figure. Un bruit de bottes résonna dans le couloir ; c'était l'autre. Ils l'entendirent fermer la porte de sa chambre. Frédéric demanda, d'un signe, à Mme Arnoux, s'il devait y aller.

Elle répliqua « oui » de la même façon ; et ce muet échange de leurs pensées était comme un consentement, un début d'adultère.

Arnoux, près de se coucher, défaisait sa redingote.

— « Eh bien, comment va-t-elle? »

— « Oh ! mieux, » dit Frédéric. « Cela se passera ! »

Mais Arnoux était peiné.

— « Vous ne la connaissez pas ! Elle a maintenant des nerfs... ! Imbécile de commis! voilà ce que c'est que d'être trop bon! Si je n'avais pas donné ce maudit châle à Rosanette ! »

— « Ne regrettez rien ! Elle vous est on ne peut plus reconnaissante ! »

— « Vous croyez? »

Frédéric n'en doutait pas. La preuve, c'est qu'elle venait de congédier le père Oudry.

— « Ah ! pauvre biche ! »

Et, dans l'excès de son émotion, Arnoux voulait courir chez elle.

— « Ce n'est pas la peine ! j'en viens. Elle est malade ! »

— « Raison de plus ! »

Il repassa vivement sa redingote et avait pris son bougeoir.

Frédéric se maudit pour sa sottise, et lui représenta qu'il devait, par décence, rester ce soir auprès de sa femme. Il ne pouvait l'abandonner, ce serait très-mal.

— « Franchement, vous auriez tort ! rien ne

presse, là-bas! Vous irez demain! Voyons! faites cela pour moi. »

Arnoux déposa son bougeoir, et lui dit, en l'embrassant :

— « Vous êtes bon, vous! »

III

Alors commença pour Frédéric une existence misérable.

Il fut le parasite de la maison.

Si quelqu'un était indisposé, il venait trois fois par jour, savoir de ses nouvelles, allait chez l'accordeur de piano, inventait mille prévenances ; et il endurait d'un air content les bouderies de Mlle Marthe et les caresses du jeune Eugène, qui lui passait toujours ses mains sales sur la figure. Il assistait aux dîners où Monsieur et Madame, en face l'un de l'autre, n'échangeaient pas un mot ; ou bien, Arnoux agaçait sa femme par des remarques saugrenues. Le repas terminé, il jouait dans la chambre avec son fils, se cachait derrière les meubles, ou le portait sur son dos, en marchant à quatre pattes, comme le Béarnais. Il s'en allait enfin ; et elle abordait immédiatement l'éternel sujet de plainte : Arnoux.

Ce n'était pas son inconduite qui l'indignait. Mais elle paraissait souffrir dans son orgueil, et laissait voir sa répugnance pour cet homme sans délicatesse, sans dignité, sans honneur.

— « Ou plutôt il est fou ! » disait-elle.

Frédéric sollicitait adroitement ses confidences. Bientôt, il connut toute sa vie.

Ses parents étaient de petits bourgeois de Chartres. Un jour, Arnoux, dessinant au bord de la rivière (il se croyait peintre dans ce temps-là), l'avait aperçue, comme elle sortait de l'église et demandée en mariage ; à cause de sa fortune, on n'avait pas hésité. D'ailleurs, il l'aimait éperdument. Elle ajouta :

— « Mon Dieu, il m'aime encore ! à sa manière ! »

Ils avaient, les premiers mois, voyagé en Italie.

Mais Arnoux, malgré son enthousiasme devant les paysages et les chefs-d'œuvre, n'avait fait que gémir sur le vin, et organisait des pique-niques avec des Anglais, pour se distraire. Quelques tableaux bien revendus l'avaient poussé au commerce des arts. Puis il s'était engoué d'une manufacture de faïence. D'autres spéculations, à présent, le tentaient ; et, se vulgarisant de plus en plus, il prenait des habitudes grossières et dispendieuses. Elle avait moins à lui reprocher ses vices que toutes ses actions. Aucun changement ne pouvait donc survenir, et son malheur, à elle, était irréparable.

Frédéric affirmait que son existence, de même, se trouvait manquée.

Il était bien jeune cependant. Pourquoi désespérer? Et elle lui donnait de bons conseils : « Travaillez! mariez-vous! » Il répondait par des sourires amers ; car, au lieu d'exprimer le véritable motif de son chagrin, il en feignait un autre, sublime, faisant un peu l'Antony, le maudit, — langage, du reste, qui ne dénaturait pas complétement sa pensée.

L'action, pour certains hommes, est d'autant plus impraticable que le désir est plus fort. La méfiance d'eux-mêmes les embarrasse, la crainte de déplaire les épouvante. D'ailleurs, les affections profondes ressemblent aux honnêtes femmes; elles ont peur d'être découvertes et passent dans la vie les yeux baissés.

Bien qu'il connût Mme Arnoux davantage (à cause de cela, peut-être), il était encore plus lâche qu'autrefois. Chaque matin, il se jurait d'être hardi. Une invincible pudeur l'en empêchait; et il ne pouvait se guider d'après aucun exemple, puisque celle-là différait des autres. Par la force de ses rêves, il l'avait posée en dehors des conditions humaines. Il se sentait à côté d'elle moins important sur la terre que les brindilles de soie s'échappant de ses ciseaux.

Puis il pensait à des choses monstrueuses, absurdes, telles que des surprises, la nuit, avec des narcotiques et des fausses clefs, — tout lui paraissant plus facile que d'affronter son dédain.

D'ailleurs, les enfants, les deux bonnes, la disposition des pièces faisaient d'insurmontables obstacles. Donc, il résolut de la posséder à lui seul, et d'aller vivre ensemble bien loin, au fond d'une solitude; il cherchait même sur quel lac assez bleu, au bord de quelle plage assez douce, si ce serait l'Espagne, la Suisse ou l'Orient; et, choisissant exprès les jours où elle semblait plus irritée, il lui disait qu'il faudrait sortir de là, imaginer un moyen, et qu'il n'en voyait pas d'autre qu'une séparation.

Mais, pour l'amour de ses enfants, jamais elle n'en viendrait à une telle extrémité. Tant de vertu augmenta son respect.

Ses après-midi se passaient à se rappeler la visite de la veille, et à désirer celle du soir. Quand il ne dînait pas chez eux, vers neuf heures, il se postait au coin de la rue; et, dès qu'Arnoux avait tiré la grande porte, Frédéric montait vivement les deux étages et demandait à la bonne d'un air ingénu:

— « Monsieur est là? »

Puis il faisait l'homme surpris de ne pas le trouver.

Mais Arnoux, souvent, rentrait à l'improviste.

Alors, il fallait le suivre dans un petit café de la rue Sainte-Anne, que fréquentait maintenant Regimbart.

Le Citoyen commençait par articuler contre la Couronne quelque nouveau grief. Puis ils causaient, en se disant amicalement des injures; car le fabricant tenait Regimbart pour un penseur de haute volée, et, chagriné de voir tant de moyens perdus, il le taquinait sur sa paresse. Le Citoyen jugeait Arnoux plein de cœur et d'imagination, mais décidément trop immoral; aussi le traitait-il sans la moindre indulgence et refusait même de dîner chez lui, parce que « la cérémonie l'embêtait ».

Quelquefois, au moment des adieux, Arnoux était pris de fringale. Il « avait besoin » de manger une omelette ou des pommes cuites; et, les comestibles ne se trouvant jamais dans l'établissement, il les envoyait chercher. On attendait. Regimbart ne s'en allait pas, et finissait, en grommelant, par accepter quelque chose.

Il était sobre néanmoins, car il restait pendant des heures, en face du même verre à moitié plein. Mais, la Providence ne gouvernant point les choses selon ses idées, il tournait à l'hypocondriaque, ne voulait même plus lire les journaux et poussait des rugissements au seul nom de l'Angleterre. Il s'écria une fois, à propos d'un garçon qui le servait mal :

— « Est-ce que nous n'avons pas assez des affronts de l'étranger! »

En dehors de ces crises, il se tenait taciturne, méditant « un coup infaillible pour faire péter toute la boutique. »

Tandis qu'il était perdu dans ses réflexions, Arnoux, d'une voix monotone et avec un regard un peu ivre, contait d'incroyables anecdotes où il avait toujours brillé, grâce à son aplomb; et Frédéric (cela tenait sans doute à des ressemblances profondes) éprouvait un certain entraînement pour sa personne. Mais il se reprochait cette faiblesse, trouvant qu'il aurait dû le haïr, au contraire.

Arnoux se lamentait devant lui sur l'humeur de sa femme, son entêtement, ses préventions injustes. Elle n'était pas comme cela autrefois.

— « A votre place, » disait Frédéric, « je lui ferais une pension, et je vivrais seul. »

Arnoux ne répondait rien; et, un moment après, entamait son éloge. Elle était bonne, dévouée, intelligente, vertueuse; et, passant à ses qualités corporelles, il prodiguait les révélations, avec l'étourderie de ces gens qui étalent leurs trésors dans les auberges.

Une catastrophe dérangea son équilibre.

Il était entré, comme membre du Conseil de surveillance, dans une compagnie de kaolin. Mais, se fiant à tout ce qu'on lui disait, il avait signé des rapports inexacts et approuvé, sans vérification, les inventaires annuels frauduleusement dressés par le gérant. Or, la compagnie avait croulé, et Arnoux, civilement responsable, venait d'être condamné, avec les autres, à la garantie des dommages-intérêts; ce qui lui faisait une perte d'environ trente mille francs, aggravée par les motifs du jugement.

Frédéric apprit cela dans un journal, et se précipita vers la rue de Paradis.

On le reçut dans la chambre de Madame. C'était l'heure du premier déjeuner. Des bols de café au lait encombraient un guéridon auprès du feu. Des savates traînaient sur le tapis, des vêtements sur les fauteuils. Arnoux, en caleçon et en veste de tricot, avait les yeux rouges et la chevelure ébouriffée; le petit Eugène, à cause de ses oreillons, pleurait, tout en grignotant sa tartine; sa sœur mangeait tranquillement; et Mme Arnoux, un peu plus pâle que d'habitude, les servait tous les trois.

— « Eh bien, » dit Arnoux, en poussant un gros soupir, « vous savez! » Et Frédéric ayant fait un geste de compassion : « Voilà! J'ai été victime de ma confiance! »

Puis il se tut; il songeait, et son abattement était si fort, qu'il repoussa le déjeuner. Mme Arnoux leva les yeux, avec un haussement d'épaules. Il se passa les mains sur le front.

— « Après tout, je ne suis pas coupable. Je n'ai rien à me reprocher. C'est un malheur! On s'en tirera! Ah! ma foi, tant pis! »

Et il entama une brioche, obéissant, du reste, aux sollicitations de sa femme.

Le soir, il voulut dîner seul, avec elle, dans un cabinet particulier, à la Maison d'or. Mme Arnoux ne comprit rien à ce mouvement de cœur, s'offensant même d'être traitée en lorette; — ce qui, de la part d'Arnoux, au contraire, était une preuve d'affection. Puis, comme il s'ennuyait, il alla se distraire chez la Maréchale.

Jusqu'à présent, on lui avait passé beaucoup de choses, grâce à son caractère bonhomme. Mais son procès le classa parmi les gens tarés. Une solitude se fit autour de sa maison.

Frédéric, par point d'honneur, crut devoir les fréquenter plus que jamais. Il loua une baignoire aux Italiens et les y conduisit chaque semaine. Cependant, ils en étaient à cette période où, dans les unions disparates, une invincible lassitude ressort des concessions que l'on s'est faites et rend l'existence intolérable. Mme Arnoux se retenait pour ne pas éclater, Arnoux s'assombrissait, et le spectacle de ces deux êtres malheureux attristait Frédéric.

Elle l'avait chargé, puisqu'il possédait sa confiance, de s'enquérir de ses affaires. Mais il avait honte, il souffrait de prendre ses dîners en ambitionnant sa femme. Il continuait néanmoins, se donnant pour excuse qu'il devait la défendre, et qu'une occasion pouvait se présenter de lui être utile.

Huit jours après le bal, il avait fait une visite à M. Dambreuse. Le financier lui avait offert une vingtaine d'actions dans son entreprise de houilles. Frédéric n'y était pas retourné.

Deslauriers lui écrivait des lettres. Il les laissait sans réponse. Pellerin l'avait engagé à venir voir le portrait. Il l'éconduisait toujours. Il céda cependan à Cisy, qui l'obsédait pour faire la connaissance de Rosanette.

Elle le reçut fort gentiment, mais sans lui sauter au cou, comme autrefois. Son compagnon fut heureux d'être admis chez une impure, et surtout de causer avec un acteur. — Delmar se trouvait là.

Un drame, où il avait représenté un manant qui fait la leçon à Louis XIV et prophétise 89, l'avait mis en telle évidence, qu'on lui fabriquait sans cesse le même rôle; et sa fonction, maintenant, consistait à bafouer les monarques de tous les pays. Brasseur anglais, il invectivait Charles Ier; étudiant de Salamanque, maudissait Philippe II; ou, père sensible, s'indignait contre la Pompadour, c'était le plus beau!

Les gamins, pour le voir, l'attendaient à la porte des coulisses; et sa biographie, vendue dans les entr'actes, le dépeignait comme soignant sa vieille mère, lisant l'Évangile, assistant les pauvres, enfin sous les couleurs d'un saint Vincent de Paul mélangé de Brutus et de Mirabeau. On disait : « Notre Delmar. » Il avait une mission, il devenait Christ.

Tout cela avait fasciné Rosanette, et elle s'était débarrassée du père Oudry, sans se soucier de rien, n'étant pas cupide.

Arnoux, qui la connaissait, en avait profité pendant longtemps pour l'entretenir à peu de frais; le bonhomme était venu, et ils avaient eu soin, tous les trois, de ne point s'expliquer franchement. Puis. s'imaginant qu'elle congédiait l'autre pour lui seul, Arnoux avait augmenté sa pension. Mais ses demandes se renouvelaient avec une fréquence inexplicable, car elle menait un train moins dispendieux ; elle avait même vendu jusqu'au cachemire, tenant à s'acquitter de ses vieilles dettes, disait-elle ; et il donnait toujours, elle l'ensorcelait, elle abusait de lui, sans pitié. Aussi les factures, les papiers timbrés pleuvaient dans la maison. Frédéric sentait une crise prochaine.

Un jour, il se présenta pour voir Mme Arnoux. Elle était sortie. Mais Monsieur travaillait en bas dans le magasin.

En effet, Arnoux, au milieu de ses potiches, tâchait d'*enfoncer* de jeunes mariés, des bourgeois de la province. Il parlait du tournage et du tournassage, du truité et du glacé; et les autres, ne voulant pas avoir l'air de n'y rien comprendre, faisaient des signes d'approbation et achetaient.

Quand les chalands furent dehors, il conta qu'il avait eu, le matin, avec sa femme une petite altercation. Pour prévenir les observations sur la dépense, il avait affirmé que la Maréchale n'était plus sa maîtresse.

— « Je lui ai même dit que c'était la vôtre. »

Frédéric fut indigné; mais des reproches pouvaient le trahir; il balbutia :

— « Ah! vous avez eu tort, grand tort! »

— « Qu'est-ce que ça fait? » dit Arnoux. « Où est le déshonneur de passer pour son amant? Je le suis bien, moi! Ne seriez-vous pas flatté de l'être? »

Avait-elle parlé? Était-ce une allusion? Frédéric se hâta de répondre :

— « Non! pas du tout! au contraire! »

— « Eh bien, alors? »

— « Oui, c'est vrai! cela n'y fait rien. »

Arnoux reprit :

— « Pourquoi ne venez-vous plus là-bas? »

Frédéric promit d'y retourner.

— « Ah! j'oubliais! vous devriez..., en causant de

Rosanette..., lâcher à ma femme quelque chose... je ne sais quoi, mais vous trouverez... quelque chose qui la persuade que vous êtes son amant. Je vous demande cela comme un service, hein? »

Le jeune homme, pour toute réponse, fit une grimace ambiguë.

Cette calomnie le perdait. Il alla le soir même chez elle, et jura que l'allégation d'Arnoux était fausse.

— « Bien vrai? »

Il paraissait sincère; et, quand elle eut respiré largement, elle lui dit : « Je vous crois, » avec un beau sourire; puis elle baissa la tête, et, sans le regarder :

— « Au reste, personne n'a de droit sur vous! »

Elle ne devinait donc rien, et elle le méprisait, puisqu'elle ne pensait pas qu'il pût assez l'aimer pour lui être fidèle! Frédéric, oubliant ses tentatives près de l'autre, trouvait la permission outrageante.

Ensuite, elle le pria d'aller quelquefois « chez cette femme », pour voir un peu ce qui en était.

Arnoux survint, et, cinq minutes après, voulut l'entraîner chez Rosanette.

La situation devenait intolérable.

Il en fut distrait par une lettre du notaire qui devait lui envoyer le lendemain quinze mille francs; et, pour réparer sa négligence envers Deslauriers, il alla lui apprendre tout de suite cette bonne nouvelle.

L'avocat logeait rue des Trois-Maries, au quatrième étage, sur une cour. Son cabinet, petite pièce carrelée, froide, et tendue d'un papier grisâtre, avait pour principale décoration une médaille en or, son prix de doctorat, insérée dans un cadre d'ébène contre la glace. Une bibliothèque d'acajou enfermait sous vitres cent volumes, à peu près. Le bureau, couvert de basane, tenait le milieu de l'appartement. Quatre vieux fauteuils de velours vert en occupaient les coins; et des copeaux flambaient dans la cheminée, où il y avait toujours un fagot prêt à allumer au coup de sonnette. C'était l'heure de ses consultations; l'avocat portait une cravate blanche.

L'annonce des quinze mille francs (il n'y comptait plus, sans doute) lui causa un ricanement de plaisir.

— « C'est bien, mon brave, c'est bien, c'est très-bien! »

Il jeta du bois dans le feu, se rassit et parla immédiatement du journal.

La première chose à faire était de se débarrasser d'Hussonnet.

— « Ce crétin-là me fatigue! Quant à desservir une opinion, le plus équitable, selon moi, et le plus fort, c'est de n'en avoir aucune. »

Frédéric parut étonné.

— « Mais sans doute! Il serait temps de traiter la politique scientifiquement. Les vieux du XVIIIe siècle commençaient, quand Rousseau, les littérateurs, y ont introduit la philanthropie, la poésie, et autres blagues, pour la plus grande joie des catholiques; alliance naturelle, du reste, puisque les réformateurs modernes (je peux le prouver) croient tous à la révélation. Mais, si vous chantez des messes pour la Pologne, si à la place du Dieu des dominicains, qui était un bourreau, vous prenez le Dieu des romantiques, qui est un tapissier; si, enfin, vous n'avez pas de l'Absolu une conception plus large que vos aïeux, la Monarchie percera sous vos formes républicaines, et votre bonnet rouge ne sera jamais qu'une calotte sacerdotale! Seulement, le régime cellulaire aura remplacé la torture, l'outrage à la Religion le sacrilége, le concert européen la Sainte-Alliance; et, dans ce bel ordre qu'on admire, fait de débris louis-quatorziens, de ruines voltairiennes, avec du badigeon impérial par-dessus et des fragments de constitution anglaise, on verra les conseils municipaux tâchant de vexer le maire, les conseils généraux leur préfet, les chambres le roi, la presse le pouvoir, l'administration tout le monde! Mais les bonnes âmes s'extasient sur le Code civil, œuvre fabriquée, quoi qu'on dise, dans un esprit mesquin, tyrannique; car le législateur, au lieu de faire son état, qui est de régulariser la coutume, a prétendu modeler la société comme un Lycurgue! Pourquoi la loi gêne-t-elle le père de famille en matière de testament? Pourquoi entrave-t-elle la vente forcée des immeubles? Pourquoi punit-elle comme délit le vagabondage, lequel ne devrait pas être même une contravention? Et il y en a d'autres! Je les connais! aussi je vais écrire un petit roman intitulé *Histoire de l'idée de justice*, qui sera drôle! Mais j'ai une soif abominable! et toi? »

Il se pencha par la fenêtre, et cria au portier d'aller chercher des grogs au cabaret.

— « En résumé, je vois trois partis..., non! trois groupes, — et dont aucun ne m'intéresse : ceux qui ont, ceux qui n'ont plus, et ceux qui tâchent d'avoir. Mais tous s'accordent dans l'idolâtrie imbécile de l'autorité! Exemples : Mably recommande qu'on empêche les philosophes de publier leurs doctrines; M. Wronski, géomètre, appelle en son langage la censure « répression critique de la spontanéité spéculative »; le père Enfantin bénit les Hapsbourg « d'avoir passé par-dessus les Alpes une main pesante pour comprimer l'Italie »; Pierre Leroux veut qu'on vous force à entendre un orateur, et Louis Blanc incline à une religion d'État, tant ce peuple de vassaux a la rage du gouvernement! Pas un cependant n'est légitime, malgré leurs sempiternels principes.

Mais, *principe* signifiant *origine,* il faut se reporter toujours à une révolution, à un acte de violence, à un fait transitoire. Ainsi, le principe du nôtre est la souveraineté nationale, comprise dans la forme parlementaire, quoique le parlement n'en convienne pas! Mais en quoi la souveraineté du peuple serait-elle plus sacrée que le droit divin? L'un et l'autre sont deux fictions! Assez de métaphysique, plus de fantômes! Pas n'est besoin de dogmes pour faire balayer les rues! On dira que je renverse la société! Eh bien, après? où serait le mal? Elle est propre, en effet, ta société. »

Frédéric aurait eu beaucoup de choses à lui répondre. Mais, le voyant loin des théories de Sénécal, il était plein d'indulgence. Il se contenta d'objecter qu'un pareil système les ferait haïr généralement.

— « Au contraire, comme nous aurons donné à chaque parti un gage de haine contre son voisin, tous compteront sur nous. Tu vas t'y mettre aussi, toi, et nous faire de la critique transcendante! »

Il fallait attaquer les idées reçues, l'Académie, l'École normale, le Conservatoire, la Comédie-Française, tout ce qui ressemblait à une institution. C'est par là qu'ils donneraient un ensemble de doctrine à leur Revue. Puis, quand elle serait bien posée, le journal tout à coup deviendrait quotidien; alors, ils s'en prendraient aux personnes.

— « Et on nous respectera, sois en sûr! »

Deslauriers touchait à son vieux rêve : une rédaction en chef, c'est-à-dire au bonheur inexprimable de diriger les autres, de tailler en plein dans leurs articles, d'en commander, d'en refuser. Ses yeux pétillaient sous ses lunettes, il s'exaltait et buvait des petits verres, coup sur coup, machinalement.

— « Il faudra que tu donnes un dîner une fois la semaine, c'est indispensable, quand même la moitié de ton revenu y passerait! On voudra y venir, ce sera un centre pour les autres, un levier pour toi; et, maniant l'opinion par les deux bouts, littérature et politique, avant six mois, tu verras, nous tiendrons le haut du pavé dans Paris. »

Frédéric, en l'écoutant, éprouvait une sensation de rajeunissement, comme un homme qui, après un long séjour dans une chambre, est transporté au grand air. Cet enthousiasme le gagnait.

— « Oui, j'ai été un paresseux, un imbécile, tu as raison! »

— « A la bonne heure! » s'écria Deslauriers, « je retrouve mon Frédéric! »

Et, lui mettant le poing sous la mâchoire :

— « Ah! tu m'as fait souffrir, n'importe! je t'aime tout de même. »

Ils étaient debout et se regardaient, attendris l'un et l'autre, et près de s'embrasser.

Un bonnet de femme parut au seuil de l'antichambre.

— « Qui t'amène? » dit Deslauriers.

C'était Mlle Clémence, sa maîtresse.

Elle répondit que, passant devant sa maison par hasard, elle n'avait pu résister au désir de le voir; et, pour faire une petite collation ensemble, elle lui apportait des gâteaux, qu'elle déposa sur la table.

— « Prends garde à mes papiers! » reprit aigrement l'avocat. « D'ailleurs, c'est la troisième fois que je te défends de venir pendant mes consultations. »

Elle voulut l'embrasser.

— « Bien! va-t'en! file ton nœud! »

Il la repoussait, elle eut un grand sanglot.

— « Ah! tu m'ennuies, à la fin! »

— « C'est que je t'aime! »

— « Je ne demande pas qu'on m'aime, mais qu'on m'oblige! »

Ce mot, si dur, arrêta les larmes de Clémence. Elle se planta devant la fenêtre, et y restait immobile, le front posé contre le carreau.

Cependant, son attitude et son mutisme agaçaient Deslauriers.

— « Quand tu auras fini, tu commanderas ton carrosse, n'est-ce pas? »

Elle se retourna en sursaut.

— « Tu me renvoies? »

— « Parfaitement ! »

Alors, elle fixa sur lui ses grands yeux bleus, pour une dernière prière sans doute ; puis croisa les deux bouts de son tartan, attendit une minute encore, et s'en alla.

— « Tu devrais la rappeler, » dit Frédéric.

— « Allons donc ! »

Et, comme il avait besoin de sortir, Deslauriers passa dans sa cuisine, qui était son cabinet de toilette. Il y avait sur la dalle, près d'une paire de bottes, les débris d'un maigre déjeuner, et un matelas avec une couverture était roulé par terre dans un coin.

— « Ceci te démontre, » dit-il, « que je reçois peu de marquises ! On s'en passe aisément, va ! et des autres aussi. Celles qui ne coûtent rien prennent votre temps ; c'est de l'argent sous une autre forme ; or, je ne suis pas riche ! Et puis elles sont toutes si bêtes ! si bêtes ! Est-ce que tu peux causer avec une femme, toi ? »

Ils se séparèrent à l'angle du pont Neuf.

— « Ainsi, c'est convenu ! tu m'apporteras la chose demain, dès que tu l'auras. »

— « Convenu ! » dit Frédéric.

Le lendemain à son réveil, il reçut par la poste un bon de quinze mille francs sur la Banque.

Ce chiffon de papier lui représenta quinze gros sacs d'argent ; et il se dit qu'avec une somme pareille, il pourrait : d'abord garder sa voiture pendant trois ans, au lieu de la vendre comme il y serait forcé prochainement, ou s'acheter deux belles armures damasquinées qu'il avait vues sur le quai Voltaire, puis quantité de choses encore, des peintures, des livres, et combien de bouquets de fleurs, de cadeaux pour Mme Arnoux ! Tout, enfin, aurait mieux valu que de risquer, que de perdre tant d'argent dans ce journal ! Deslauriers lui semblait présomptueux, son insensibilité de la veille le refroidissant à son endroit ; et Frédéric s'abandonnait à ces regrets quand il fut tout surpris de voir entrer Arnoux, — lequel s'assit sur le bord de sa couche, pesamment, comme un homme accablé.

— « Qu'y a-t-il donc ? »

— « Je suis perdu ! »

Il avait à verser, le jour même, en l'étude de Me Beauminet, notaire rue Sainte-Anne, dix-huit mille francs, prêtés par un certain Vanneroy.

— « C'est un désastre inexplicable ! Je lui ai donné une hypothèque qui devrait le tranquilliser, pourtant ! Mais il me menace d'un commandement, s'il n'est pas payé cette après-midi, tantôt ! »

— « Et alors ? »

— « Alors, c'est bien simple ! Il va faire exproprier mon immeuble. La première affiche me ruine, voilà tout ! Ah ! si je trouvais quelqu'un pour m'avancer cette maudite somme-là, il prendrait la place de Vanneroy et je serais sauvé ! Vous ne l'auriez pas, par hasard? »

Le mandat était resté sur la table de nuit, près d'un livre. Frédéric souleva le volume et le posa pardessus, en répondant :

— « Mon Dieu, non, cher ami! »

Mais il lui coûtait de refuser à Arnoux.

— « Comment, vous ne trouvez personne qui veuille...? »

— « Personne! et songer que, d'ici à huit jours, j'aurai des rentrées! On me doit peut-être... cinquante mille francs pour la fin du mois! »

— « Est-ce que vous ne pourriez pas prier les individus qui vous doivent d'avancer...? »

— « Ah bien, oui! »

— « Mais vous avez des valeurs quelconques, des billets? »

— « Rien! »

— « Que faire? » dit Frédéric.

— « C'est ce que je me demande, » reprit Arnoux.

Il se tut, et il marchait dans la chambre de long en large.

— « Ce n'est pas pour moi, mon Dieu! mais pour mes enfants, pour ma pauvre femme! »

Puis, en détachant chaque mot :

— « Enfin... je serai fort..., j'emballerai tout

cela... et j'irai chercher fortune... je ne sais où ! »

— « Impossible ! » s'écria Frédéric.

Arnoux répliqua d'un air calme :

— « Comment voulez-vous que je vive à Paris, maintenant ? »

Il y eut un long silence.

Frédéric se mit à dire :

— « Quand le rendriez-vous, cet argent ? »

Non pas qu'il l'eût ; au contraire ! Mais rien ne l'empêchait de voir des amis, de faire des démarches. Et il sonna son domestique pour s'habiller. Arnoux le remerciait.

— « C'est dix-huit mille francs qu'il vous faut, n'est-ce pas ? »

— « Oh ! je me contenterais de seize mille ! Car j'en ferai bien deux mille cinq cents, trois mille avec mon argenterie, si Vanneroy, toutefois, m'accorde jusqu'à demain ; et, je vous le répète, vous pouvez affirmer, jurer au prêteur que, dans huit jours, peut-être même dans cinq ou six, l'argent sera remboursé. D'ailleurs, l'hypothèque en répond. Ainsi, pas de danger, vous comprenez ? »

Frédéric assura qu'il comprenait et qu'il allait sortir immédiatement.

Il resta chez lui, maudissant Deslauriers, car il voulait tenir sa parole, et cependant obliger Arnoux.

— « Si je m'adressais à M. Dambreuse ? Mais sous

quel prétexte demander de l'argent? C'est à moi, au contraire, d'en porter chez lui pour ses actions de houilles! Ah! qu'il aille se promener avec ses actions! Je ne les dois pas! »

Et Frédéric s'applaudissait de son indépendance, comme s'il eût refusé un service à M. Dambreuse.

— « Eh bien, » se dit-il ensuite, « puisque je fais une perte de ce côté-là, car je pourrais, avec quinze mille francs, en gagner cent mille! à la Bourse, ça se voit quelquefois... Donc, puisque je manque à l'un, ne suis-je libre?... D'ailleurs, quand Deslauriers attendrait! — Non, non! c'est mal, allons-y! »

Il regarda sa pendule.

— « Ah! rien ne presse! La Banque ne ferme qu'à cinq heures. »

Et, à quatre heures et demie, quand il eut touché son argent :

— « C'est inutile, maintenant! je ne le trouverais pas; j'irai ce soir! » se donnant ainsi le moyen de revenir sur sa décision, car il reste toujours dans la conscience quelque chose des sophismes qu'on y a versés; elle en garde l'arrière-goût, comme d'une liqueur mauvaise.

Il se promena sur les boulevards, et dîna seul au restaurant. Puis il entendit un acte au Vaudeville, pour se distraire. Mais ses billets de banque le gênaient, comme s'il les eût volés. Il n'aurait pas été chagrin de les perdre.

En rentrant chez lui, il trouva une lettre contenant ces mots :

« Quoi de neuf?

» Ma femme se joint à moi, cher ami, dans l'espérance, etc.

» A vous, »

Et un parafe.

— « Sa femme! elle me prie! »

Au même moment, parut Arnoux, pour savoir s'il avait trouvé la somme urgente.

— « Tenez, la voilà! » dit Frédéric.

Et, vingt-quatre heures après, il répondit à Deslauriers :

— « Je n'ai rien reçu. »

Mais l'avocat revint trois jours de suite. Il le pressait d'écrire au notaire. Il offrit même de faire le voyage du Havre.

— « Non! c'est inutile! je vais y aller! »

La semaine finie, Frédéric demanda timidement au sieur Arnoux ses quinze mille francs.

Arnoux le remit au lendemain, puis au surlendemain. Frédéric se risquait dehors à la nuit close, craignant d'être surpris par Deslauriers.

Mais, un soir, quelqu'un le heurta au coin de la Madeleine. C'était lui.

— « Je vais les chercher, » dit-il.

Et Deslauriers l'accompagna jusqu'à la porte d'une maison, dans le faubourg Poissonnière.

— « Attends-moi! »

Il attendit.

Enfin, après quarante-trois minutes, Frédéric sortit avec Arnoux, et lui fit signe de patienter encore un peu.

Le marchand de faïences et son compagnon montèrent, bras dessus, bras dessous, la rue Hauteville, prirent ensuite la rue de Chabrol.

La nuit était sombre, avec des rafales de vent tiède. Arnoux marchait doucement, tout en parlant des Galeries du Commerce : une suite de passages couverts qui auraient mené du boulevard Saint-Denis au Châtelet, spéculation merveilleuse, où il avait grande envie d'entrer; et il s'arrêtait de temps à autre, pour voir aux carreaux des boutiques la figure des grisettes, puis reprenait son discours.

Cependant, Frédéric entendait les pas de Deslauriers derrière lui, comme des reproches, comme des coups frappant sur sa conscience. Mais il n'osait faire sa réclamation, — par mauvaise honte, et dans la crainte qu'elle ne fût inutile. L'autre se rapprochait. Il se décida.

Arnoux, d'un ton fort dégagé, dit que, ses recouvrements n'ayant pas eu lieu, il ne pouvait rendre actuellement les quinze mille francs.

— « Vous n'en avez pas besoin, j'imagine? »

A ce moment, Deslauriers accosta Frédéric, et, le tirant à l'écart :

— « Sois franc, les as-tu, oui ou non? »

— « Eh bien, non! » dit Frédéric, « je les ai perdus! »

— « Ah! et à quoi? »

— « Au jeu! »

Deslauriers ne répondit pas un mot, salua très-bas, et partit.

Arnoux avait profité de l'occasion pour allumer un cigare dans un débit de tabac. Il revint en demandant quel était ce jeune homme.

— « Rien! un ami! »

Puis, trois minutes après, devant la porte de Rosanette :

— « Montez donc, » dit Arnoux, « elle sera contente de vous voir. Quel sauvage vous êtes maintenant! »

Un réverbère, en face, l'éclairait; et, avec son cigare entre ses dents blanches et son air heureux, il avait quelque chose d'intolérable.

— « Ah! à propos, mon notaire a été ce matin chez le vôtre, pour cette inscription d'hypothèque. C'est ma femme qui me l'a rappelé. »

— « Une femme de tête! » reprit machinalement Frédéric.

— « Je crois bien! »

Et Arnoux recommença son éloge. Elle n'avait pas sa pareille pour l'esprit, le cœur, l'économie; il ajouta d'une voix basse, en roulant des yeux :

— « Et comme corps de femme! »

— « Adieu! » dit Frédéric.

Arnoux fit un mouvement.

— « Tiens! pourquoi? »

Et, la main à demi tendue vers lui, il l'examinait, tout décontenancé par la colère de son visage.

Frédéric répliqua sèchement :

— « Adieu! »

Il descendit la rue de Breda comme une pierre qui déroule, furieux contre Arnoux, se faisant le serment de ne jamais le revoir, ni elle non plus, navré, désolé. Au lieu de la rupture qu'il attendait, voilà que l'autre, au contraire, se mettait à la chérir et complétement, depuis le bout des cheveux jusqu'au fond de l'âme. La vulgarité de cet homme exaspérait Frédéric. Tout lui appartenait donc, à celui-là! Il le retrouvait sur le seuil de la lorette; et la mortification d'une rupture s'ajoutait à la rage de son impuissance.

D'ailleurs, l'honnêteté d'Arnoux offrant des sécurités pour son argent l'humiliait; il aurait voulu l'étrangler; et par-dessus son chagrin planait dans sa conscience, comme un brouillard, le sentiment de sa lâcheté envers son ami. Des larmes l'étouffaient.

Deslauriers dévalait la rue des Martyrs, en jurant tout haut d'indignation; car son projet, tel qu'un obélisque abattu, lui paraissait maintenant d'une hauteur extraordinaire. Il s'estimait volé, comme s'il avait subi un grand dommage. Son amitié pour Frédéric était morte, enfin; et il en éprouvait de la joie; c'était une compensation! Puis une haine l'envahit contre les riches. Il pencha vers les opinions de Sénécal et se promettait de les servir.

Arnoux, pendant ce temps-là, commodément assis dans une bergère, auprès du feu, humait sa tasse de thé, en tenant la Maréchale sur ses genoux.

Frédéric ne retourna point chez eux; et, pour se distraire de sa passion calamiteuse, adoptant le premier sujet qui se présenta, il résolut de composer une *Histoire de la Renaissance*. Il entassa pêle-mêle sur sa table les humanistes, les philosophes et les poëtes; il allait au Cabinet des estampes voir les gravures de Marc-Antoine; il tâchait d'entendre Machiavel. Peu à peu, la sérénité du travail l'apaisa. En plongeant dans la personnalité des autres, il oublia la sienne, ce qui est la seule manière peut-être de n'en pas souffrir.

Un jour qu'il prenait des notes, tranquillement, la porte s'ouvrit et le domestique annonça Mme Arnoux.

C'était bien elle! seule? Mais non! car elle tenait par la main le petit Eugène, suivi de sa bonne en tablier blanc.

Elle s'assit; et, quand elle eut toussé :

— « Il y a longtemps que vous n'êtes venu à la maison. »

Frédéric ne trouvant pas d'excuse, elle ajouta :

— « C'est une délicatesse de votre part! »

Il reprit :

— « Quelle délicatesse? »

— « Ce que vous avez fait pour Arnoux! » dit-elle.

Frédéric eut un geste signifiant : « Je m'en moque bien! c'était pour vous! »

Alors, elle envoya son enfant jouer avec la bonne, dans le salon.

Ils échangèrent deux ou trois mots sur leur santé, puis l'entretien tomba.

Elle portait une robe de soie brune, de la couleur d'un vin d'Espagne, avec un paletot de velours noir, bordé de martre; cette fourrure donnait envie de passer les mains dessus, et ses longs bandeaux, bien lissés, attiraient les lèvres. Mais une émotion la troublait, et, tournant les yeux du côté de la porte :

— « Il fait un peu chaud, ici! »

Frédéric devina l'intention prudente de son regard.

— « Pardon! les deux battants ne sont que poussés. »

— « Ah! c'est vrai! »

Et elle sourit, comme pour dire : « Je ne crains rien. »

Il lui demanda immédiatement ce qui l'amenait.

— « Mon mari, » reprit-elle avec effort, « m'a engagée à venir chez vous, n'osant faire cette démarche lui-même. »

— « Et pourquoi? »

— « Vous connaissez M. Dambreuse, n'est-ce pas? »

— « Oui, un peu! »

— « Ah! un peu. »

Elle se taisait.

— « N'importe! achevez. »

Alors, elle conta que, l'avant-veille, Arnoux n'avait pu payer quatre billets de mille francs souscrits à l'ordre du banquier, et sur lesquels il lui avait fait mettre sa signature. Elle se repentait d'avoir compromis la fortune de ses enfants. Mais tout valait mieux que le déshonneur; et, si M. Dambreuse arrêtait les poursuites, on le payerait bientôt, certainement; car elle allait vendre, à Chartres, une petite maison qu'elle avait.

— « Pauvre femme! » murmura Frédéric. — « J'irai! comptez sur moi. »

— « Merci! »

Et elle se leva pour partir.

— « Oh! rien ne vous presse encore! »

Elle resta debout, examinant le trophée de flèches mongoles suspendu au plafond, la bibliothèque, les reliures, tous les ustensiles pour écrire; elle souleva la cuvette de bronze qui contenait les plumes; ses talons se posèrent à des places différentes sur le tapis. Elle était venue plusieurs fois chez Frédéric, mais toujours avec Arnoux. Ils se trouvaient seuls, maintenant, — seuls, dans sa propre maison; — c'était un événement extraordinaire, presque une bonne fortune.

Elle voulut voir son jardinet; et il lui offrit le bras pour lui montrer ses domaines, trente pieds de terrain, enclos par des maisons, ornés d'arbustes dans les angles et d'une plate-bande au milieu.

On était aux premiers jours d'avril. Les feuilles des lilas verdoyaient déjà, un souffle pur se roulait dans l'air, et de petits oiseaux pépiaient, alternant leur chanson avec le bruit lointain que faisait la forge d'un carrossier.

Frédéric alla chercher une pelle à feu; et, tandis

qu'ils se promenaient côte à côte, l'enfant élevait des tas de sable dans l'allée.

Mme Arnoux ne croyait pas qu'il eût plus tard une grande imagination, mais il était d'humeur caressante. Sa sœur, au contraire, avait une sécheresse naturelle qui la blessait quelquefois.

— « Cela changera, » dit Frédéric. « Il ne faut jamais desespérer. »

Elle répliqua :

— « Il ne faut jamais désespérer ! »

Cette répétition machinale de sa phrase lui parut une sorte d'encouragement ; et il cueillit une rose, la seule du jardin.

— « Vous rappelez-vous... un certain bouquet de roses, un soir, en voiture? »

Elle rougit quelque peu ; et, avec un air de compassion railleuse :

— « Ah! j'étais bien jeune! »

— « Et celle-là, » reprit à voix basse Frédéric, « en sera-t-il de même? »

Elle répondit, tout en faisant tourner la tige entre ses doigts, comme le fil d'un fuseau :

— « Non! je la garderai! »

Et elle appela d'un geste la bonne, qui prit l'enfant sur son bras ; puis, au seuil de la porte, dans la rue, Mme Arnoux aspira la fleur, en inclinant la tête sur son épaule, et avec un regard aussi doux qu'un baiser.

Quand il fut remonté dans son cabinet, il contempla le fauteuil où elle s'était assise et tous les objets qu'elle avait touchés. Quelque chose d'elle circulait autour de lui. La caresse de sa présence durait encore.

— « Elle est donc venue là! » se disait-il.

Et les flots d'une tendresse infinie le submergeaient.

Le lendemain, à onze heures, il se présenta chez M. Dambreuse.

On le reçut dans la salle à manger. Le banquier déjeunait en face de sa femme. Sa nièce était près d'elle, et de l'autre côté l'institutrice, une Anglaise, fortement marquée de petite vérole.

M. Dambreuse invita son jeune ami à prendre place au milieu d'eux, et, sur son refus :

— « A quoi puis-je vous être bon? Je vous écoute. »

Frédéric avoua, en affectant de l'indifférence, qu'il venait faire une requête pour un certain Arnoux.

— « Ah! ah! l'ancien marchand de tableaux, » dit le banquier, avec un rire muet découvrant ses gencives. « Oudry le garantissait, autrefois; on s'est fâché. »

Et il se mit à parcourir les lettres et les journaux posés près de son couvert.

Deux domestiques servaient, sans faire de bruit

sur le parquet; et la hauteur de la salle, qui avait trois portières en tapisserie et deux fontaines de marbre blanc, le poli des réchauds, la disposition des hors-d'œuvre, et jusqu'aux plis raides des serviettes, tout ce bien-être luxueux établissait dans la pensée de Frédéric un contraste avec un autre déjeuner chez Arnoux. Il n'osait interrompre M. Dambreuse.

Madame remarqua son embarras.

— « Voyez-vous quelquefois notre ami Martinon? »

— « Il viendra ce soir, » dit vivement la jeune fille.

— « Ah! tu le sais? » répliqua sa tante, en arrêtant sur elle un regard froid.

Puis, un des valets s'étant penché à son oreille :

— « Ta couturière, mon enfant!... miss John! »

Et l'institutrice, obéissante, disparut avec son élève.

M. Dambreuse, troublé par le dérangement des chaises, demanda ce qu'il y avait.

— « C'est Mme Regimbart. »

— « Tiens! Regimbart! Je connais ce nom-là. J'ai rencontré sa signature. »

Frédéric aborda enfin la question; Arnoux méritait de l'intérêt; il allait même, dans le seul but de remplir ses engagements, vendre une maison à sa femme.

— « Elle passe pour très-jolie, » dit Mme Dambreuse.

Le banquier ajouta d'un air bonhomme :

— « Êtes-vous leur ami... intime? »

Frédéric, sans répondre nettement, dit qu'il lui serait fort obligé de prendre en considération...

— « Eh bien, puisque cela vous fait plaisir, soit! on attendra! J'ai du temps encore. Si nous descendions dans mon bureau, voulez-vous? »

Le déjeuner était fini; Mme Dambreuse s'inclina légèrement, tout en souriant d'un sourire singulier, plein à la fois de politesse et d'ironie. Frédéric n'eut pas le temps d'y réfléchir; car M. Dambreuse, dès qu'ils furent seuls :

— « Vous n'êtes pas venu chercher vos actions. »

Et, sans lui permettre de s'excuser :

— « Bien! bien! il est juste que vous connaissiez l'affaire un peu mieux. »

Il lui offrit une cigarette et commença.

L'*Union générale des Houilles françaises* était constituée (on n'attendait plus que l'ordonnance). Le fait seul de la fusion, diminuant les frais de surveillance et de main-d'œuvre, augmentait les bénéfices. De plus, la Société imaginait une chose nouvelle, qui était d'intéresser les ouvriers à son entreprise. Elle leur bâtirait des maisons, des logements salubres; enfin elle se constituait le fournisseur de ses employés, leur livrait tout à prix de revient.

— « Et ils gagneront, monsieur; voilà du véritable progrès: et c'est répondre victorieusement à certaines criailleries républicaines! Nous avons dans notre conseil, » il exhiba le prospectus, « un pair de France, un savant de l'Institut, un officier supérieur du génie en retraite, des noms connus! De pareils éléments rassurent les capitaux craintifs et appellent les capitaux intelligents! » La Compagnie aurait pour elle les commandes de l'État, puis les chemins de fer, la marine à vapeur, les établissements métallurgiques, le gaz, les cuisines bourgeoises. « Ainsi, nous chauffons, nous éclairons, nous pénétrons jusqu'au foyer des plus humbles ménages. Mais comment, me direz-vous, pourrons-nous assurer la vente? Grâce à des droits protecteurs, cher monsieur, et nous les obtiendrons! cela nous regarde! Moi, du reste, je suis franchement prohibitioniste! le pays avant tout! » On l'avait nommé directeur; mais le temps lui manquait pour s'occuper de certains détails, de la rédaction entre autres. « Je suis un peu brouillé avec mes auteurs, j'ai oublié mon grec! J'aurais besoin de quelqu'un... qui pût traduire mes idées. » Et tout à coup : « Voulez-vous être cet homme-là, avec le titre de secrétaire général? »

Frédéric ne sut que répondre.

— « Eh bien, qui vous empêche? »

Ses fonctions se borneraient à écrire, tous les ans, un rapport pour les actionnaires. Il se trouverait en relations quotidiennes avec les hommes les plus considérables de Paris. Représentant la Compagnie près les ouvriers, il s'en ferait adorer, naturellement, ce qui lui permettrait, plus tard, de se pousser au Conseil général, à la députation.

Les oreilles de Frédéric tintaient. D'où provenait cette bienveillance? Il se confondit en remercîments.

Mais il ne fallait point, dit le banquier, qu'il fût dépendant de personne. Le meilleur moyen, c'était de prendre des actions, « placement superbe d'ailleurs, car votre capital garantit votre position, comme votre position votre capital. »

— « A combien, environ, doit-il se monter? » dit Frédéric.

— « Mon Dieu! ce qui vous plaira; de quarante à soixante mille francs, je suppose. »

Cette somme était si minime pour M. Dambreuse et son autorité si grande, que le jeune homme se décida immédiatement à vendre une ferme. Il acceptait.

M. Dambreuse fixerait un de ces jours un rendez-vous pour terminer leurs arrangements.

— « Ainsi, je puis dire à Jacques Arnoux...? »

— « Tout ce que vous voudrez! le pauvre garçon! Tout ce que vous voudrez! »

Frédéric écrivit aux Arnoux de se tranquilliser, et il fit porter la lettre par son domestique auquel on répondit :

— « Très-bien ! »

Sa démarche, cependant, méritait mieux. Il s'attendait à une visite, à une lettre tout au moins. Il ne reçut pas de visite. Aucune lettre n'arriva.

Y avait-il oubli de leur part, ou intention ? Puisque Mme Arnoux était venue une fois, qui l'empêchait de revenir ? L'espèce de sous-entendu, d'aveu qu'elle lui avait fait, n'était donc qu'une manœuvre exécutée par intérêt? « Se sont-ils joués de moi? est-elle complice ? » Une sorte de pudeur, malgré son envie, l'empêchait de retourner chez eux.

Un matin (trois semaines après leur entrevue), M. Dambreuse lui écrivit qu'il l'attendait le jour même, dans une heure.

En route, l'idée des Arnoux l'assaillit de nouveau; et, ne découvrant point de raison à leur conduite, il fut pris par une angoisse, un pressentiment funèbre. Pour s'en débarrasser, il appela un cabriolet et se fit conduire rue Paradis.

Arnoux était en voyage.

— « Et Madame? »

— « A la campagne, à la fabrique ! »

— « Quand revient Monsieur ? »

— « Demain, sans faute ! »

Il la trouverait seule ; c'était le moment. Quelque chose d'impérieux criait dans sa conscience : « Vas-y donc ! »

Mais M. Dambreuse? « Eh bien, tant pis! Je dirai que j'étais malade. » Il courut à la gare; puis, dans le wagon : « J'ai eu tort, peut-être? Ah bah ! qu'importe ! »

A droite et à gauche, des plaines vertes s'étendaient; le convoi roulait; les maisonnettes des stations glissaient comme des décors, et la fumée de la locomotive versait toujours du même côté ses gros flocons qui dansaient sur l'herbe quelque temps, puis se dispersaient. Frédéric, seul sur sa banquette, regardait cela, par ennui, perdu dans cette langueur que donne l'excès même de l'impatience. Mais des grues, des magasins, parurent. C'était Creil.

La ville, construite au versant de deux collines basses (dont la première est nue et la seconde couronnée par un bois), avec la tour de son église, ses maisons inégales et son pont de pierre, lui semblait avoir quelque chose de gai, de discret et de bon. Un grand bateau plat descendait au fil de l'eau, qui clapotait fouettée par le vent; des poules, au pied du calvaire, picoraient dans de la paille; une femme passa, portant du linge mouillé sur sa tête.

Après le pont, il se trouva dans une île, où l'on voit sur la droite les ruines d'une abbaye. Un moulin tournait, barrant dans toute sa largeur le second bras de l'Oise, que surplombe la manufacture. L'importance de cette construction étonna grandement Frédéric. Il en conçut plus de respect pour Arnoux. Trois pas plus loin, il prit une ruelle, terminée au fond par une grille.

Il était entré. La concierge le rappela en lui criant :

— « Avez-vous une permission ? »

— « Pourquoi ? »

— « Pour visiter l'établissement ! »

Frédéric, d'un ton brutal, dit qu'il venait voir M. Arnoux.

— « Qu'est-ce que c'est que M. Arnoux ? »

— « Mais le chef, le maître, le propriétaire, enfin ! »

— « Non, monsieur, c'est ici la fabrique de MM. Lebœuf et Milliet ! »

La bonne femme plaisantait sans doute. Des ouvriers arrivaient ; il en aborda deux ou trois ; leur réponse fut la même.

Frédéric sortit de la cour, en chancelant comme un homme ivre ; et il avait l'air tellement ahuri, que, sur le pont de la Boucherie, un bourgeois, en train de fumer sa pipe, lui demanda s'il cherchait quelque chose. Celui-là connaissait la manufacture d'Arnoux. Elle était située à Montataire.

Frédéric s'enquit d'une voiture. On n'en trouvait qu'à la gare. Il y retourna.

Une calèche disloquée, attelée d'un vieux cheval dont les harnais décousus pendaient dans les brancards, stationnait devant le bureau des bagages, solitairement.

Un gamin s'offrit à découvrir « le père Pilon ». Il revint au bout de dix minutes; le père Pilon déjeunait. Frédéric, n'y tenant plus, partit.

Mais la barrière du passage était close. Il fallut attendre que deux convois eussent défilé.

Enfin il se précipita dans la campagne.

La verdure monotone la faisait ressembler à un immense tapis de billard. Des scories de fer étaient rangées, parallèlement, sur les deux bords de la route, comme des mètres de cailloux. Un peu plus loin, des cheminées d'usine fumaient les unes près des autres. En face de lui se dressait sur une colline ronde, un petit château à tourelles, avec le clocher quadrangulaire d'une église. De longs murs, en dessous, formaient des lignes irrégulières parmi les arbres; et, tout en bas, les maisons du village s'étendaient.

Elles sont à un seul étage, avec des escaliers de trois marches, faites de blocs sans ciment. On entendait, par intervalles, la sonnette d'un épicier. Des pas lourds s'enfonçaient dans la boue noire, et une pluie fine tombait, coupant de mille hachures le ciel pâle.

Frédéric suivit le milieu du pavé; puis il rencontra sur sa gauche, à l'entrée d'un chemin, un grand arc de bois qui portait écrit en lettres d'or : FAÏENCES.

Ce n'était pas sans but que Jacques Arnoux avait choisi le voisinage de Creil; en plaçant sa manufacture le plus près possible de l'autre (accréditée depuis longtemps), il provoquait dans le public une confusion favorable à ses intérêts.

Le principal corps de bâtiment s'appuyait sur le bord même d'une rivière qui traverse la prairie. La maison de maître, entourée d'un jardin, se distinguait par son perron, orné de quatre vases où se hérissaient des cactus. Des amas de terre blanche séchaient sous des hangars; il y en avait d'autres à l'air libre; et au milieu de la cour se tenait Sénécal, avec son éternel paletot bleu, doublé de rouge.

L'ancien répétiteur tendit sa main froide.

— « Vous venez pour le patron? Il n'est pas là. »

Frédéric, décontenancé, répondit bêtement :

— « Je le savais. » Mais, se reprenant aussitôt : « C'est pour une affaire qui concerne Mme Arnoux. Peut-elle me recevoir? »

— « Ah! je ne l'ai pas vue depuis trois jours, » dit Sénécal.

Et il entama une kyrielle de plaintes.

En acceptant les conditions du fabricant, il avait entendu demeurer à Paris, et non s'enfouir dans cette campagne, loin de ses amis, privé de journaux. N'importe! il avait passé par là-dessus! Mais Arnoux ne paraissait faire nulle attention à son mérite. Il était borné d'ailleurs, et rétrograde, ignorant comme pas un. Au lieu de chercher des perfectionnements artistiques, mieux aurait valu introduire des chauffages à la houille et au gaz. Le bourgeois *s'enfonçait*, Sénécal appuya sur le mot. Bref, ses occupations lui déplaisaient; et il somma presque Frédéric de parler en sa faveur, afin qu'on augmentât ses émoluments.

— « Soyez tranquille! » dit l'autre.

Il ne rencontra personne dans l'escalier. Au premier étage, il avança la tête dans une pièce vide; c'était le salon. Il appela très-haut. On ne répondit pas; sans doute, la cuisinière était sortie, la bonne aussi; enfin, parvenu au second étage, il poussa une porte.

Mme Arnoux était seule, devant une armoire à glace. La ceinture de sa robe de chambre entr'ouverte pendait le long de ses hanches. Tout un côté de ses cheveux lui faisait comme un flot noir sur l'épaule droite, et elle avait les deux bras levés, retenant d'une main son chignon, tandis que l'autre y enfonçait une épingle. Elle jeta un cri, et disparut.

Puis elle revint correctement habillée. Sa taille, ses yeux, le bruit de sa robe, tout l'enchanta. Le jour du dehors, tamisé par les rideaux, blanchissait son visage, et un parfum exquis s'échappait de ses lèvres. Frédéric se retenait pour ne pas la couvrir de baisers.

— « Je vous demande pardon, » dit-elle, « mais je ne pouvais... »

Il eut la hardiesse de l'interrompre :

— « Cependant..., vous étiez très-bien... tout à l'heure. »

Elle trouva le compliment un peu grossier, sans doute, car ses pommettes se colorèrent. Il craignait de l'avoir offensée. Elle reprit :

— « Par quel bon hasard êtes-vous venu? »

Il ne sut que répondre; et, après un petit ricanement qui lui donna le temps de réfléchir :

— « Si je vous le disais, me croiriez-vous? »

— « Pourquoi pas? »

Alors, Frédéric conta qu'il avait eu, l'autre nuit, un songe affreux :

— « J'ai rêvé que vous étiez gravement malade, près de mourir. »

— « Oh! ni moi, ni mon mari ne sommes jamais malades! »

— « Je n'ai rêvé que de vous, » dit-il.

Elle le regarda d'un air calme.

— « Les rêves ne se réalisent pas toujours. »

Frédéric balbutia, chercha ses mots, et se lança enfin dans une longue période sur l'affinité des âmes. Une force existait qui peut, à travers les espaces, mettre en rapport deux personnes, les avertir de ce qu'elles éprouvent et les faire se rejoindre.

Elle l'écoutait la tête basse, tout en souriant de son beau sourire. Il l'observait du coin de l'œil, avec joie, et épanchait son amour plus librement sous la facilité d'un lieu commun. Mais elle proposa de lui montrer la fabrique; et, comme elle insistait, il accepta.

Pour le distraire d'abord par quelque chose d'amusant, elle lui fit voir l'espèce de musée qui décorait l'escalier. Les spécimens accrochés contre les murs ou posés sur des planchettes attestaient les efforts et les engouements successifs d'Arnoux. Après avoir cherché le rouge des cuivres des Chinois, il avait voulu faire des majoliques, des faënza, de l'étrusque, de l'oriental, tenté enfin quelques-uns des perfectionnements réalisés plus tard. Aussi remarquait-on, dans la série, de gros vases couverts de mandarins, des écuelles d'un mordoré chatoyant, des pots rehaussés d'écritures arabes, des buires dans le goût de la renaissance, et de larges assiettes avec deux personnages, qui étaient comme dessinés à la sanguine, d'une façon mignarde et vaporeuse. Il fabriquait maintenant des lettres d'enseigne, des étiquettes à vin; mais son intelligence n'était pas assez haute pour atteindre jusqu'à l'art, ni assez bourgeoise non plus pour viser exclusivement au profit, si bien que, sans contenter personne, il se ruinait.

Tous deux considéraient ces choses, quand Mlle Marthe passa.

— « Tu ne le reconnais donc pas? » lui dit sa mère.

— « Si fait! » reprit-elle en le saluant, tandis que son regard limpide et soupçonneux, son regard de vierge semblait murmurer : « Que viens-tu faire ici, toi? » et elle montait les marches, la tête un peu tournée sur l'épaule.

Mme Arnoux emmena Frédéric dans la cour, puis elle expliqua d'un ton sérieux comment on broie les terres, on les nettoie, on les tamise.

— « L'important, c'est la préparation des pâtes. »

Et elle l'introduisit dans une salle que remplissaient des cuves, où virait sur lui-même un axe vertical armé de bras horizontaux. Frédéric s'en voulait de n'avoir pas refusé nettement sa proposition, tout à l'heure.

— « Ce sont les patouillards, » dit-elle.

Il trouva le mot grotesque, et comme inconvenant dans sa bouche.

De larges courroies filaient d'un bout à l'autre du plafond, pour s'enrouler sur des tambours, et tout s'agitait d'une façon continue, mathématique, agaçante.

Ils sortirent de là, et passèrent près d'une cabane en ruine, qui avait autrefois servi à mettre des instruments de jardinage.

— « Elle n'est plus utile, » dit Mme Arnoux.

Il répliqua d'une voix tremblante :

— « Le bonheur peut y tenir ! »

Le tintamarre de la pompe à feu couvrit ses paroles, et ils entrèrent dans l'atelier des ébauchages.

Des hommes, assis à une table étroite, posaient devant eux, sur un disque tournant, une masse de pâte; leur main gauche en raclait l'intérieur, leur droite en caressait la surface, et l'on voyait s'élever des vases, comme des fleurs qui s'épanouissent.

Mme Arnoux fit exhiber les moules pour les ouvrages plus difficiles.

Dans une autre pièce, on pratiquait les filets, les gorges, les lignes saillantes. A l'étage supérieur, on enlevait les coutures, et l'on bouchait avec du plâtre les petits trous que les opérations précédentes avaient laissés.

Sur des claires-voies, dans des coins, au milieu des corridors, partout s'alignaient des poteries.

Frédéric commençait à s'ennuyer.

— « Cela vous fatigue peut-être? » dit-elle.

Mais, craignant qu'il ne fallût borner là sa visite, il affecta, au contraire, beaucoup d'enthousiasme. Il regrettait même de ne s'être pas voué à cette industrie.

Elle parut surprise.

— « Certainement ! j'aurais pu vivre près de vous ! »

Et, comme il cherchait son regard, Mme Arnoux, afin de l'éviter, prit sur une console des boulettes de pâte, provenant des rajustages manqués, les aplatit en une galette, et imprima dessus sa main.

— « Puis-je emporter cela? » dit Frédéric.

— « Êtes-vous assez enfant, mon Dieu ! »

Il allait répondre, Sénécal entra.

M. le sous-directeur, dès le seuil, s'aperçut d'une infraction au règlement. Les ateliers devaient être balayés toutes les semaines; on était au samedi, et, comme les ouvriers n'en avaient rien fait, Sénécal leur déclara qu'ils auraient à rester une heure de plus. « Tant pis pour vous ! »

Ils se penchèrent sur leurs pièces, sans murmurer; mais on devinait leur colère au souffle rauque de leur poitrine. Ils étaient, d'ailleurs, peu faciles à conduire, tous ayant été chassés de la grande fabrique. Le républicain les gouvernait durement. Homme de théories, il ne considérait que les masses et se montrait impitoyable pour les individus.

Frédéric, gêné par sa présence, demanda bas à Mme Arnoux s'il n'y avait pas moyen de voir les fours.

Ils descendirent au rez-de-chaussée; et elle était en train d'expliquer l'usage des cassettes, quand Sénécal, qui les avait suivis, s'interposa entre eux.

Il continua de lui-même la démonstration, s'étendit sur les différentes sortes de combustibles, l'enfournement, les pyroscopes, les alandiers, les engobes, les lustres et les métaux, prodiguant les termes de chimie, chlorure, sulfure, borax, carbonate. Frédéric n'y comprenait rien, et à chaque minute se retournait vers Mme Arnoux.

— « Vous n'écoutez pas, » dit-elle. « M. Sénécal pourtant est très-clair. Il sait toutes ces choses beaucoup mieux que moi. »

Le mathématicien, flatté de cet éloge, proposa de faire voir le posage des couleurs.

Frédéric interrogea d'un regard anxieux Mme Arnoux. Elle demeura impassible, ne voulant sans doute ni être seule avec lui, ni le quitter, cependant.

Il lui offrit son bras.

— « Non! merci bien! l'escalier est trop étroit! »

Et, quand ils furent en haut, Sénécal ouvrit la porte d'un appartement rempli de femmes.

Elles maniaient des pinceaux, des fioles, des coquilles, des plaques de verre. Le long de la corniche, contre le mur, s'alignaient des planches gravées; des bribes de papier fin voltigeaient; et un poêle de fonte exhalait une température écœurante, où se mêlait l'odeur de la térébenthine.

Les ouvrières, presque toutes, avaient des costumes sordides. On en remarquait une, cependant, qui portait un madras et de longues boucles d'oreilles. Tout à la fois mince et potelée, elle avait de gros yeux noirs et les lèvres charnues d'une négresse. Sa poitrine abondante saillissait sous sa chemise, tenue autour de sa taille par le cordon de sa jupe; et, un coude sur l'établi, tandis que l'autre bras pendait, elle regardait vaguement, au loin dans la campagne. A côté d'elle traînaient une bouteille de vin et de la charcuterie.

Le règlement interdisait de manger dans les ateliers, mesure de propreté pour la besogne et d'hygiène pour les travailleurs.

Sénécal, par sentiment du devoir ou besoin de despotisme, s'écria de loin, en indiquant une affiche dans un cadre :

— « Hé! là-bas, la Bordelaise! lisez-moi tout haut l'article 9. »

— « Eh bien, après? »

— « Après, mademoiselle? c'est trois francs d'amende que vous payerez! »

Elle le regarda en face, impudemment.

— « Qu'est-ce que ça me fait? Le patron, à son retour, la lèvera, votre amende! Je me fiche de vous, mon bonhomme! »

Sénécal, qui se promenait les mains derrière le dos, comme un pion dans une salle d'études, se contenta de sourire.

— « Article 13, insubordination, dix francs. »

La Bordelaise se remit à sa besogne. Mme Arnoux, par convenance, ne disait rien, mais ses sourcils se froncèrent. Alors, Frédéric murmura :

— « Ah! pour un démocrate, vous êtes bien dur! »

L'autre répondit magistralement :

— « La démocratie n'est pas le dévergondage de l'individualisme. C'est le niveau commun sous la loi, la répartition du travail, l'ordre! »

— « Vous oubliez l'humanité! » dit Frédéric.

Mme Arnoux prit son bras; Sénécal, offensé peut-être de cette approbation silencieuse, s'en alla.

Frédéric en ressentit un immense soulagement.

Depuis le matin, il cherchait l'occasion de se déclarer. Elle était venue. D'ailleurs, le mouvement spontané de Mme Arnoux lui semblait contenir des promesses; et il demanda, comme pour se réchauffer les pieds, à monter dans sa chambre.

Mais, quand il fut assis près d'elle, son embarras

commença : le point de départ lui manquait. Sénécal, heureusement, vint à sa pensée.

— « Rien de plus sot, » dit-il, « que cette punition ! »

Mme Arnoux reprit :

— « Il y a des sévérités indispensables. »

— « Comment, vous qui êtes si bonne ! Oh ! je me trompe ! car vous vous plaisez quelquefois à faire souffrir ! »

— « Je ne comprends pas les énigmes, mon ami. »

Et son regard austère, plus encore que le mot, l'arrêta.

Frédéric était déterminé à poursuivre. Un volume de Musset se trouvait par hasard sur la commode. Il en tourna quelques pages, puis se mit à parler de l'amour, de ses désespoirs et de ses emportements.

Tout cela, suivant Mme Arnoux, était criminel ou factice.

Le jeune homme se sentit blessé par cette négation, et, pour la combattre, il cita en preuve les suicides qu'on voit dans les journaux, exalta les grands types littéraires, Phèdre, Didon, Roméo, Desgrieux. Il s'enferrait.

Le feu dans la cheminée ne brûlait plus, la pluie fouettait contre les vitres. Mme Arnoux, sans bouger, restait les deux mains sur les bras de son fauteuil ; les pattes de son bonnet tombaient comme les bandelettes d'un sphinx; son profil pur se découpait en pâleur au milieu de l'ombre.

Il avait envie de se jeter à ses genoux. Un craquement se fit dans le couloir, il n'osa.

Il était empêché, d'ailleurs, par une sorte de crainte religieuse. Cette robe, se confondant avec les ténèbres; lui paraissait démesurée, infinie, insoulevable, et précisément à cause de cela son désir redoublait. Mais la peur de faire trop et de ne pas faire assez lui ôtait tout discernement.

— « Si je lui déplais, » pensait-il, « qu'elle me chasse! si elle veut de moi, qu'elle m'encourage! »

Il dit en soupirant :

— « Donc, vous n'admettez pas qu'on puisse aimer... une femme? »

Mme Arnoux répliqua :

— « Quand elle est à marier, on l'épouse; lorsqu'elle appartient à un autre, on s'éloigne. »

— « Ainsi, le bonheur est impossible? »

— « Non! mais on ne le trouve jamais dans le mensonge, les inquiétudes et le remords. »

— « Qu'importe! s'il est payé par des joies sublimes. »

— « L'expérience est trop coûteuse! »

Il voulut l'attaquer par l'ironie.

— « La vertu ne serait donc que de la lâcheté? »

— « Dites de la clairvoyance, plutôt. Pour celles

même qui oublieraient le devoir ou la religion, le simple bon sens peut suffire. L'égoïsme fait une base solide à la sagesse. »

— « Ah! quelles maximes bourgeoises vous avez! »

— « Mais je ne me vante pas d'être une grande dame! »

A ce moment-là, le petit garçon accourut.

— « Maman, viens-tu dîner? »

— « Oui, tout à l'heure. »

Frédéric se leva; en même temps Marthe parut.

Il ne pouvait se résoudre à s'en aller; et, avec un regard tout plein de supplications :

— « Ces femmes dont vous parlez sont donc bien insensibles? »

— « Non! mais sourdes, quand il le faut. »

Et elle se tenait debout, sur le seuil de sa chambre, avec ses deux enfants à ses côtés.

Il s'inclina sans dire un mot. Elle répondit silencieusement à son salut.

Ce qu'il éprouva d'abord, ce fut une stupéfaction infinie. Cette manière de lui faire comprendre l'inanité de son espoir l'écrasait. Il se sentait perdu comme un homme tombé au fond d'un abîme, qui sait qu'on ne le secourra pas et qu'il doit mourir.

Il marchait cependant, mais sans rien voir, au hasard; il se heurtait contre les pierres; il se trompa de chemin. Un bruit de sabots retentit près de son oreille; c'étaient les ouvriers qui sortaient de la fonderie. Alors, il se reconnut.

A l'horizon, les lanternes du chemin de fer traçaient une ligne de feux. Il arriva comme un convoi partait, se laissa pousser dans un wagon, et s'endormit.

Une heure après, sur les boulevards, la gaieté de Paris le soir recula tout à coup son voyage dans un passé déjà loin. Il voulut être fort, et allégea son cœur en dénigrant Mme Arnoux par des épithètes injurieuses :

— « C'est une imbécile, une dinde, une brute, n'y pensons plus ! »

Rentré chez lui, il trouva dans son cabinet une lettre, une lettre de huit pages sur papier à glaçure bleue et signée des initiales R. A.

Cela commençait par des reproches amicaux :

« Que devenez-vous, mon cher? je m'ennuie. »

Mais l'écriture était si abominable, que Frédéric allait rejeter tout le paquet quand il aperçut, en post-scriptum :

« Je compte sur vous demain pour me conduire aux courses. »

Que signifiait cette invitation? était-ce encore un tour de la Maréchale? Mais on ne se moque pas deux fois du même homme à propos de rien ; et, pris de curiosité, il relut la lettre attentivement.

Frédéric distingua : « Malentendu.... avoir fait fausse route... désillusions... Pauvres enfants que nous sommes !... Pareils à deux fleuves qui se rejoignent ! etc. »

Ce style contrastait avec le langage ordinaire de la lorette.

Quel changement était donc survenu ?

Il garda longtemps les feuilles entre ses doigts. Elles sentaient l'iris ; et il y avait, dans la forme des caractères et l'espacement irrégulier des lignes, comme un désordre de toilette qui le troubla.

— « Pourquoi n'irais-je pas ? » se dit-il enfin. « Mais si Mme Arnoux le savait ? Ah ! qu'elle le sache, tant mieux ! et qu'elle en soit jalouse ! ça me vengera ! »

IV

La Maréchale était prête et l'attendait.

— « Ah ! c'est gentil, cela ! » dit-elle, en fixant sur lui ses jolis yeux, à la fois tendres et gais.

Mais, quand elle eut fait le nœud de sa capote, elle s'assit sur le divan et resta silencieuse.

— « Partons-nous ? » dit Frédéric.

Elle regarda la pendule.

— « Oh ! non ! pas avant une heure et demie, » comme si elle eût posé en elle-même cette limite à son incertitude.

Enfin, l'heure ayant sonné :

— « Eh bien, *andiamo, caro mio !* »

Et elle donna un dernier tour à ses bandeaux, fit des recommandations à Delphine.

— « Madame revient dîner ? »

— « Pourquoi donc ? Nous dînerons ensemble

quelque part, au café Anglais, où vous voudrez! »

— « Soit! »

Ses petits chiens jappaient autour d'elle.

— « On peut les emmener, n'est-ce pas? »

Frédéric les porta, lui-même, jusqu'à la voiture.

C'était une berline de louage avec deux chevaux de poste et un postillon. Il avait mis sur le siége de derrière son domestique. La Maréchale parut satisfaite de ses prévenances; puis, dès qu'elle fut assise, elle lui demanda s'il avait été chez Arnoux, dernièrement.

— « Pas depuis un mois, » dit Frédéric.

— « Moi, je l'ai rencontré avant-hier, » reprit-elle. « Il serait même venu aujourd'hui. Mais il a toute sorte d'embarras, encore un procès, je ne sais quoi. Quel drôle d'homme! »

— « Oui! très-drôle! »

Frédéric ajouta d'un air indifférent :

— « A propos, voyez-vous toujours... comment donc l'appelez-vous?... cet ancien chanteur..., Delmar? »

Elle répliqua sèchement :

— « Non! c'est fini. »

Ainsi, leur rupture était certaine. Frédéric en conçut de l'espoir.

Ils descendirent au pas le quartier Breda; les

rues, à cause du dimanche, étaient désertes, et des figures de bourgeois apparaissaient derrière des fenêtres. Mais la voiture prit un train plus rapide; le bruit des roues faisait se retourner les passants, le cuir de la capote rabattue brillait, le domestique se cambrait la taille, et les deux havanais l'un près de l'autre semblaient deux manchons d'hermine posés sur les coussins. Frédéric se laissait aller au bercement des soupentes. La Maréchale tournait la tête, à droite et à gauche, en souriant.

Son chapeau de paille nacrée avait une garniture de dentelle noire. Le capuchon de son burnous flottait au vent; et elle s'abritait du soleil, sous une ombrelle de satin lilas, pointue par le haut, comme une pagode.

— « Quels amours de petits doigts! » dit Frédéric, en lui prenant doucement l'autre main, la gauche, ornée d'un bracelet d'or, en forme de gourmette. « Tiens, c'est mignon ; d'où cela vient-il? »

— « Oh! il y a longtemps que je l'ai, » dit la Maréchale.

Le jeune homme n'objecta rien à cette réponse hypocrite. Il aima mieux « profiter de la circonstance ». Et, lui tenant toujours le poignet, il appuya dessus ses lèvres, entre le gant et la manchette.

— « Finissez! on va nous voir! »

— « Bah! qu'est-ce que cela fait! »

Après la place de la Concorde, ils prirent par le quai de la Conférence et le quai de Billy, où l'on remarque un cèdre dans un jardin. Rosanette croyait le Liban situé en Chine; elle rit elle-même de son ignorance et pria Frédéric de lui donner des leçons de géographie. Puis, laissant à droite le Trocadéro, ils traversèrent le pont d'Iéna, et s'arrêtèrent enfin, au milieu du Champ de Mars, près des autres voitures, déjà rangées dans l'Hippodrome.

Les tertres de gazon étaient couverts de menu peuple. On apercevait des curieux sur le balcon de l'École-Militaire; et les deux pavillons en dehors du pesage, les deux tribunes comprises dans son enceinte, et une troisième devant celle du roi se trouvaient remplies d'une foule en toilette qui témoignait, par son maintien, de la révérence pour ce divertissement encore nouveau. D'ailleurs, le public des courses, plus spécial dans ce temps-là, avait un aspect moins vulgaire. C'était l'époque des sous-pieds, des collets de velours et des gants blancs. Les femmes, vêtues de couleurs brillantes, portaient des robes à taille longue, et, assises sur les gradins des estrades, elles faisaient comme de grands massifs de fleurs, tachetés de noir, çà et là, par les sombres costumes des hommes. Mais tous les regards se tournaient vers le célèbre Algérien Bou-Maza, qui se tenait impassible, entre deux officiers d'état-major, dans une des tribunes particulières. Celle du Jockey-Club contenait exclusivement des messieurs graves. Les horsemen les plus enthousiastes s'étaient placés, en bas, contre la piste, défendue par deux lignes de bâtons supportant des cordes; puis, au delà, dans l'ovale immense que décrivait cette allée, des marchands de coco agitaient leur crécelle, d'autres vendaient le programme des courses, d'autres criaient des cigares, un vaste bourdonnement s'élevait; et les gardes municipaux passaient et repassaient dans la foule, qui faisait beaucoup de poussière. Une cloche, suspendue à un poteau couvert de chiffres, tinta. Cinq chevaux parurent, et on rentra dans les tribunes.

Cependant, de gros nuages effleuraient de leurs volutes la cime des ormes en face. Rosanette avait peur de la pluie.

— « J'ai des riflards, » dit Frédéric, « et tout ce qu'il faut pour se distraire, » ajouta-t-il en soulevant le coffre, où il y avait des provisions de bouche dans un panier.

— « Ah! bravo! nous nous comprenons! »

— « Et on se comprendra encore mieux, n'est-ce pas? »

— « Cela se pourrait! » fit-elle en rougissant.

Les jockeys, en casaque de soie, tâchaient d'aligner leurs chevaux et les retenaient à deux mains.

Quelqu'un abaissa un drapeau rouge. Alors, tous les cinq, se penchant sur les crinières, partirent. Ils restèrent d'abord serrés en une seule masse; bientôt elle s'allongea, se coupa; celui qui portait la casaque jaune, au milieu du premier tour, faillit tomber; longtemps il y eut de l'incertitude entre Filly et Tibi; puis Tom-Pouce parut en tête; mais Clubstick, en arrière depuis le départ, les rejoignit tous, précipita ses foulées et arriva premier, battant Sir-Charles de deux longueurs; ce fut une surprise; on criait; les baraques de planches vibraient sous les trépignements.

— « Nous nous amusons! » dit la Maréchale. « Je t'aime, mon chéri! »

Frédéric ne douta plus de son bonheur; ce dernier mot de Rosanette le confirmait.

Tout à coup, à cent pas de lui, dans un cabriolet milord, une dame parut. Elle se penchait en dehors de la portière, comme si elle eût cherché quelqu'un; puis elle se renfonçait vivement; cela recommença plusieurs fois, Frédéric ne pouvait distinguer sa figure. Un soupçon le saisit, il lui sembla que c'était Mme Arnoux. Impossible, cependant! Pourquoi seraitelle venue?

Enfin il descendit de voiture, sous le prétexte de flâner au pesage.

— « Vous n'êtes guère galant! » dit Rosanette.

Il n'écouta rien et s'avança. Le milord, tournant bride, se mit au trot.

Frédéric, au même moment, fut happé par Cisy.

— « Bonjour, cher! comment allez-vous? Hussonnet est là-bas! Écoutez donc! »

Frédéric tâchait de se dégager pour rejoindre le milord. Mais la Maréchale, s'impatientant d'être seule, lui faisait signe de retourner près d'elle. Cisy l'aperçut, et voulut obstinément lui dire bonjour.

Depuis que le deuil de sa grand'mère était fini, il réalisait son idéal, parvenait *à avoir du cachet*. Gilet écossais, habit court, larges bouffettes sur l'escarpin et carte d'entrée dans la ganse du chapeau, rien ne manquait effectivement à ce qu'il appelait lui-même son « chic », un chic anglomane et mousquetaire. Il commença par se plaindre du Champ de Mars, turf exécrable, parla ensuite des courses de Chantilly et des farces qu'on y faisait, jura qu'il pouvait boire douze verres de vin de Champagne pendant les douze coups de minuit, proposa à la Maréchale de parier; et, comme ses deux bichons étaient une excentricité qui tirait l'œil, il les caressait doucement, tandis que, de l'autre coude s'appuyant sur la portière, il continuait à débiter des sottises, le pommeau de son stick dans la bouche, les jambes écartées, les reins tendus. Frédéric, à côté de lui, fumait, tout en cherchant à découvrir ce que le milord était devenu.

Mais, la cloche ayant tinté, Cisy s'en alla, au grand plaisir de Rosanette, qu'il ennuyait beaucoup, disait-elle.

La seconde épreuve n'eut rien de particulier, la troisième non plus, sauf un homme qu'on emporta sur un brancard. La quatrième, où huit chevaux disputèrent le prix de la ville, fut plus intéressante.

Les spectateurs des tribunes avaient grimpé sur les bancs. Les autres, debout dans les voitures, suivaient avec des lorgnettes à la main l'évolution des jockeys; on les voyait filer comme des taches rouges, jaunes, blanches et bleues sur toute la longueur de la foule qui bordait le tour de l'Hippodrome. De loin, leur vitesse n'avait pas l'air excessive; à l'autre bout du Champ de Mars, ils semblaient même se ralentir, et ne plus avancer que par une sorte de glissement, où les ventres des chevaux touchaient la terre sans que leurs jambes étendues pliassent. Mais, revenant bien vite, ils grandissaient; et leur passage coupait le vent, le sol tremblait, les cailloux volaient; l'air, s'engouffrant dans les casaques des jockeys, les faisait palpiter comme des voiles; à grands coups de cravache, ils fouaillaient leurs bêtes pour atteindre le poteau, c'était le but. On enlevait les chiffres, un autre était hissé, et, au milieu des applaudissements, e cheval victorieux se traînait jusqu'au pesage, tout couvert de sueur, les genoux raidis, l'encolure basse, tandis que son cavalier, comme agonisant sur la selle, se tenait les côtes.

Une contestation retarda le dernier départ. La foule qui s'ennuyait se répandit. Des groupes d'hommes causaient au bas des tribunes. Les propos étaient libres; des femmes du monde partirent, scandalisées par le voisinage des lorettes.

Il y avait aussi des illustrations de bals publics, des comédiennes du boulevard; — et ce n'était pas les plus belles, encore moins les plus jeunes qui recevaient le plus d'hommages. La vieille Georgine Aubert, celle qu'un vaudevilliste appelait le Louis XI de la prostitution, horriblement maquillée et poussant de temps à autre une espèce de rire pareil à un grognement, restait tout étendue dans sa longue calèche sous une palatine de martre, comme en plein hiver. Mme de Remoussot, mise à la mode par son procès, trônait sur le siége d'un break en compagnie d'Américains, et Thérèse Bachelu, avec son air de vierge gothique, emplissait de ses douze falbalas l'intérieur d'un escargot qui avait, à la place du tablier, une jardinière pleine de roses. La Maréchale fut jalouse de ses gloires; et, pour qu'on la remarquât, elle se mit à faire de grands gestes et à parler très-haut.

Des gentlemen la reconnurent, lui envoyèrent des

saluts. Elle y répondait en disant leurs noms à Frédéric. C'étaient tous comtes, vicomtes, ducs et marquis; et il se rengorgeait, car leurs yeux exprimaient un certain respect pour sa bonne fortune.

Cisy n'avait pas l'air moins heureux dans le cercle d'hommes mûrs qui l'entourait. Ils souriaient du haut de leurs cravates, comme se moquant de lui; enfin il tapa dans la main du plus vieux et s'avança vers la Maréchale.

Elle mangeait alors avec une gloutonnerie affectée une tranche de foie gras; Frédéric, par obéissance, l'imitait, en tenant une bouteille de vin sur ses genoux.

Le milord reparut; c'était Mme Arnoux. Elle pâlit extraordinairement.

— « Donne-moi du champagne! » dit Rosanette.

Et, levant le plus haut possible son verre rempli, elle s'écria :

— « Ohé là-bas! les femmes honnêtes, l'épouse de mon protecteur, ohé! »

Des rires éclatèrent autour d'elle, le milord disparut. Frédéric la tirait par sa robe, il allait s'emporter. Mais Cisy était là, dans la même attitude que tout à l'heure; et, avec un surcroît d'aplomb, il invita Rosanette à dîner pour le soir même.

— « Impossible! » répondit-elle. « Nous allons ensemble au café Anglais. »

Frédéric, comme s'il n'eût rien entendu, demeura muet; et Cisy quitta la Maréchale d'un air désappointé.

Tandis qu'il lui parlait, debout contre la portière de droite, Hussonnet était survenu du côté gauche, et, relevant ce mot de café Anglais :

— « C'est un joli établissement! si l'on y cassait une croûte, hein? »

— « Comme vous voudrez, » dit Frédéric, sans même le regarder.

Le bohème, selon sa coutume, accabla Rosanette de louanges hyperboliques, galanteries sans conséquence qu'elle écoutait cependant avec plaisir. S'il n'avait pas été obligé, dit-il, d'écrire le compte rendu des courses, il n'y serait pas venu; car il trouvait ce genre d'amusement idiot; et il se moqua des sportmen en imitant leur tenue, ce qui fit rire la Maréchale tout le temps que dura la course de haies.

Frédéric, affaissé dans le coin de la berline, regardait à l'horizon le milord disparaître, sentant qu'une chose irréparable venait de se faire et qu'il avait perdu son grand amour. Et l'autre était là, près de lui, l'amour joyeux et facile! Mais, lassé, plein de désirs contradictoires et ne sachant même plus ce qu'il voulait, il éprouvait une tristesse démesurée, une envie de mourir.

Un grand bruit de pas et de voix lui fit relever la tête; les gamins, enjambant les cordes de la piste, venaient regarder les tribunes; on s'en allait. Quelques gouttes de pluie tombèrent. L'embarras des voitures augmenta. Hussonnet était perdu.

— « Eh bien, tant mieux! » dit Frédéric.

— « On préfère être seul? » reprit la Maréchale, en posant la main sur la sienne.

Alors passa devant eux, avec des miroitements de cuivre et d'acier, un splendide landau attelé de quatre chevaux, conduits à la Daumont par deux jockeys en veste de velours, à crépines d'or. Mme Dambreuse était près de son mari, Martinon sur l'autre banquette en face; tous les trois avaient des figures étonnées.

— « Ils m'ont reconnu! » se dit Frédéric.

Rosanette voulut qu'on arrêtât pour mieux voir le défilé. Mme Arnoux pouvait reparaître. Il cria au postillon :

— « Va donc! va donc! en avant! »

Et la berline se lança vers les Champs-Élysées au milieu des autres voitures, calèches, briskas, wurts, tandems, tilburys, dog-carts, tapissières à rideaux de cuir où chantaient des ouvriers en goguette, demi-fortune que dirigeaient avec prudence des pères de famille eux-mêmes. Dans des victorias bourrées de monde, quelque garçon, assis sur les pieds des autres, laissait pendre en dehors ses deux jambes. De grands coupés à siége de drap promenaient des douairières qui sommeillaient; ou bien un stopper magnifique passait, emportant une chaise simple et coquette, comme l'habit noir d'un dandy. L'averse cependant redoublait. On tirait les parapluies, les parasols, les mackintosh ; on se criait de loin : « Bonjour ! — Ça va bien? — Oui ! — Non ! — A tantôt ! » et les figures se succédaient avec une vitesse d'ombres chinoises. Frédéric et Rosanette ne se parlaient pas, éprouvant une sorte d'hébétude, à voir auprès d'eux, continuellement, toutes ces roues tourner.

Mais, par moments, les files de voitures, trop pressées, s'arrêtaient toutes à la fois sur plusieurs lignes. Alors, on restait les uns près des autres, et l'on s'examinait. Du bord des panneaux armoriés, des regards indifférents tombaient sur la foule ; des yeux pleins d'envie brillaient au fond des fiacres ; des sourires de dénigrement répondaient aux ports de tête orgueilleux ; des bouches grandes ouvertes exprimaient des admirations imbéciles ; et, çà et là, quelque flâneur, au milieu de la voie, se rejetait en arrière d'un bond pour éviter un cavalier qui galopait entre les voitures et parvenait à en sortir. Puis tout se remettait en mouvement ; les cochers lâchaient les rênes, abaissaient leurs longs fouets ; les chevaux, animés, secouant leur gourmette, jetaient de l'écume autour d'eux ; et les groupes et les harnais humides fumaient, dans la vapeur d'eau que le soleil couchant traversait. Passant sous l'Arc de triomphe, il allongeait à hauteur d'homme une lumière roussâtre, qui faisait étinceler les moyeux des roues, les poignées des portières, le bout des timons, les anneaux des sellettes; et, sur les deux côtés de la grande avenue, pareille à un fleuve où ondulaient des crinières, des vêtements, des têtes humaines, les arbres tout reluisants de pluie se dressaient, comme deux murailles vertes. Le bleu du ciel, au-dessus, reparaissant à de certaines places, avait des douceurs de satin.

Alors, Frédéric se rappela les jours déjà loin où il enviait l'inexprimable bonheur de se trouver dans une de ces voitures, à côté d'une de ces femmes. Il le possédait, ce bonheur-là, et n'en était pas plus joyeux.

La pluie avait fini de tomber. Les passants, réfugiés entre les colonnes du Garde-Meubles, s'en allaient. Des promeneurs, dans la rue Royale, remontaient vers le boulevard. Devant l'hôtel des Affaires-Étrangères, une file de badauds stationnaient sur les marches.

A la hauteur des Bains-Chinois, comme il y avait des trous dans le pavé, la berline se ralentit. Un homme en paletot noisette marchait au bord du trottoir. Tout à coup une éclaboussure, jaillissant de dessous les ressorts, s'étala dans son dos. L'homme se retourna, furieux. Frédéric devint pâle; il avait reconnu Deslauriers.

A la porte du café Anglais, il renvoya la voiture. Rosanette était montée devant lui, pendant qu'il payait le postillon.

Il la retrouva dans l'escalier, causant avec un monsieur. Frédéric prit son bras. Mais, au milieu du corridor, un deuxième seigneur l'arrêta.

— « Va toujours! » dit-elle, « je suis à toi! »

Et il entra seul dans le cabinet.

Par les deux fenêtres ouvertes, on apercevait du monde aux croisées des autres maisons, vis-à-vis. De larges moires frissonnaient sur l'asphalte qui séchait, et un magnolia posé au bord du balcon embaumait l'appartement. Ce parfum et cette fraîcheur détendirent ses nerfs; il s'affaissa sur le divan rouge, au-dessous de la glace.

La Maréchale revint; et, le baisant au front :

— « On a des chagrins, pauvre mimi? »

— « Peut-être! » répliqua-t-il.

— « Tu n'es pas le seul, va! » ce qui voulait dire : « Oublions chacun les nôtres dans une félicité commune! »

Puis elle posa un pétale de fleur entre ses lèvres, et la lui tendit à becqueter. Ce mouvement, d'une grâce et presque d'une mansuétude lascive, attendrit Frédéric.

— « Pourquoi me fais-tu de la peine? » dit-il, en songeant à Mme Arnoux.

— « Moi, de la peine? »

Et, debout devant lui, elle le regardait les cils rapprochés et les deux mains sur les épaules.

Alors, toute sa vertu, toute sa rancune sombra dans une lâcheté sans fond.

Il reprit :

— « Puisque tu ne veux pas m'aimer! » en l'attirant sur ses genoux.

Elle se laissait faire; il lui entourait la taille à deux bras; le petillement de sa robe de soie l'enflammait.

— « Où sont-ils? » dit la voix d'Hussonnet dans le corridor.

La Maréchale se leva brusquement, et alla se mettre à l'autre bout du cabinet, tournant le dos à la porte.

Elle demanda des huîtres; et ils s'attablèrent.

Hussonnet ne fut pas drôle. A force d'écrire quotidiennement sur toute sorte de sujets, de lire beaucoup de journaux, d'entendre beaucoup de discussions et d'émettre des paradoxes pour éblouir, il avait fini par perdre la notion exacte des choses, s'aveuglant lui-même avec ses faibles pétards. Les embarras d'une vie légère autrefois, mais à présent difficile, l'entretenaient dans une agitation perpétuelle; et son impuissance, qu'il ne voulait pas s'avouer, le rendait hargneux, sarcastique. A propos d'*Ozaï*, un ballet nouveau, il fit une sortie à fond contre la danse, et, à propos de la danse, contre l'Opéra; puis, à propos de l'Opéra, contre les Italiens, remplacés, maintenant, par une troupe d'acteurs espagnols, « comme si l'on n'était pas rassasié des Castilles »! Frédéric fut choqué dans son amour romantique de l'Espagne; et, afin de rompre la conversation, il s'informa du Collége de France, d'où l'on venait d'exclure Edgar Quinet et Mickiewicz. Mais Hussonnet, admirateur de M. De Maistre, se déclara pour l'autorité et le spiritualisme. Il doutait, cependant, des faits les mieux prouvés, niait l'histoire, et contestait les choses les plus positives, jusqu'à s'écrier au mot géométrie : « Quelle blague que la géométrie! » Le tout entremêlé d'imitations d'acteurs. Sainville était particulièrement son modèle.

Ces calembredaines assommaient Frédéric. Dans un mouvement d'impatience, il attrapa, avec sa botte, un des bichons sous la table.

Tous deux se mirent à aboyer d'une façon odieuse.

— « Vous devriez les faire reconduire! » dit-il brusquement.

Mais Rosanette n'avait confiance en personne.

Alors, il se tourna vers le bohème.

— « Voyons, Hussonnet, dévouez-vous! »

— « Oh! oui, mon petit! ce serait bien aimable! »

Et Hussonnet s'en alla, sans se faire prier.

De quelle manière payait-on sa complaisance? Frédéric n'y pensa pas. Il commençait même à se réjouir du tête-à-tête, lorsqu'un garçon entra.

— « Madame, quelqu'un vous demande! »

— « Comment! encore? »

— « Il faut pourtant que je voie! » dit Rosanette.

Mais il en avait soif, besoin. Cette disparition lui semblait une forfaiture, presque une grossièreté. Que voulait-elle donc? n'était-ce pas assez d'avoir outragé Mme Arnoux? Tant pis pour celle-là, du reste! Maintenant, il haïssait toutes les femmes; et des pleurs l'étouffaient, car son amour était méconnu et sa concupiscence trompée.

La Maréchale rentra, et, lui présentant Cisy :

— « J'ai invité monsieur. J'ai bien fait, n'est-ce pas? »

— « Comment donc! certainement! »

Frédéric, avec un sourire de supplicié, fit signe au gentilhomme de s'asseoir.

La Maréchale se mit à parcourir la carte, en s'arrêtant aux noms bizarres.

— « Si nous mangions, je suppose, un turban de lapins à la Richelieu et un pudding à la d'Orléans? »

— « Oh! pas d'Orléans! » s'écria Cisy, lequel était légitimiste et crut faire un mot.

— « Aimez-vous mieux un turbot à la Chambord? » reprit-elle.

Cette politesse choqua Frédéric.

Enfin, la Maréchale se décida pour un simple tourne-dos, des écrevisses, des truffes, une salade d'ananas, des sorbets à la vanille.

— « Nous verrons ensuite. Allez toujours. Ah! j'oubliais! apportez-moi un saucisson! pas à l'ail! »

Et elle appelait le garçon « jeune homme », frappait son verre avec son couteau, jetait au plafond la mie de son pain. Elle voulut boire tout de suite du vin de Bourgogne.

— « On n'en prend pas dès le commencement, » dit Frédéric.

Cela se faisait quelquefois, suivant le vicomte de Cisy.

— « Eh non! jamais! »

— « Si fait, je vous assure! »

— « Ah! tu vois! »

Et le regard dont elle accompagna cette phrase signifiait : « C'est un homme riche, celui-là, écoute-le! »

Cependant, la porte s'ouvrait à chaque minute, les garçons glapissaient, et, sur un infernal piano, dans le cabinet à côté, quelqu'un tapait une valse. Puis les courses amenèrent à parler d'équitation et des deux systèmes rivaux. Cisy défendait Baucher, Frédéric le comte d'Aure, quand Rosanette haussa les épaules.

— « Assez, mon Dieu! il s'y connaît mieux que toi, va! »

Elle mordait dans une grenade, le coude posé sur la table; les bougies du candélabre devant elle tremblaient au vent; cette lumière blanche pénétrait sa peau de tons nacrés, mettait du rose à ses paupières, faisait briller les globes de ses yeux; la rougeur du fruit se confondait avec la pourpre de ses lèvres, ses narines minces battaient, et toute sa personne avait quelque chose d'insolent, d'ivre et de noyé qui exaspérait Frédéric, et pourtant lui jetait au cœur des désirs fous.

Puis elle demanda, d'une voix calme, à qui appartenait ce grand landau avec une livrée marron.

— « A la comtesse Dambreuse, » répliqua Cisy.

— « Ils sont très-riches, n'est-ce pas? »

— « Oh! très-riches! bien que Mme Dambreuse, qui est, tout simplement, une demoiselle Boutron, la fille d'un préfet, ait une fortune médiocre. » Son mari, au contraire, devait recueillir plusieurs héritages, et Cisy les énuméra; fréquentant les Dambreuse, il savait leur histoire.

Frédéric, pour lui être désagréable, s'entêta à le contredire. Il soutint que Mme Dambreuse s'appelait de Boutron, certifiait sa noblesse.

— « N'importe! je voudrais bien avoir son équipage! » dit la Maréchale en se renversant sur le fauteuil.

Et la manche de sa robe, glissant un peu, découvrit, à son poignet gauche, un bracelet orné de trois opales.

Frédéric l'aperçut.

— « Tiens ! mais... »

Ils se considérèrent tous les trois, et rougirent.

La porte s'entre-bâilla discrètement, le bord d'un chapeau parut, puis le profil d'Hussonnet.

— « Excusez, si je vous dérange, les amoureux! »

Mais il s'arrêta, étonné de voir Cisy et de ce que Cisy avait pris sa place.

On apporta un autre couvert ; et, comme il avait grand'faim, il empoignait au hasard, parmi les restes du dîner, de la viande dans un plat, un fruit dans une corbeille, buvait d'une main, se servait de l'autre, tout en racontant sa mission. Les deux toutous étaient reconduits. Rien de neuf au domicile. Il avait trouvé la cuisinière avec un soldat, histoire fausse uniquement inventée pour produire de l'effet.

La Maréchale décrocha de la patère sa capote. Frédéric se précipita sur la sonnette en criant de loin au garçon :

— « Une voiture ! »

— « J'ai la mienne, » dit le vicomte.

— « Mais, monsieur! »

— « Cependant, monsieur ! »

Et ils se regardaient dans les prunelles, pâles tous les deux et les mains tremblantes.

Enfin, la Maréchale prit le bras de Cisy, et, en montrant le bohème attablé :

— « Soignez-le donc ! il s'étouffe. Je ne voudrais pas que son dévouement pour mes roquets le fît mourir ! »

La porte retomba.

— « Eh bien? » dit Hussonnet.

— « Eh bien, quoi? »

— « Je croyais... »

— « Qu'est-ce que vous croyiez? »

— « Est-ce que vous ne...? »

Il compléta sa phrase par un geste.

— « Eh non ! jamais de la vie! »

Hussonnet n'insista pas davantage.

Il avait eu un but en s'invitant à dîner. Son journal, qui ne s'appelait plus *l'Art*, mais *le Flambart*, avec cette épigraphe : « Canonniers, à vos pièces! » ne prospérant nullement, il avait envie de le transformer en une revue hebdomadaire, seul, sans le secours de Deslauriers. Il reparla de l'ancien projet, et exposa son plan nouveau.

Frédéric, ne comprenant pas sans doute, répondit

par des choses vagues. Hussonnet empoigna plusieurs cigares sur la table, dit : « Adieu, mon bon, » et disparut.

Frédéric demanda la note. Elle était longue ; et le garçon, la serviette sous le bras, attendait son argent, quand un autre, un individu blafard qui ressemblait à Martinon, vint lui dire :

— « Faites excuse, on a oublié au comptoir de porter le fiacre. »

— « Quel fiacre ? »

— « Celui que ce monsieur a pris tantôt, pour les petits chiens. »

Et la figure du garçon s'allongea, comme s'il eût plaint le pauvre jeune homme.

Frédéric eut envie de le giffler.

Il donna de pourboire les vingt francs qu'on lui rendait.

— « Merci, Monseigneur ! » dit l'homme à la serviette, avec un grand salut.

Frédéric passa la journée du lendemain à ruminer sa colère et son humiliation. Il se reprochait de n'avoir pas souffleté Cisy. Quant à la Maréchale, il se jura de ne plus la revoir ; d'autres aussi belles ne manquaient pas ; et, puisqu'il fallait de l'argent pour posséder ces femmes-là, il jouerait à la Bourse le prix de sa ferme, il serait riche, il écraserait de son luxe la Maréchale et tout le monde. Le soir venu, il s'étonna de n'avoir pas songé à Mme Arnoux.

— « Tant mieux ! à quoi bon? »

Le surlendemain, dès huit heures, Pellerin vint lui faire visite. Il commença par des admirations sur le mobilier, des cajoleries. Puis, brusquement :

— « Vous étiez aux courses, dimanche? »

— « Oui, hélas! »

Alors, le peintre déclama contre l'anatomie des chevaux anglais, vanta les chevaux de Géricault, les chevaux du Parthénon. « Rosanette était avec vous? » Et il entama son éloge, adroitement.

La froideur de Frédéric le décontenança. Il ne savait comment en venir au portrait.

Sa première intention avait été de faire un Titien. Mais, peu à peu, la coloration variée de son modèle l'avait séduit; et il avait travaillé franchement, accumulant pâte sur pâte et lumière sur lumière. Rosanette fut enchantée d'abord ; ses rendez-vous avec Delmar avaient interrompu les séances et laissé à Pellerin tout le temps de s'éblouir. Puis, l'admiration s'apaisant, il s'était demandé si sa peinture ne manquait point de grandeur. Il avait été revoir les Titien, avait compris la distance, reconnu sa faute ; et il s'était mis à repasser ses contours simplement. Ensuite, il avait cherché, en les rongeant, à y perdre, à y mêler les tons de la tête et ceux des fonds; et la figure avait pris de la consistance, les ombres de la vigueur; tout paraissait plus ferme. Enfin la Maréchale était revenue. Mais cette peinture malpropre l'avait presque terrifiée. Elle s'était même permis des objections; l'artiste, naturellement, avait persévéré. Après de grandes fureurs contre sa sottise, il s'était dit qu'elle pouvait cependant avoir raison. Alors avait commencé l'ère des doutes, tiraillements de la pensée qui provoquent les crampes d'estomac, les insomnies, la fièvre, le dégoût de soi-même; il avait eu le courage de faire des retouches, mais sans cœur et sentant que sa besogne était mauvaise.

Il se plaignit seulement d'avoir été refusé au Salon, puis reprocha à Frédéric de ne pas être venu voir le portrait de la Maréchale.

— « Je me moque bien de la Maréchale! »

Une déclaration pareille l'enhardit.

— « Croiriez-vous que cette bête-là n'en veut plus, maintenant? »

Ce qu'il ne disait point, c'est qu'il avait réclamé d'elle mille écus. Or, la Maréchale s'était peu souciée de savoir qui payerait, et, préférant tirer d'Arnoux des choses plus urgentes, ne lui en avait même pas parlé.

— « Eh bien, et Arnoux? » dit Frédéric.

Elle l'avait relancé vers lui. L'ancien marchand de tableaux n'avait que faire du portrait.

— « Il soutient que ça appartient à Rosanette. »

— « En effet, c'est à elle. »

— « Comment! c'est elle qui m'envoie vers vous! » répliqua Pellerin.

S'il eût cru à l'excellence de son œuvre, il n'eût pas songé, peut-être, à l'exploiter. Mais une somme (et une somme considérable) serait un démenti à la critique, un raffermissement pour lui-même, auquel il tenait.

Frédéric, afin de s'en délivrer, s'enquit de ses conditions, courtoisement.

L'extravagance du chiffre le révolta, il répondit :

— « Non, ah! non! »

— « Vous êtes pourtant son amant, c'est vous qui m'avez fait la commande! »

— « J'ai été l'intermédiaire, permettez! »

— « Mais je ne peux pas rester avec ça sur les bras! »

L'artiste s'emportait.

— « Ah! je ne vous croyais pas si cupide. »

— « Ni vous si avare! serviteur! »

Il venait de partir que Sénécal se présenta.

Frédéric, troublé, eut un mouvement d'inquiétude.

— « Qu'y a-t-il? »

Sénécal conta son histoire.

— « Samedi, vers neuf heures, Mme Arnoux a reçu une lettre qui l'appelait à Paris; comme personne, par hasard, ne se trouvait là pour aller à Creil chercher une voiture, elle avait envie de m'y faire aller moi-même. J'ai refusé, car ça ne rentre pas dans mes fonctions. Elle est partie et revenue dimanche soir. Hier matin, Arnoux tombe à la fabrique. La Bordelaise s'est plainte. Je ne sais pas ce qui se passe entre eux, mais il a levé son amende devant tout le monde. Nous avons échangé des paroles vives. Bref, il m'a donné mon compte, et voilà! »

Puis, détachant ses paroles :

— « Au reste, je ne me repens pas, j'ai fait mon devoir. N'importe, c'est à cause de vous. »

— « Comment? » s'écria Frédéric, ayant peur que Sénécal ne l'eût deviné.

Sénécal n'avait rien deviné, car il reprit :

— « C'est-à-dire que, sans vous, j'aurais peut-être trouvé mieux. »

Frédéric fut saisi d'une espèce de remords.

— « En quoi puis-je vous servir, maintenant? »

Sénécal demandait un emploi quelconque, une place.

— « Cela vous est facile. Vous connaissez tant de monde, M. Dambreuse entre autres, à ce que m'a dit Deslauriers. »

Ce rappel de Deslauriers fut désagréable à son ami. Il ne se souciait guère de retourner chez les Dambreuse, depuis la rencontre du Champ de Mars.

— « Je ne suis pas suffisamment intime dans la maison pour recommander quelqu'un. »

Le démocrate essuya ce refus stoïquement, et, après une minute de silence :

— « Tout cela, j'en suis sûr, vient de la Bordelaise et aussi de votre Mme Arnoux. »

Ce *votre* ôta du cœur de Frédéric le peu de bon vouloir qu'il gardait. Par délicatesse, cependant, il atteignit la clef de son secrétaire.

Sénécal le prévint.

— « Merci ! »

Puis, oubliant ses misères, il parla des choses de la patrie, les croix d'honneur prodiguées à la fête du roi, un changement de cabinet, les affaires Drouillard et Bénier, scandales de l'époque, déclama contre les bourgeois et prédit une révolution.

Un crid japonais suspendu contre le mur arrêta ses yeux. Il le prit, en essaya le manche, puis le rejeta sur le canapé, avec un air de dégoût.

— « Allons, adieu ! Il faut que j'aille à Notre-Dame de Lorette. »

— « Tiens ! pourquoi ? »

— « C'est aujourd'hui le service anniversaire de Godefroy Cavaignac. Il est mort à l'œuvre, celui-là ! mais tout n'est pas fini !... Qui sait ? »

Sénécal tendit sa main, gravement.

— « Nous ne nous reverrons peut-être jamais! adieu! »

Cet adieu, répété deux fois, son froncement de sourcils en contemplant le poignard, sa résignation et son air solennel, surtout, firent rêver Frédéric, qui bientôt n'y pensa plus.

Dans la même semaine, son notaire du Havre lui envoya le prix de sa ferme, cent soixante-quatorze mille francs. Il en fit deux parts, plaça la première sur l'État, et alla porter la seconde chez un agent de change pour la risquer à la Bourse.

Il mangeait dans les cabarets à la mode, fréquentait les théâtres et tâchait de se distraire, quand Hussonnet lui adressa une lettre, où il narrait gaiement que la Maréchale, dès le lendemain des courses, avait congédié Cisy. Frédéric en fut heureux, sans chercher pourquoi le bohème lui apprenait cette aventure.

Le hasard voulut qu'il rencontrât Cisy, trois jours après. Le gentilhomme fit bonne contenance, et l'invita même à dîner pour le mercredi suivant.

Frédéric, le matin de ce jour-là, reçut une notification d'huissier, où M. Charles-Jean-Baptiste Oudry lui apprenait qu'aux termes d'un jugement du tribunal, il s'était rendu acquéreur d'une propriété sise à Belleville appartenant au sieur Jacques Arnoux, et qu'il était prêt à payer les deux cent vingt-trois mille francs montant du prix de la vente. Mais il résultait du même acte que, la somme des hypothèques dont l'immeuble était grevé dépassant le prix de l'acquisition, la créance de Frédéric se trouvait complétement perdue.

Tout le mal venait de n'avoir pas renouvelé en temps utile une inscription hypothécaire. Arnoux s'était chargé de cette démarche, et l'avait ensuite oubliée.

Frédéric s'emporta contre lui, et, quand sa colère fut passée :

— « Eh bien, après..., quoi? si cela peut le sauver, tant mieux! je n'en mourrai pas! n'y pensons plus! »

Mais, en remuant ses paperasses sur sa table, il rencontra la lettre d'Hussonnet, et aperçut le post-scriptum, qu'il n'avait point remarqué la première fois.

Le bohème demandait cinq mille francs, tout juste, pour mettre l'affaire du journal en train.

— « Ah! celui-là m'embête! »

Et il le refusa brutalement dans un billet laconique. Après quoi, il s'habilla pour se rendre à la Maison-d'or.

Cisy présenta ses convives, en commençant par le plus respectable, un gros monsieur à cheveux blancs:

— « Le marquis Gilbert des Aulnays, mon parrain. M. Anselme de Forchambeaux, » dit-il ensuite (c'était un jeune homme blond et fluet, déjà chauve); puis, désignant un quadragénaire d'allures simples: « Joseph Boffreu, mon cousin; et voici mon ancien professeur M. Vezou, » personnage moitié charretier, moitié séminariste, avec de gros favoris et une longue redingote boutonnée dans le bas par un seul bouton, de manière à faire châle sur la poitrine.

Cisy attendait encore quelqu'un, le baron de Comaing, « qui peut-être viendra, ce n'est pas sûr ». Il sortait à chaque minute, paraissait inquiet; enfin, à huit heures, on passa dans une salle éclairée magnifiquement et trop spacieuse pour le nombre des convives. Cisy l'avait choisie par pompe, tout exprès.

Un surtout de vermeil, chargé de fleurs et de fruits, occupait le milieu de la table, couverte de plats d'argent, suivant la vieille mode française; des raviers, pleins de salaisons et d'épices, formaient bordure tout autour; des cruches de vin rosat frappé de glace se dressaient de distance en distance; cinq verres de hauteur différente étaient alignés devant chaque assiette avec des choses dont on ne savait pas l'usage, mille ustensiles de bouche ingénieux; — et il y avait, rien que pour le premier service : une hure d'esturgeon mouillée de champagne, un jambon d'York au tokai, des grives au gratin, des cailles rôties, un vol-au-vent Béchamel, un sauté de perdrix rouges, et, aux deux bouts de tout cela, des effilés de pommes de terre qui étaient mêlés à des truffes. Un lustre et des girandoles illuminaient l'appartement, tendu de damas rouge. Quatre domestiques en habit noir se tenaient derrière les fauteuils de maroquin.

A ce spectacle, les convives se récrièrent, le précepteur surtout.

— « Notre amphitryon, ma parole, a fait de véritables folies ! c'est trop beau ! »

— « Ça ? » dit le vicomte de Cisy, « allons donc ! »

Et, dès la première cuillerée :

— « Eh bien, mon vieux des Aulnays, avez-vous été au Palais-Royal, voir *Père et Portier?* »

— « Tu sais bien que je n'ai pas le temps ! » répliqua le marquis.

Ses matinées étaient prises par un cours d'arboriculture, ses soirées par le Cercle agricole, et toutes ses après-midi par des études dans les fabriques d'instruments aratoires. Habitant la Saintonge, les trois quarts de l'année, il profitait de ses voyages dans la capitale pour s'instruire ; et son chapeau à larges bords, posé sur une console, était plein de brochures.

Mais Cisy, s'apercevant que M. de Forchambeaux refusait du vin :

— « Buvez donc, saprelotte! vous n'êtes pas crâne pour votre dernier repas de garçon ! »

A ce mot, tous s'inclinèrent, on le congratulait.

— « Et la jeune personne, » dit le précepteur, « est charmante, j'en suis sûr? »

— « Parbleu ! » s'écria Cisy. « N'importe, il a tort; c'est si bête, le mariage! »

— « Tu parles légèrement, mon ami! » répliqua M. des Aulnays, tandis qu'une larme roulait dans ses yeux, au souvenir de sa défunte.

Et Forchambeaux répéta plusieurs fois de suite, en ricanant :

— « Vous y viendrez vous-même, vous y viendrez! »

Cisy protesta. Il aimait mieux se divertir, « être régence ». Il voulait apprendre la savate, pour visiter les tapis-francs de la Cité, comme le prince Rodolphe, des *Mystères de Paris*, tira de sa poche un brûle-gueule, rudoyait les domestiques, buvait extrêmement; et, afin de donner de lui bonne opinion, dénigrait tous les plats. Il renvoya même les truffes, et le précepteur, qui s'en délectait, dit par bassesse :

— « Cela ne vaut pas les œufs à la neige de madame votre grand'mère! »

Puis il se remit à causer avec son voisin l'agronome, lequel trouvait au séjour de la campagne beaucoup d'avantages, ne serait-ce que de pouvoir élever ses filles dans des goûts simples. Le précepteur applaudissait à ses idées et le flagornait, lui supposant de l'influence sur son élève, dont il désirait secrètement être l'homme d'affaires.

Frédéric était venu plein d'humeur contre Cisy; sa sottise l'avait désarmé. Mais ses gestes, sa figure, toute sa personne, lui rappelant le dîner du café Anglais, l'agaçait de plus en plus; et il écoutait les remarques désobligeantes que faisait à demi-voix le cousin Joseph, un brave garçon sans fortune, amateur de chasse et boursier. Cisy, par manière de rire, l'appela « voleur » plusieurs fois; puis, tout à coup :

« Ah! le baron! »

Alors entra un gaillard de trente ans, qui avait quelque chose de rude dans la physionomie, de souple dans les membres, le chapeau sur l'oreille, et une fleur à la boutonnière. C'était l'idéal du Vicomte. Il fut ravi de le posséder, et, sa présence l'excitant, il tenta même un calembour, car il dit, comme on passait un coq de bruyère :

— « Voilà le meilleur des caractères de la Bruyère! »

Ensuite, il adressa à M. de Comaing une foule de

questions sur des personnes inconnues à la société; puis, comme saisi d'une idée :

— « Dites donc! avez-vous pensé à moi? »

L'autre haussa les épaules.

— « Vous n'avez pas l'âge, mon petiot! impossible! »

Cisy l'avait prié de le faire admettre à son club. Mais le baron, ayant sans doute pitié de son amour-propre :

— « Ah! j'oubliais! mille félicitations pour votre pari, mon cher! »

— « Quel pari? »

— « Celui que vous avez fait, aux courses, d'aller le soir même chez cette dame. »

Frédéric éprouva comme la sensation d'un coup de fouet. Il fut calmé, tout de suite, par la figure décontenancée de Cisy.

En effet, la Maréchale, dès le lendemain, en était aux regrets, quand Arnoux, son premier amant, son homme, s'était présenté ce jour-là même. Tous deux avaient fait comprendre au Vicomte qu'il « gênait », et on l'avait flanqué dehors, avec peu de cérémonie.

Il eut l'air de ne pas entendre. Le baron ajouta :

— « Que devient-elle, cette brave Rose?... a-t-elle toujours d'aussi jolies jambes? » prouvant par ce mot qu'il la connaissait intimement.

Frédéric fut contrarié de la découverte.

— « Il n'y a pas de quoi rougir, » reprit le baron ; « c'est une bonne affaire! »

Cisy claqua de la langue.

— « Peuh! pas si bonne! »

— « Ah! »

— « Mon Dieu, oui! D'abord, moi, je ne lui trouve rien d'extraordinaire, et puis on en récolte de pareilles tant qu'on veut, car enfin... elle est à vendre!»

— « Pas pour tout le monde! » reprit aigrement Frédéric.

— « Il se croit different des autres! » répliqua Cisy, « quelle farce! »

Et un rire parcourut la table.

Frédéric sentait les battements de son cœur l'étouffer. Il avala deux verres d'eau, coup sur coup.

Mais le baron avait gardé bon souvenir de Rosanette.

— « Est-ce qu'elle est toujours avec un certain Arnoux? »

— « Ah! je n'en sais rien, » dit Cisy. « Je ne connais pas ce monsieur! »

Et il avança néanmoins que c'était une manière d'escroc.

— « Un moment! » s'écria Frédéric.

— « Cependant, la chose est certaine! il a même eu un procès. »

— « Ce n'est pas vrai! »

Et Frédéric se mit à défendre Arnoux. Il garantissait sa probité, finissait par y croire, inventait des chiffres, des preuves. Mais le Vicomte, plein de rancune, et qui était gris d'ailleurs, s'entêta dans ses assertions, si bien que Frédéric lui dit gravement :

— « Est-ce pour m'offenser, monsieur? »

Et il le regardait, avec des prunelles ardentes comme son cigare.

— « Oh! pas du tout! je vous accorde même qu'il a quelque chose de très-bien : sa femme. »

— « Vous la connaissez? »

— « Parbleu! Sophie Arnoux, tout le monde connaît ça! »

— « Vous dites? »

Cisy, qui s'était levé, répéta en balbutiant :

— « Tout le monde connaît ça! »

— « Taisez-vous! ce ne sont pas celles-là que vous fréquentez! »

— « Je m'en flatte! »

Frédéric lui lança son assiette au visage.

Elle passa comme un éclair par-dessus la table, renversa deux bouteilles, démolit un compotier, et, se brisant contre le surtout en trois morceaux, frappa le ventre du Vicomte.

Tous se levèrent pour le retenir. Il se débattait, en criant, pris d'une sorte de frénésie; M. des Aulnays répétait :

— « Calmez-vous ! voyons ! cher enfant ! »

— « Mais c'est épouvantable ! » vociférait le précepteur.

Forchambeaux, livide comme les prunes, tremblait; Joseph riait aux éclats; les garçons épongeaient le vin, ramassaient par terre les débris; et le baron alla fermer la fenêtre, car le tapage, malgré le bruit des voitures, aurait pu s'entendre du boulevard.

Comme tout le monde, au moment où l'assiette avait été lancée, parlait à la fois, il fut impossible de découvrir la raison de cette offense, si c'était à cause d'Arnoux, de Mme Arnoux, de Rosanette ou d'un autre. Ce qu'il y avait de certain, c'était la brutalité inqualifiable de Frédéric; et il se refusa positivement à en témoigner le moindre regret.

M. des Aulnays tâcha de l'adoucir, le cousin Joseph; le précepteur, Forchambeaux lui-même. Le baron, pendant ce temps-là, réconfortait Cisy, qui, cédant à une faiblesse nerveuse, versait des larmes. Frédéric, au contraire, s'irritait de plus en plus; et l'on serait resté là jusqu'au jour si le baron n'avait dit pour en finir :

— « Le Vicomte, Monsieur, enverra demain chez vous ses témoins. »

— « Votre heure? »

— « A midi, s'il vous plaît. »

— « Parfaitement, Monsieur. »

Frédéric, une fois dehors, respira à pleins poumons. Depuis trop longtemps, il contenait son cœur. Il venait de le satisfaire enfin; et il en éprouvait comme un orgueil de virilité, une surabondance de forces intimes qui l'enivraient.

Il avait besoin de deux témoins. Le premier auquel il songea fut Regimbart; et il se dirigea tout de suite vers un estaminet de la rue Saint-Denis.

La devanture était close. Mais de la lumière brillait à un carreau, au-dessus de la porte. Elle s'ouvrit, et il entra en se courbant très-bas sous l'auvent.

Une chandelle, au bord du comptoir, éclairait la salle déserte. Tous les tabourets, les pieds en l'air, étaient posés sur les tables. Le maître et la maîtresse avec leur garçon soupaient dans l'angle près de la cuisine; — et Regimbart, le chapeau sur la tête, partageait leur repas, et même gênait le garçon, qui était contraint à chaque bouchée de se tourner de côté, quelque peu.

Frédéric, lui ayant conté la chose brièvement, réclama son assistance.

Le Citoyen commença par ne rien répondre; il roulait des yeux, avait l'air de réfléchir, fit plusieurs tours dans la salle et dit enfin :

— « Oui, volontiers! »

Et un sourire homicide le dérida, en apprenant que l'adversaire était un noble.

— « Nous le ferons marcher tambour battant, soyez tranquille! D'abord,... avec l'epée... »

— « Mais peut-être », objecta Frédéric, « que je n'ai pas le droit... »

— « Je vous dis qu'il faut prendre l'épée! » répliqua brutalement le Citoyen. « Savez-vous tirer? »

— « Un peu! »

— « Ah! un peu! voilà comme ils sont tous! et ils ont la rage de faire assaut! Qu'est-ce que ça prouve, la salle d'armes! Écoutez-moi : tenez-vous bien à distance en vous enfermant toujours dans des cercles, et rompez! rompez! C'est permis. Fatiguez-le! Puis fendez-vous dessus, franchement! et surtout pas de malice, pas de coups à la La Fougère! non! de simples une-deux, des dégagements. Tenez, voyez-vous? en tournant le poignet comme pour ouvrir une serrure. — Père Vauthier, donnez-moi votre canne! Ah! cela suffit. »

Il empoigna la baguette qui servait à allumer le gaz, arrondit le bras gauche, plia le droit, et se mit à pousser des bottes contre la cloison. Il frappait du pied, s'animait, feignait même de rencontrer des difficultés, tout en criant : « Y es-tu, là? y es-tu? » et sa silhouette énorme se projetait sur la muraille, avec son chapeau qui semblait toucher au plafond. Le limonadier disait de temps en temps : « Bravo! trés-bien! » Son épouse également l'admirait, quoique émue, et Théodore, un ancien soldat, en restait cloué d'ébahissement, étant, du reste, fanatique de M. Regimbart.

Le lendemain, de bonne heure, Frédéric courut au magasin de Dussardier.

Après une suite de pièces, toutes remplies d'étoffes garnissant des rayons, ou étendues en travers sur des tables, tandis que, çà et là, des champignons de bois supportaient des châles, il l'aperçut dans une espèce de cage grillée, au milieu de registres, et écrivant debout sur un pupitre.

Le brave garçon lâcha immédiatement sa besogne.

Les témoins arrivèrent avant midi.

Frédéric, par bon goût, crut devoir ne pas assister à la conférence.

Le baron et M. Joseph déclarèrent qu'ils se contenteraient des excuses les plus simples. Mais Regimbart, ayant pour principe de ne céder jamais, et qui tenait à défendre l'honneur d'Arnoux (Frédéric ne lui avait point parlé d'autre chose), demanda que le Vicomte fît des excuses. M. de Comaing fut révolté de l'outrecuidance. Le Citoyen n'en voulut pas démordre. Toute conciliation devenant impossible, on se battrait.

D'autres difficultés surgirent; car le choix des armes, légalement, appartenait à Cisy, l'offensé.

Mais Regimbart soutint que, par l'envoi du cartel, il se constituait l'offenseur. Ses témoins se récrièrent qu'un soufflet, cependant, était la plus cruelle des offenses. Alors, le Citoyen épilogua sur les mots, un coup n'étant pas un soufflet. Enfin, on décida qu'on s'en rapporterait à des militaires; et les quatre témoins sortirent, pour aller consulter des officiers dans une caserne quelconque.

Ils s'arrêtèrent à celle du quai d'Orsay. M. de Comaing, ayant abordé deux capitaines, leur exposa la contestation.

Les capitaines n'y comprirent goutte, embrouillée qu'elle fut par les phrases incidentes du Citoyen. Bref, ils conseillèrent à ces messieurs d'écrire un procès-verbal; après quoi, ils décideraient. Alors, on se transporta dans un café; et même, pour faire les choses plus discrètement, on désigna Cisy par un H et Frédéric par un K.

Puis on retourna à la caserne.

Les officiers étaient sortis.

Ils reparurent, et déclarèrent qu'évidemment le choix des armes appartenait à M. H.

Tous s'en revinrent chez Cisy. Regimbart et Dussardier restèrent sur le trottoir.

Le Vicomte, en apprenant la solution, fut pris d'un si grand trouble, qu'il se la fit répéter plusieurs fois; et, quand M. de Comaing en vint aux prétentions de

Regimbart, il murmura « cependant », n'étant pas loin, en lui-même, d'y obtempérer. Puis il se laissa choir dans un fauteuil, et déclara qu'il ne se battrait pas.

— « Hein ? comment ? » dit le baron.

Alors, Cisy s'abandonna à un flux labial désordonné. Il voulait se battre au tromblon, à bout portant, avec un seul pistolet.

— « Ou bien on mettra de l'arsenic dans un verre, qui sera tiré au sort. Ça se fait quelquefois : je l'ai lu ! »

Le baron, peu endurant naturellement, le rudoya.

— « Ces messieurs attendent votre réponse. C'est indécent, à la fin ! Que prenez-vous ? voyons ! est-ce l'épée ? »

Le Vicomte répliqua « oui », par un signe de tête ; et le rendez-vous fut fixé pour le lendemain, à la porte Maillot, à sept heures juste.

Dussardier étant contraint de s'en retourner à ses affaires, Regimbart alla prévenir Frédéric.

On l'avait laissé toute la journée sans nouvelles ; son impatience était devenue intolérable.

— « Tant mieux ! » s'écria-t-il.

Le Citoyen fut satisfait de sa contenance.

— « On réclamait de nous des excuses, croiriez-vous ? Ce n'était rien, un simple mot ! mais je les ai envoyés joliment bouler ! comme je le devais, n'est-ce pas ? »

— « Sans doute, » dit Frédéric, tout en songeant qu'il eût, peut-être, mieux fait de choisir un autre témoin.

Puis, quand il fut seul, il se répéta tout haut, plusieurs fois :

— « Je vais me battre. Tiens, je vais me battre ! C'est drôle ! »

Et, comme il marchait dans sa chambre, en passant devant sa glace, il s'aperçut qu'il était pâle.

— « Est-ce que j'aurais peur ? »

Une angoisse abominable le saisit à l'idée d'avoir peur sur le terrain.

— « Si j'étais tué, cependant? Mon père est mort de la même façon. Oui, je serai tué! »

Et, tout à coup, il aperçut sa mère, en robe noire; des images incohérentes se déroulèrent dans sa tête. Mais sa propre lâcheté l'exaspéra. Il fut pris d'un paroxysme de bravoure, d'une soif carnassière. Un bataillon ne l'eût pas fait reculer. Cette fièvre calmée, il se sentit, avec joie, inébranlable.

Pour se distraire, il se rendit à l'Opéra, où l'on donnait un ballet. Il écouta la musique, lorgna les danseuses, et but un verre de punch, pendant l'entr'acte.

Mais, en rentrant chez lui, la vue de son cabinet, de ses meubles, où il se retrouvait peut-être pour la dernière fois, lui causa une faiblesse.

Alors, il descendit dans son jardin. Les étoiles brillaient; il les contempla. L'idée de se battre pour une femme le grandissait à ses yeux, l'ennoblissait. Puis il alla se coucher tranquillement.

Il n'en fut pas de même de Cisy.

Après le départ du baron, Joseph avait tâché de remonter son moral, et, comme le Vicomte demeurait froid :

— « Pourtant, mon brave, si tu préfères en rester là, j'irais le dire. »

Cisy n'osa répondre « certainement », mais il en voulut à son cousin de ne pas lui rendre ce service sans en parler.

Il souhaita que Frédéric, pendant la nuit, mourût d'une attaque d'apoplexie, ou qu'une émeute survenant, il y eût le lendemain assez de barricades pour fermer tous les abords du bois de Boulogne, ou qu'un événement empêchât un des témoins de s'y rendre; car le duel faute de témoins manquerait. Il avait envie de se sauver par un train express n'importe où. Il regretta de ne pas savoir la médecine pour prendre quelque chose qui, sans exposer ses jours, ferait croire à sa mort. Il arriva jusqu'à désirer être malade, gravement.

Afin d'avoir un conseil, un secours, il envoya chercher M. des Aulnays.

L'excellent homme était retourné en Saintonge, sur

une dépêche lui apprenant l'indisposition d'une de ses filles. Cela parut de mauvais augure à Cisy.

Heureusement que M. Vezou, son précepteur, vint le voir. Alors, il s'épancha.

— « Comment faire, mon Dieu ! comment faire ? »

— « Moi, à votre place, monsieur le Comte, je payerais un fort de la halle pour lui flanquer une raclée. »

— « Il saurait toujours de qui ça vient ! » reprit Cisy.

Et, de temps à autre, il poussait un gémissement ; puis :

— « Mais est-ce qu'on a le droit de se battre en duel ? »

— « C'est un reste de barbarie ! Que voulez-vous ! »

Par complaisance, le pédagogue s'invita lui-même à dîner. Son élève ne mangea rien, et, après le repas, sentit le besoin de faire un tour.

Il dit en passant devant une église :

— « Si nous entrions un peu... pour voir ? »

M. Vezou ne demanda pas mieux, et même lui présenta de l'eau bénite.

C'était le mois de Marie, des fleurs couvraient l'autel, des voix chantaient, l'orgue résonnait. Mais il lui fut impossible de prier, les pompes de la religion lui inspirant des idées de funérailles ; il entendait comme des bourdonnements de *De profundis*.

— « Allons-nous-en ! Je ne me sens pas bien ! »

Ils employèrent toute la nuit à jouer aux cartes. Le Vicomte s'efforça de perdre, afin de conjurer la mauvaise chance, ce dont M. Vezou profita. Enfin, au petit jour, Cisy, qui n'en pouvait plus, s'affaissa sur le tapis vert, et eut un sommeil plein de songes désagréables.

Si le courage, pourtant, consiste à vouloir dominer sa faiblesse, le Vicomte fut courageux, car, à la vue de ses témoins qui venaient le chercher, il se roidit de toutes ses forces, la vanité lui faisant comprendre qu'une reculade le perdrait. M. de Comaing le complimenta sur sa bonne mine.

Mais, en route, le bercement du fiacre et la chaleur du soleil matinal l'énervèrent. Son énergie était retombée. Il ne distinguait même plus où l'on était.

Alors, le baron se divertit à augmenter sa frayeur, en parlant du « cadavre » et de la manière de le rentrer en ville, clandestinement. Joseph donnait la réplique ; tous deux, jugeant l'affaire ridicule, étaient persuadés qu'elle s'arrangerait.

Cisy gardait sa tête sur sa poitrine ; il la releva doucement et fit observer qu'on n'avait pas pris de médecin.

— « C'est inutile, » dit le baron.

— « Il n'y a pas de danger, alors ? »

Joseph répliqua d'un ton grave :

— « Espérons-le ! »

Et personne dans la voiture ne parla plus.

A sept heures dix minutes, on arriva devant la porte Maillot.

Frédéric et ses témoins s'y trouvaient, habillés de noir tous les trois. Regimbart, au lieu de cravate, avait un col de crin comme un troupier ; et il portait une espèce de longue boîte à violon, spéciale pour ce genre d'aventures.

On échangea froidement un salut. Puis tous s'enfoncèrent dans le bois de Boulogne, par la route de Madrid, afin d'y trouver une place convenable.

Regimbart dit à Frédéric, qui marchait entre lui et Dussardier :

— « Eh bien, et cette venette, qu'en fait-on ? Si vous avez besoin de quelque chose, ne vous gênez pas, je connais ça ! La crainte est naturelle à l'homme. »

Puis, à voix basse :

— « Ne fumez plus, ça amollit ! »

Frédéric jeta son cigare qui le gênait, et continua d'un pied ferme. Le Vicomte avançait par derrière, appuyé sur le bras de ses deux témoins.

De rares passants les croisaient. Le ciel était bleu, et on entendait, par moments, des lapins bondir.

Au détour d'un sentier, une femme en madras causait avec un homme en blouse, et, dans la grande avenue sous les marronniers, des domestiques en veste de toile promenaient leurs chevaux. Cisy se rappelait les jours heureux où, monté sur son alezan et le lorgnon dans l'œil, il chevauchait à la portière des calèches; ces souvenirs renforçaient son angoisse; une soif intolérable le brûlait; la susurration des mouches se confondait avec le battement de ses artères; ses pieds enfonçaient dans le sable; il lui semblait qu'il était en train de marcher depuis un temps infini.

Les témoins, sans s'arrêter, fouillaient de l'œil les deux bords de la route. On délibéra si l'on irait à la croix Catelan ou sous les murs de Bagatelle. Enfin, on prit à droite; et on s'arrêta dans une espèce de quinconce, entre des pins.

L'endroit fut choisi de façon à répartir également le niveau du terrain. On marqua les deux places où les adversaires devaient se poser. Puis Regimbart ouvrit sa boîte.

Elle contenait, sur un capitonage de basane rouge, quatre épées charmantes, creuses au milieu, avec des poignées garnies de filigrane. Un rayon lumineux, traversant les feuilles, tomba dessus, et elles parurent à Cisy briller comme des vipères d'argent sur une mare de sang.

Le Citoyen fit voir qu'elles étaient de longueur pareille ; il prit la troisième pour lui-même, afin de séparer les combattants, en cas de besoin. M. de Comaing tenait une canne. Il y eut un silence. On se regarda. Toutes les figures avaient quelque chose d'effaré ou de cruel.

Frédéric avait mis bas sa redingote et son gilet. Joseph aida Cisy à faire de même ; et, sa cravate étant retirée, on aperçut à son cou une médaille bénite. Cela fit sourire de pitié Regimbart.

Alors, M. de Comaing (pour laisser à Frédéric encore un moment de réflexion) tâcha d'élever des chicanes. Il réclama le droit de mettre un gant, celui de saisir l'épée de l'adversaire avec la main gauche ; Regimbart, qui était pressé, ne s'y refusa pas. Enfin le baron, s'adressant à Frédéric :

— « Tout dépend de vous, Monsieur ! Il n'y a jamais de déshonneur à reconnaître ses fautes. »

Dussardier l'approuvait du geste.

Le Citoyen s'indigna.

— « Croyez-vous que nous sommes ici pour plumer les canards, fichtre ?... En garde ! »

Les adversaires étaient l'un devant l'autre, leurs témoins de chaque côté. Il cria le signal :

— « Allons ! »

Mais Cisy devint effroyablement pâle. Sa lame tremblait par le bout, comme une cravache. Sa tête se renversait, ses bras s'écartèrent, il tomba sur le dos, évanoui.

Joseph le releva, et, tout en lui poussant sous les narines un flacon, il le secouait fortement. Le Vicomte rouvrit les yeux, puis tout à coup, bondit comme un furieux sur son épée. Frédéric avait gardé la sienne; et il l'attendait, l'œil fixe, la main haute.

— « Arrêtez, arrêtez! » cria une voix qui venait de la route, en même temps que le bruit d'un cheval au galop, et la capote d'un cabriolet cassait les branches! Un homme penché en dehors agitait un mouchoir, et criait toujours: « Arrêtez, arrêtez! »

M. de Comaing, croyant à une intervention de la police, leva sa canne.

— « Finissez donc! le Vicomte saigne! »

— « Moi? » dit Cisy.

En effet, il s'était, dans sa chute, écorché le pouce de la main gauche.

— « Mais c'est en tombant, » ajouta le Citoyen.

Le baron feignit de ne pas entendre.

Arnoux avait sauté hors du cabriolet.

— « J'arrive trop tard? Non! Dieu soit loué! »

Il tenait Frédéric à pleins bras, le palpait, lui couvrait le visage de baisers.

— « Je sais le motif; vous avez voulu défendre votre vieil ami! C'est bien, cela, c'est bien! jamais je ne l'oublierai ! Comme vous êtes bon ! Ah ! cher enfant ! »

Il le contemplait et versait des larmes, tout en ricanant de bonheur.

Alors, le baron se tourna vers Joseph.

— « Je crois que nous sommes de trop dans cette petite fête de famille. C'est fini, n'est-ce pas, Messieurs ? — Vicomte, mettez votre bras en écharpe ; tenez, voilà mon foulard. » Puis, avec un geste impérieux : « Allons ! pas de rancune ! cela se doit ! »

Les deux combattants se serrèrent la main, mollement. Le Vicomte, M. de Comaing et Joseph disparurent d'un côté, et Frédéric s'en alla de l'autre avec ses amis.

Comme le restaurant de Madrid n'était pas loin, Arnoux proposa de s'y rendre pour boire un verre de bière.

— « On pourrait même déjeuner, » dit Regimbart.

Mais, Dussardier n'en ayant pas le loisir, ils se bornèrent à un rafraîchissement, dans le jardin. Tous éprouvaient cette béatitude qui suit les dénoûments heureux. Le Citoyen, cependant, était fâché qu'on eût interrompu le duel au bon moment.

Arnoux en avait eu connaissance par un nommé Compain, ami de Regimbart ; et dans un élan de cœur, il était accouru pour l'empêcher, croyant, du reste, en être la cause. Il pria Frédéric de lui fournir là-dessus quelques détails. Mais Frédéric, ému par les preuves de sa tendresse, se fit scrupule d'augmenter son illusion :

— « De grâce, n'en parlons plus! »

Arnoux trouva cette réserve fort délicate. Puis, avec sa légèreté ordinaire, passant à une autre idée :

— « Quoi de neuf, Citoyen? »

Et ils se mirent à causer traites, échéances. Afin d'être plus commodément, ils allèrent même chuchoter à l'écart sur une autre table.

Frédéric distingua ces mots : « Vous allez me souscrire. — Oui! mais, vous, bien entendu... — Je l'ai négocié enfin pour trois cents! — Jolie commission, ma foi! » Bref, il était clair qu'Arnoux tripotait avec le Citoyen beaucoup de choses.

Frédéric songea à lui rappeler ses quinze mille francs. Mais sa démarche récente interdisait les reproches, même les plus doux. D'ailleurs, il se sentait fatigué. L'endroit n'était pas convenable. Il remit cela à un autre jour.

Arnoux, assis à l'ombre d'un troëne, fumait d'un air hilare. Il leva les yeux vers les portes des cabinets donnant toutes sur le jardin, et dit qu'il était venu là, autrefois, bien souvent.

— « Pas seul, sans doute? » répliqua le Citoyen.

— « Parbleu! »

— « Quel polisson vous faites! un homme marié! »

— « Eh bien, et vous donc! » reprit Arnoux; et, avec un sourire indulgent : « Je suis même sûr que ce gredin-là possède quelque part une chambre, où il reçoit des petites filles! »

Le Citoyen confessa que c'était vrai, par un simple haussement de sourcils. Alors, ces deux messieurs exposèrent leurs goûts : Arnoux préférait maintenant la jeunesse, les ouvrières; Regimbart détestait « les mijaurées » et tenait avant tout au positif. La conclusion, fournie par le marchand de faïence, fut qu'on ne devait pas traiter les femmes sérieusement.

— « Cependant, il aime la sienne! » songeait Frédéric en s'en retournant; et il le trouvait un malhonnête homme. Il lui en voulait de ce duel, comme si c'eût été pour lui qu'il avait, tout à l'heure, risqué sa vie.

Mais il était reconnaissant à Dussardier de son dévouement; le commis, sur ses insistances, arriva bientôt à lui faire une visite tous les jours.

Frédéric lui prêtait des livres : Thiers, Dulaure, Barante, *les Girondins* de Lamartine. Le brave garçon l'écoutait avec recueillement et acceptait ses opinions comme celles d'un maître.

Il arriva un soir tout effaré.

Le matin, sur le boulevard, un homme qui courait

à perdre halcine s'était heurté contre lui ; et, l'ayant reconnu pour un ami de Sénécal, lui avait dit :

— « On vient de le prendre, je me sauve ! »

Rien de plus vrai. Dussardier avait passé la journée aux informations. Sénécal était sous les verrous, comme prévenu d'attentat politique.

Fils d'un contre-maître, né à Lyon et ayant eu pour professeur un ancien disciple de Chalier, dès son arrivée à Paris il s'était fait recevoir de la Société des Familles ; ses habitudes étaient connues ; la police le surveillait. Il s'était battu dans l'affaire de mai 1839, et, depuis lors, se tenait à l'ombre, mais s'exaltant de plus en plus, fanatique d'Alibaud, mêlant ses griefs contre la société à ceux du peuple contre la monarchie, et s'éveillant chaque matin avec l'espoir d'une révolution qui, en quinze jours ou un mois, changerait le monde. Enfin écœuré par la mollesse de ses frères, furieux des retards qu'on opposait à ses rêves et désespérant de la patrie, il était entré comme chimiste dans le complot des bombes incendiaires ; et on l'avait surpris portant de la poudre qu'il allait essayer à Montmartre, tentative suprême pour établir la république.

Dussardier ne la chérissait pas moins, car elle signifiait, croyait-il, affranchissement et bonheur universel. Un jour, — à quinze ans, — dans la rue Transnonain, devant la boutique d'un épicier, il avait vu des soldats la baïonnette rouge de sang, avec des cheveux collés à la crosse de leur fusil; depuis ce temps-là, le Gouvernement l'exaspérait comme l'incarnation même de l'Injustice. Il confondait un peu les assassins et les gendarmes; un mouchard valait à ses yeux un parricide. Tout le mal répandu sur la terre, il l'attribuait naïvement au Pouvoir; et il le haïssait d'une haine essentielle, permanente, qui lui tenait tout le cœur et raffinait sa sensibilité. Les déclamations de Sénécal l'avaient ébloui. Qu'il fût coupable ou non, et sa tentative odieuse, peu importait! Du moment qu'il était la victime de l'Autorité, on devait le servir.

— « Les Pairs le condamneront, certainement! Puis il sera emmené dans une voiture cellulaire, comme un galérien, et on l'enfermera au Mont-Saint-Michel, où le Gouvernement les fait mourir! Austen est devenu fou! Steuben s'est tué! Pour transférer Barbès dans un cachot, on l'a tiré par les jambes, par les cheveux! On lui piétinait le corps, et sa tête rebondissait à chaque marche tout le long de l'escalier. Quelle abomination! les misérables! »

Des sanglots de colère l'étouffaient, et il tournait dans la chambre, comme pris d'une grande angoisse.

— « Il faudrait faire quelque chose, cependant! Voyons! moi, je ne sais pas! Si nous tâchions de le délivrer, hein? Pendant qu'on le m·nera au Luxembourg, on peut se jeter sur l'escorte, dans le couloir ! Une douzaine d'hommes déterminés, ça passe partout. »

Il y avait tant de flamme dans ses yeux, que Frédéric en tressaillit.

Sénécal lui apparut plus grand qu'il ne croyait. Il se rappela ses souffrances, sa vie austère ; sans avoir pour lui l'enthousiasme de Dussardier, il éprouvait néanmoins cette admiration qu'inspire tout homme se sacrifiant à une idée. D'ailleurs, il se disait que, s'il l'eût secouru, Sénécal n'en serait pas là ; et les deux amis cherchèrent laborieusement quelque combinaison pour le sauver.

Il leur fut impossible de parvenir jusqu'à lui.

Frédéric s'enquérait de son sort dans les journaux, et, pendant trois semaines, fréquenta les cabinets de lecture.

Un jour, plusieurs numéros du *Flambard* lui tombèrent sous la main.

L'article de fond, invariablement, était consacré à démolir un homme illustre. Venaient ensuite les nouvelles du monde, les cancans. Puis on blaguait l'Odéon, Carpentras, la pisciculture, et les condamnés à mort quand il y en avait. La disparition d'un paquebot fournit matière à plaisanteries pendant un an. Dans la troisième colonne, un courrier des arts donnait, sous forme d'anecdote ou de conseil, des réclames de tailleurs, avec des comptes rendus de soirées, des annonces de ventes, des analyses d'ouvrages, traitant de la même encre un volume de vers et une paire de bottes. La seule partie sérieuse était la critique des petits théâtres, où l'on s'acharnait sur deux ou trois directeurs; et les intérêts de l'art étaient invoqués à propos d'un décor des Funambules ou d'une amoureuse des Délassements.

Frédéric allait rejeter tout cela quand ses yeux rencontrèrent un article intitulé : *une Poulette entre trois cocos.*

C'était l'histoire de son duel, narrée en style sémillant, gaulois. Il se reconnut sans peine, car il était désigné par cette plaisanterie, laquelle revenait souvent : « Un jeune homme du collége de Sens et qui *en* manque. » On le représentait même comme un pauvre diable de provincial, un obscur nigaud tâchant de frayer avec les grands seigneurs. Quant au Vicomte, il avait le beau rôle, d'abord dans le souper, où il s'introduisait de force, ensuite dans le pari, puisqu'il emmenait la demoiselle, et finalement sur le terrain, où il se comportait en gentilhomme. La bravoure de Frédéric n'était pas niée, précisément, mais on faisait comprendre qu'un intermédiaire, le *protecteur* lui-même, était survenu juste à temps. Le tout se terminait par cette phrase, grosse peut-être de perfidies :

« D'où vient leur tendresse? Problème! et, comme dit Bazile, qui diable est-ce qu'on trompe ici? »

C'était, sans le moindre doute, une vengeance d'Hussonnet contre Frédéric, pour son refus des cinq mille francs.

Que faire? s'il lui en demandait raison, le bohème protesterait de son innocence, et il n'y gagnerait rien. Le mieux était d'avaler la chose silencieusement. Personne, après tout, ne lisait *le Flambard.*

En sortant du cabinet de lecture, il aperçut du monde devant la boutique d'un marchand de tableaux.

On regardait un portrait de femme, avec cette ligne écrite au bas en lettres noires : « Mlle Rose-Annette Bron, appartenant à M. Frédéric Moreau, de Nogent. »

C'était bien elle, — ou à peu près, — vue de face, les seins découverts, les cheveux dénoués, et tenant dans ses mains une bourse de velours rouge, tandis que, par derrière, un paon avançait son bec sur son épaule, en couvrant la muraille de ses grandes plumes en éventail.

Pellerin avait fait cette exhibition pour contraindre Frédéric au payement, persuadé qu'il était célèbre et que tout Paris, s'animant en sa faveur, allait s'occuper de cette misère.

Était-ce une conjuration? Le peintre et le journaliste avaient-ils monté leur coup ensemble?

Son duel n'avait rien empêché. Il devenait ridicule, tout le monde se moquait de lui.

Mais, trois jours après, à la fin de juin, les actions du Nord ayant fait quinze francs de hausse, comme il en avait acheté deux mille l'autre mois, il se trouva gagner trente mille francs. Cette caresse de la fortune lui redonna confiance. Il se dit qu'il n'avait besoin de personne, que tous ses embarras venaient de sa timidité, de ses hésitations. Il aurait dû commencer avec la Maréchale brutalement, refuser Hussonnet dès le premier jour, ne pas se compromettre envers Pellerin ; et, pour montrer que rien ne le gênait, il se rendit chez Mme Dambreuse, à une de ses soirées ordinaires.

Au milieu de l'antichambre, Martinon, qui arrivait en même temps que lui, se retourna.

— « Comment, tu viens ici, toi? » avec l'air surpris et même contrarié de le voir.

— « Pourquoi pas ? »

Et, tout en cherchant la cause d'un tel abord, Frédéric s'avança dans le salon.

La lumière était faible, malgré des lampes posées dans les coins ; car les trois fenêtres, grandes ouvertes, dressaient parallèlement trois larges carrés d'ombre noire. Mais des jardinières toutes pleines occupaient jusqu'à hauteur d'homme, sous les tableaux, les intervalles de la muraille ; et une théière d'argent avec un samovar se mirait au fond, dans une glace. Un murmure de voix discrètes s'élevait. On entendait des escarpins craquer sur le tapis.

Il distingua des habits noirs, puis une table ronde éclairée par un grand abat-jour, sept ou huit femmes en toilette d'été, et, un peu plus loin, Mme Dambreuse dans un fauteuil à bascule. Sa robe de taffetas lilas avait des manches à crevés, d'où s'échappaient des bouillons de mousseline, le ton doux de l'étoffe se mariant à la nuance de ses cheveux; et elle se tenait quelque peu renversée en arrière, avec le bout de son pied sur un coussin, tranquille comme une œuvre d'art pleine de délicatesse, une fleur de haute culture.

M. Dambreuse et un vieillard à chevelure blanche se promenaient dans toute la longueur du salon. Quelques-uns s'entretenaient au bord des petits divans, çà et là; les autres, debout, formaient un cercle au milieu.

Ils causaient de votes, d'amendements, de sous-amendements, du discours de M. Grandin, de la réplique de M. Benoist. Le tiers parti décidément allait trop loin! Le centre gauche aurait dû se souvenir un peu mieux de ses origines! Le ministère avait reçu de graves atteintes! Ce qui devait rassurer pourtant, c'est qu'on ne lui voyait point de successeur. Bref, la situation était complétement analogue à celle de 1834!

Comme ces choses ennuyaient Frédéric, il se rapprocha des femmes.

Martinon était près d'elles, debout, le chapeau sous le bras, la figure de trois quarts, et si convenable, qu'il ressemblait à de la porcelaine de Sèvres. Il prit une *Revue des Deux Mondes* traînant sur la table, entre une *Imitation* et un *Annuaire de Gotha*, et jugea de haut un poëte illustre, dit qu'il allait aux conférences de Saint-François, se plaignit de son larynx, avalait de temps à autre une boule de gomme; et cependant, parlait musique, faisait le léger. Mlle Cécile, la nièce de M. Dambreuse, qui se brodait une paire de manchettes, le regardait, en dessous, avec ses prunelles d'un bleu pâle; et miss John, l'institutrice à nez camus, en avait lâché sa tapisserie; toutes deux paraissaient s'écrier intérieurement :

— « Qu'il est beau! »

Mme Dambreuse se tourna vers lui :

— « Donnez-moi donc mon éventail, qui est sur cette console, là-bas... Vous vous trompez! l'autre! »

Elle se leva; et, comme il revenait, ils se rencontrèrent au milieu du salon, face à face; elle lui adressa quelques mots, vivement, des reproches sans doute, à en juger par l'expression altière de sa figure; Martinon tâchait de sourire; puis il alla se mêler au conciliabule des hommes sérieux. Mme Dambreuse reprit sa place, et, se penchant sur le bras de son fauteuil, elle dit à Frédéric :

— « J'ai vu quelqu'un, avant-hier, qui m'a parlé de vous, M. de Cisy ; vous le connaissez, n'est-ce pas ? »

— « Oui… un peu. »

Mais tout à coup Mme Dambreuse s'écria :

— « Duchesse, ah ! quel bonheur ! »

Et elle s'avança jusqu'à la porte, au-devant d'une vieille petite dame, qui avait une robe de taffetas carmélite et un bonnet de guipure, à comte d'Artois, et longues pattes. Fille d'un compagnon d'exil duveuve d'un maréchal de l'Empire créé pair de France en 1830, elle tenait à l'ancienne cour comme à la nouvelle, et pouvait obtenir beaucoup de choses. Ceux qui causaient debout s'écartèrent, puis reprirent leur discussion.

Maintenant, elle roulait sur le paupérisme, dont toutes les peintures, d'après ces messieurs, étaient fort exagérées.

— « Cependant, » objecta Martinon, « la misère existe, avouons-le ! Mais le remède ne dépend ni de la Science ni du Pouvoir. C'est une question purement individuelle. Quand les basses classes voudront se débarrasser de leurs vices, elles s'affranchiront de leurs besoins. Que le peuple soit plus moral, et il sera moins pauvre ! »

Suivant M. Dambreuse, on n'arriverait à rien de bien sans une surabondance du capital. Donc, le seul moyen possible était de confier, « comme le voulaient, du reste, les saint-simoniens (mon Dieu, ils avaient du bon ! soyons justes envers tout le monde), de confier, dis-je, la cause du progrès à ceux qui peuvent accroître la fortune publique ». Et insensiblement on aborda les grandes exploitations industrielles, les chemins de fer, la houille. Alors, M. Dambreuse, s'adressant à Frédéric, lui dit tout bas :

— « Vous n'êtes pas venu pour notre affaire. »

Frédéric allégua une maladie ; mais, sentant que l'excuse était trop bête :

— « D'ailleurs, j'ai eu besoin de mes fonds. »

— « Pour acheter une voiture ? » reprit Mme Dambreuse, qui passait près de lui, une tasse de thé à la main ; et elle le considéra pendant une minute, la tête un peu tournée sur son épaule.

Ainsi elle le croyait l'amant de Rosanette ; l'allusion était claire. Il sembla même à Frédéric que toutes les dames le regardaient de loin, en chuchotant ; et, pour mieux voir ce qu'elles pensaient, il se rapprocha d'elles, encore une fois.

De l'autre côté de la table, Martinon, auprès de Mlle Cécile, feuilletait un album. C'étaient des lithographies représentant des costumes espagnols. Il lisait tout haut les légendes : « Femme de Séville, — Jardinier de Valence, — Picador andaloux ; » et, descendant une fois jusqu'au bas de la page, il continua d'une haleine :

— « Jacques Arnoux, éditeur. — Un de tes amis, hein ? »

— « C'est vrai, » dit Frédéric, blessé par son air.

Aussitôt, Mme Dambreuse reprit :

— « En effet, vous êtes venu, un matin... pour... une maison, je crois ? oui, une maison appartenant à sa femme. » (Cela signifiait : « C'est votre maîtresse. »)

Il rougit jusqu'aux oreilles ; et M. Dambreuse, qui arrivait au même moment, ajouta :

— « Vous paraissiez même vous intéresser beaucoup à eux. »

Ces derniers mots achevèrent de décontenancer Frédéric. Son trouble, que l'on voyait, pensait-il, allait confirmer les soupçons, quand M. Dambreuse lui dit de plus près, d'un ton grave :

— « Vous ne faites pas d'affaires ensemble, je suppose ? »

Il protesta par des secousses de tête multipliées, sans comprendre l'intention du capitaliste, qui voulait lui donner un conseil.

Il avait envie de partir. La peur de sembler lâche le retint. Un domestique enlevait les tasses de thé ;

Mme Dambreuse causait avec un diplomate en habit bleu; deux jeunes filles, rapprochant leurs fronts, se faisaient voir une bague; les autres, assises en demi-cercle sur des fauteuils, remuaient doucement leurs blancs visages, bordés de chevelures noires ou blondes; personne enfin ne s'occupait de lui. Frédéric tourna les talons; et, par une suite de longs zigzags, il avait presque gagné la porte, quand, passant près d'une console, il remarqua dessus, entre un vase de Chine et la boiserie, le bord d'un journal plié en deux. Il le tira quelque peu, et lut ces mots : *le Flambard*.

Qui l'avait apporté? Cisy! pas un autre évidemment. Qu'importait, du reste? Ils allaient croire, tous déjà croyaient peut-être à l'article. Pourquoi cet acharnement? Une ironie silencieuse l'enveloppait. Il se sentait comme perdu dans un désert.

Mais la voix de Martinon s'éleva :

— « A propos d'Arnoux, j'ai lu parmi les prévenus des bombes incendiaires, le nom d'un de ses employés, Sénécal. Est-ce le nôtre?

— « Lui-même, » dit Frédéric.

Martinon répéta, en riant très-haut :

— « Comment, notre Sénécal! notre Sénécal! »

Alors, on le questionna sur le complot; sa place d'attaché au parquet devait lui fournir des renseignements.

Il confessa n'en pas avoir. Du reste, il connaissait fort peu le personnage, l'ayant vu deux ou trois fois seulement, et le tenait en définitive pour un assez mauvais drôle.

Frédéric, indigné, s'écria :

— « Pas du tout ! c'est un très-honnête garçon ! »

— « Cependant, monsieur, » dit un propriétaire, « on n'est pas honnête quand on conspire ! »

La plupart des hommes qui étaient là avaient servi, au moins, quatre gouvernements ; et ils auraient vendu la France et le genre humain, pour garantir leur fortune, s'épargner un malaise, un embarras, ou même par simple bassesse, adoration instinctive de la force. Tous déclarèrent les crimes politiques inexcusables. Il fallait plutôt pardonner à ceux qui provenaient du besoin ! et on ne manqua pas de mettre en avant l'éternel exemple du père de famille, volant l'éternel morceau de pain chez l'éternel boulanger.

Un administrateur s'écria même :

— « Moi, monsieur, si j'apprenais que mon frère conspire, je le dénoncerais. »

Frédéric invoqua le droit de résistance ; et, se rappelant quelques phrases que lui avait dites Deslauriers, il cita Desolmes, Blackstone, le bill des droits en Angleterre, et l'article 2 de la Constitution de 91. C'était même en vertu de ce droit-là qu'on avait proclamé la déchéance de Napoléon ; il avait été reconnu en 1830, inscrit en tête de la Charte.

— « D'ailleurs, quand le souverain manque au contrat, la justice veut qu'on le renverse. »

— « Mais c'est abominable ! » exclama la femme d'un préfet.

Et toutes les autres se taisaient, vaguement épouvantées, comme si elles eussent entendu le bruit des balles. Mme Dambreuse se balançait dans son fauteuil, et l'écoutait parler en souriant.

Un industriel, ancien carbonaro, tâcha de lui démontrer que les d'Orléans étaient une belle famille ; sans doute, il y avait des abus...

— « Eh bien, alors ? »

— « Mais on ne doit pas les dire, cher monsieur ; si vous saviez comme toutes ces criailleries de l'Opposition nuisent aux affaires ! »

— « Je me moque des affaires ! » reprit Frédéric.

La pourriture de ces vieux l'exaspérait ; et, emporté par la bravoure qui saisit quelquefois les plus timides, il attaqua les financiers, les députés, le Gouvernement, le Roi, prit la défense des Arabes, débitait beaucoup de sottises. Quelques-uns l'encourageaient ironiquement : « Allez donc ! continuez ! » tandis que d'autres murmuraient : « Diable ! quelle exaltation ! »

Enfin, il jugea convenable de se retirer ; et,

comme il s'en allait, M. Dambreuse lui dit, faisant allusion à la place de secrétaire :

— « Rien n'est terminé encore ! mais dépêchez-vous ! »

Et Mme Dambreuse :

— « A bientôt, n'est-ce pas ? »

Frédéric jugea leur adieu une dernière moquerie. Il était déterminé à ne jamais revenir dans cette maison, à ne plus fréquenter tous ces gens-là. D'ailleurs, il croyait les avoir blessés, ne sachant pas quel large fonds d'indifférence le monde possède ! Ces femmes surtout l'indignaient. Pas une qui l'eût soutenu, même du regard. Il leur en voulait de ne pas les avoir émotionnées. Quant à Mme Dambreuse, il lui trouvait quelque chose à la fois de langoureux et de sec, qui empêchait de la définir par une formule. Avait-elle un amant ? quel amant ? était-ce le diplomate ou un autre ? Martinon, peut-être ? Impossible ! Cependant, il éprouvait une espèce de jalousie contre lui, et envers elle une malveillance inexplicable.

Dussardier, venu ce soir-là comme d'habitude, l'attendait.

Frédéric avait le cœur gonflé ; il le dégorgea, et ses griefs, bien que vagues et difficiles à comprendre, attristèrent le brave commis ; il se plaignit même de son isolement. Alors, Dussardier, en hésitant un peu, proposa de se rendre chez Deslauriers.

Frédéric, au nom de l'avocat, fut pris par un besoin extrême de le revoir. Sa solitude intellectuelle était profonde, et la compagnie de Dussardier insuffisante. Il lui répondit d'arranger les choses comme il voudrait.

Deslauriers, également, sentait depuis leur brouille une privation dans sa vie. Il céda sans peine à des avances cordiales.

Tous deux s'embrassèrent, puis se mirent à causer de choses indifférentes.

La réserve de Deslauriers attendrit Frédéric; et, pour lui faire une sorte de réparation, il lui conta le lendemain sa perte de quinze mille francs, sans dire que ces quinze mille francs lui étaient primitivement destinés.

L'avocat n'en douta pas, néanmoins. Mais cette mésaventure, qui lui donnait raison dans ses préjugés contre Arnoux, désarma tout à fait sa rancune, et il ne parla point de l'ancienne promesse.

Frédéric, trompé par son silence, crut qu'il l'avait oubliée.

Quelques jours après, il lui demanda s'il n'existait pas de moyens de rentrer dans ses fonds.

On pouvait discuter les hypothèques précédentes, attaquer Arnoux comme stellionataire, faire des poursuites au domicile contre la femme.

— « Non! non! pas contre elle! » s'écria Frédéric;

et, cédant aux questions de l'ancien clerc, il avoua la vérité.

Deslauriers fut convaincu qu'il ne la disait pas complétement, par délicatesse sans doute. Ce défaut de confiance le blessa.

Ils étaient, cependant, aussi liés qu'autrefois, et même ils avaient tant de plaisir à se trouver ensemble, que la présence de Dussardier les gênait. Sous prétexte de rendez-vous, ils arrivèrent à s'en débarrasser peu à peu. Il y a des hommes n'ayant pour mission parmi les autres que de servir d'intermédiaires; on les franchit comme des ponts, et l'on va plus loin.

Frédéric ne cachait rien à son ancien ami. Il lui dit l'affaire des houilles, avec la proposition de M. Dambreuse.

Alors, l'avocat devint rêveur.

— « C'est drôle! il faudrait pour cette place quelqu'un d'assez fort en droit! »

— « Mais tu pourras m'aider, » reprit Frédéric.

— « Oui..., tiens..., parbleu! certainement. »

Dans la même semaine, il lui montra une lettre de sa mère.

Mme Moreau s'accusait d'avoir mal jugé M. Roque, lequel avait donné de sa conduite des explications satisfaisantes. Puis elle parlait de sa fortune, et de la possibilité, pour plus tard, d'un mariage avec Louise.

— « Ce ne serait peut-être pas bête! » dit Deslauriers.

Frédéric s'en rejeta loin; le père Roque, d'ailleurs, était un vieux filou.

Cela n'y faisait rien, selon l'avocat.

A la fin de juillet, une baisse inexplicable fit tomber les actions du Nord. Frédéric n'avait pas vendu les siennes; il perdit, d'un seul coup, soixante mille francs.

Ses revenus se trouvaient sensiblement diminués. Il devait ou restreindre sa dépense, ou prendre un état, ou faire un beau mariage.

Alors, Deslauriers lui reparla de Mlle Roque. Rien ne l'empêchait d'aller voir un peu les choses par lui-même. Frédéric était fatigué; la province et la maison maternelle le délasseraient. Il partit.

L'aspect des rues de Nogent, qu'il monta sous le clair de la lune, le reporta dans de vieux souvenirs; et il éprouvait une sorte d'angoisse, comme ceux qui reviennent après de longs voyages.

Il y avait chez sa mère tous les habitués d'autrefois : MM. Gamblin, Heudras et Chambrion, la famille Lebrun, « ces demoiselles Auger »; de plus, le père Roque, et, en face de Mme Moreau, devant une table de jeu, Mlle Louise. C'était une femme, à présent.

Elle se leva, en poussant un cri. Tous s'agitèrent. Elle était restée immobile, debout; et les quatre flambeaux d'argent posés sur la table augmentaient sa pâleur. Quand elle se remit à jouer, sa main tremblait.

Cette émotion flatta démesurément Frédéric, dont l'orgueil était malade; il se dit : « Tu m'aimeras, toi! » et, prenant sa revanche des déboires qu'il avait essuyés là-bas, il se mit à faire le Parisien, le lion, donna des nouvelles des théâtres, rapporta des anecdotes du monde, puisées dans les petits journaux, enfin éblouit ses compatriotes.

Le lendemain, Mme Moreau s'étendit sur les qualités de Louise; puis elle énuméra les bois, les fermes qu'elle posséderait. La fortune de M. Roque était considérable.

Il l'avait acquise en faisant des placements pour M. Dambreuse; car il prêtait à des personnes pouvant offrir de bonnes garanties hypothécaires, ce qui lui permettait de demander des suppléments d'intérêts ou des commissions. Le capital, grâce à une surveillance active, ne risquait rien. D'ailleurs, le père Roque n'hésitait jamais devant une saisie; puis il rachetait à bas prix les biens hypothéqués, et M. Dambreuse, voyant ainsi rentrer ses fonds, trouvait ses affaires très-bien faites.

Mais cette manipulation extra-légale le compromettait vis à-vis de son régisseur. Il n'avait rien à lui refuser. C'était sur ses instances qu'il avait si bien accueilli Frédéric.

En effet, le père Roque couvait au fond de son âme une ambition. Il voulait que sa fille fût comtesse; et, pour y parvenir, sans mettre en jeu le bonheur de son enfant, il ne connaissait pas d'autre jeune homme que celui-là.

Par la protection de M. Dambreuse, on lui ferait avoir le titre de son aïeul, Mme Moreau étant la fille d'un comte de Fouvens, apparentée, d'ailleurs, aux plus vieilles familles champenoises, les Lavernade, les d'Étrigny. Quant aux Moreau, une inscription gothique, près des moulins de Villeneuve-l'Archevêque, parlait d'un Jacob Moreau qui les avait réédifiés en 1596; et la tombe de son fils, Pierre Moreau, écuyer du roi sous Louis XIV, se voyait dans la chapelle Saint-Nicolas.

Tant d'honorabilité fascinait M. Roque, fils d'un ancien domestique.

Si la couronne comtale ne venait pas, il s'en consolerait sur autre chose; car Frédéric pouvait parvenir à la députation quand M. Dambreuse serait élevé à la pairie, et alors l'aider dans ses affaires, lui obtenir des fournitures, des concessions. Le jeune homme lui plaisait, personnellement. Enfin il le voulait pour gendre, parce que, depuis longtemps, il s'était féru de cette idée, qui ne faisait que s'accroître.

Maintenant, il fréquentait l'église; — et il avait séduit Mme Moreau par l'espoir du titre, surtout. Elle s'était gardée cependant de faire une réponse décisive.

Donc, huit jours après, sans qu'aucun engagement eût été pris, Frédéric passait pour « le futur » de Mlle Louise; et le père Roque, peu scrupuleux, les laissait ensemble quelquefois.

FIN DU TOME PREMIER.

PARIS. — J. CLAYE, IMPRIMEUR, RUE SAINT-BENOIT, 7 — [1.79].

www.ingramcontent.com/pod-product-compliance
Lightning Source LLC
LaVergne TN
LVHW010531100826
845148LV00001B/149

9782012572652